网络营销与直播电商
新形态系列教材

U0680610

短视频与直播电商

INTERNET **全彩微课版** MARKETING

王旋 李坤婧 / 主编

肖海燕 王朝霞 何西凤 / 副主编

人民邮电出版社

北 京

图书在版编目（CIP）数据

短视频与直播电商：全彩微课版 / 王旋，李坤婧主
编. -- 北京：人民邮电出版社，2024.9
网络营销与直播电商新形态系列教材
ISBN 978-7-115-64084-0

Ⅰ．①短… Ⅱ．①王… ②李… Ⅲ．①网络营销－教
材 Ⅳ．①F713.365.2

中国国家版本馆CIP数据核字(2024)第065857号

内 容 提 要

本书系统地介绍了短视频与直播电商的基础知识及必备技能。全书共 8 章，包括绪论，短视频策划，短视频的拍摄与剪辑，短视频的发布与复盘，直播电商的筹划与准备，直播电商的选品、引流和执行，直播电商的数据分析与复盘总结，短视频与直播电商的实战案例等内容。本书不仅注重基础知识的系统性和全面性，而且注重结合实例，帮助读者加深对短视频与直播电商的理解。本书除第 8 章，每章都设置了"课堂实训""本章习题""本章实训"模块，注重提高读者的实战能力，以帮助其学以致用。

本书提供 PPT 课件、教学大纲、电子教案、实训资源、素材文件、课后习题答案、题库及试卷系统等教学资源，用书教师如有需要，可登录人邮教育社区（www.ryjiaoyu.com）免费下载。

本书可作为高等院校电子商务、网络与新媒体等专业相关课程的教材，也可作为短视频与直播电商行业从业人员的参考书。

◆ 主　　编　王　旋　李坤婧
　　副主编　肖海燕　王朝霞　何西凤
　　责任编辑　赵广宇
　　责任印制　胡　南

◆ 人民邮电出版社出版发行　　北京市丰台区成寿寺路 11 号
　　邮编　100164　　电子邮件　315@ptpress.com.cn
　　网址　https://www.ptpress.com.cn
　　三河市君旺印务有限公司印刷

◆ 开本：700×1000　1/16
　　印张：12.75　　　　　　　　2024 年 9 月第 1 版
　　字数：293 千字　　　　　　2025 年 1 月河北第 2 次印刷

定价：69.80 元

读者服务热线：(010)81055256　印装质量热线：(010)81055316
反盗版热线：(010)81055315
广告经营许可证：京东市监广登字 20170147 号

前　言

短视频与直播电商近年来快速发展，成为一种新型的电商模式。短视频与直播电商的发展，不仅丰富了电子商务的形式，也为商家提供了更多样的营销渠道和方式。通过观看短视频和直播，消费者可以更加直观地了解产品，进而提高购买决策的准确性。同时，短视频与直播电商也为消费者提供了更加便捷的购物体验，满足消费者的个性化需求。

短视频与直播电商的快速发展，也使行业对相关人才的需求逐渐加大。为了更好地帮助电子商务、网络与新媒体等相关专业培养人才并满足行业需求，编者特意策划并编写了本书。

本书特色

（1）**内容新颖，注重应用**。本书紧跟时代潮流，内容涵盖了短视频与直播电商的各个方面，并充分考虑相关课程的教学要求与教学特点，以实用为准则，在简要而准确地介绍概念和理论的基础上，着重培养读者的实践能力。

（2）**案例主导，学以致用**。本书提供较为充足的教学案例，力求通过案例的解析激发读者的学习兴趣，引导读者进一步深入思考，使读者能够学以致用、举一反三。

（3）**体例灵活，内容丰富**。本书体例灵活、内容丰富，各章均设置了学习目标、素养目标和引导案例等栏目。此外，本书还在除第 8 章外的各章末尾设置了"本章习题"和"本章实训"模块，帮助读者巩固基础知识并提高其实践能力。

（4）**贯彻立德树人，落实素养教学**。党的二十大报告指出："育人的根本在于立德。全面贯彻党的教育方针，落实立德树人根本任务，培养德智体美劳全面发展的社会主义建设者和接班人。"本书从教学内容设计入手，坚持把立德树人作为中心环节，以培养读者的综合素养为根本目标，实现理论知识讲解与素养教育的深度结合。

本书使用指南

为了方便教学，编者为使用本书的教师提供了丰富的教学资源，精心制作了教学大纲、电子教案、PPT 课件、素材文件、实训资源、课后习题答案、题库及试卷系统等教学资源，教学资源及数量如表 1 所示。用书教师如有需要，可登录人邮教育社区（www.ryjiaoyu.com）免费下载。

表1　教学资源及数量

编号	教学资源	数量
1	教学大纲	1 份
2	电子教案	1 份
3	PPT 课件	8 份
4	素材文件	1 份
5	实训资源	1 份
6	课后习题答案	7 份
7	题库及试卷系统	1 套

本书作为教材使用时，课堂教学建议安排 24 学时。各章主要内容及学时安排如表 2 所示，用书教师可根据实际情况进行调整。

表2　各章主要内容及学时安排

章	主要内容	课堂学时
第 1 章	绪论	3
第 2 章	短视频策划	4
第 3 章	短视频的拍摄与剪辑	2
第 4 章	短视频的发布与复盘	2
第 5 章	直播电商的筹划与准备	3
第 6 章	直播电商的选品、引流和执行	4
第 7 章	直播电商的数据分析与复盘总结	3
第 8 章	短视频与直播电商的实战案例	3
学时总计		24

为了帮助读者更加深入地学习本书的知识，编者精心录制了配套的微课视频。书中的相关位置都添加了二维码，读者扫描相应的二维码即可观看微课视频，微课视频相关信息如表3所示。

表3　微课视频相关信息

节／小节	微课视频名称	页码	节／小节	微课视频名称	页码
1.1	短视频概述	2	4.1.2	短视频发布时间的选择	92
1.2	直播电商概述	16	4.1.3	在不同的平台发布短视频	93
2.1.1	短视频的用户分析	29	4.2	短视频数据分析	96
2.1.2	短视频的用户画像	31	5.1	直播团队的组建	108
2.2	短视频的选题策划	36	5.2	直播电商的前期准备	114
2.3.2	短视频的表现形式定位	40	5.3	直播活动的流程设计	119
2.3.4	高质量短视频内容的要点	43	6.1	直播电商的选品	128
2.4	短视频的脚本策划	46	6.2	直播电商的引流推广与推荐算法	134
2.5	短视频的封面和标题设计	48	6.3	直播封面与标题的设计	140
3.1.1	拍摄工具的准备与选择	55	6.4	直播脚本的撰写	142
3.1.2	画面构图的设计	60	6.5	直播活动的执行	147
3.1.3	景别和景深的运用	67	7.1.1	数据分析的基本流程	158
3.1.4	拍摄角度的选择	69	7.1.2	数据分析评估指标	165
3.1.5	光线的选取	72	7.2	直播的复盘与总结	168
3.1.6	运镜的运用	74	8.1.1	美食营销短视频的制作与发布	177
3.2.1	后期剪辑的基本原则	75	8.1.2	美食预热短视频的制作与发布	184
3.2.2	画面转场的设计	77	8.1.3	美食直播的策划与执行	185
3.2.3	背景音乐的选择	80	8.2	快手"短视频＋直播"运营实战案例分析	189
4.1.1	短视频发布渠道的选择	88			

作者团队

本书由王旋、李坤婧担任主编，肖海燕、王朝霞、何西凤担任副主编。

尽管编者在编写本书的过程中力求精益求精，但由于水平有限，书中难免存在不妥之处，恳请广大读者批评指正。

编者

2024 年 8 月

目 录

第3章
短视频的拍摄与剪辑

第4章
短视频的发布与复盘

第5章
直播电商的筹划与准备

第8章
短视频与直播电商的实战案例

第 **1** 章

绪论

学习目标

- √ 了解短视频的发展现状和趋势
- √ 熟悉短视频的特征和常见类型
- √ 掌握短视频的产业链和商业模式
- √ 了解直播电商的发展现状和趋势
- √ 熟悉直播电商的特征和直播类型
- √ 掌握直播电商的产业链和商业模式
- √ 了解短视频与直播电商的融合优势和结合方式

素养目标

- √ 培养学生的分析能力
- √ 培养学生细致观察的能力，提高学生独立处理问题的能力

引导案例

短视频行业飞速发展，快手、抖音等竞相涌现。短视频作为新型媒体，注重迎合用户碎片化的观看习惯，以期获得用户和流量，其获利模式具有巨大的行业潜力。

大众对短视频看法不一，有褒有贬。有观点认为抖音等平台的短视频耗费用户大量时间，传播一些低俗雷同的观念，不利于用户身心健康。有观点则认为短视频与传统媒体相比，具有表现力强、直观性的特点，而且大部分短视频时长，一般在几秒到几分钟，用户利用碎片化时间进行信息获取，能够提高效率。用户还可以利用短视频学习各个领域的知识，在娱乐中了解世界。

短视频的出现和兴起是顺应时代潮流的，它正在慢慢地改变我们的生活。短视频能带来精神上的娱乐和放松，也是我们进行学习的便捷工具。其实，新事物的出现并无好坏之分，重要的是使用的人。我们可以做的，就是趋利避害，利用新事物，获得有益的东西，不断完善自我。

思考题：

1. 你喜欢看短视频吗？原因是什么？
2. 结合案例内容，分析短视频对周围环境或人的影响。

1.1　短视频概述

短视频就是短片视频，是指以新媒体为传播渠道，由用户自主拍摄、剪辑、制作的时长短、可及时传播、内容形式多样的一种视频，是继文字、图片、传统视频之后新兴的一种内容传播载体。随着智能手机和4G、5G的普及，具有时长短、传播快、互动性强等特点的短视频逐渐获得各大短视频平台、粉丝和资本的青睐。

扫一扫

1.1.1　短视频的发展现状和趋势

中国互联网络信息中心发布《第52次中国互联网络发展状况统计报告》（以下简称《报告》）。《报告》显示，截至2023年6月，我国网民规模达10.79亿人，较2021年12月增长1109万人，互联网普及率达76.4%，短视频用户规模也在不断增长。

1. 短视频的发展现状

短视频是当今信息传播的重要方式之一。我国短视频行业已经经历了4个阶段，分别是蓄势期、转型期、爆发期和平稳期。在智能手机和移动互联网发展推动下，我国短视频行业发展迅速。

（1）用户规模不断扩大

截至2023年6月，短视频用户规模达10.26亿人，较2022年12月增长1454万人，占网民整体的95.2%。其中，抖音、快手等短视频平台的用户数量非常多。

（2）内容多元化

短视频行业的内容也在不断丰富和多元化。除了传统的搞笑、情感、美食等类型，还涌现出了音乐、舞蹈、美妆、健身等多种类型的短视频内容。这些短视频内容不仅满足了用户的多样化需求，也为广告主提供了更多的选择。

（3）商业模式不断创新

短视频平台的商业模式也在不断创新。除了传统的广告收入，短视频平台还推出了直播"带货"、电商分成等多种商业模式，为短视频平台和用户带来了更多的收益。

2. 短视频的发展趋势

短视频作为未来最具发展前景的媒体传播形式，市场竞争越来越激烈。随着互联网覆盖率的提高，短视频的市场竞争也不再是用户规模的竞争，逐渐转向了内容竞争，因为只有优质的内容才能吸引更多的短视频用户。

（1）短视频内容趋于优质

短视频行业本质上是内容驱动型产业，优质的内容呈现是短视频平台制胜的关键。而目前短视频行业令人诟病的问题之一便是内容同质化，短视频由于制作门槛低，最初吸引了一大批普通用户上传短视频，普通用户有了展现自己的舞台，但是问题随之而来，短视频内容不断重复，极易使观众形成视觉疲劳，造成用户流失。

随着资本的注入和专业团队的加入，短视频内容变得丰富多样，有的短视频创作者将生活中发生的有趣小事稍微加工，突出笑点，收获大批粉丝；有的短视频创作者则运用自己的专业技巧，使用不同的剪辑特效，制作炫酷的短视频内容，吸引粉丝；有的短视频创作者则制作情景剧，在几分钟之内向观众讲述故事，主题可以是亲情、友情、爱情，也可以是人生哲理，时长虽比电影、电视剧短，但同样制作精良、内容优质，从众多短视频内容中脱颖而出，吸引观众注意力。

（2）短视频内容垂直细分，MCN模式不断成熟

当前泛娱乐化的短视频内容仍充斥着短视频平台，这使得内容生产者要想突出重围，制作的短视频内容不仅要优质还要有差异，实现垂直细分，这样吸引的用户群体更加精准，粉丝黏性更强，更容易实现变现。比如，现在已经崭露头角的"短视频+直播""短视频+电商""短视频+社交"等，未来"短视频+"将成为常态，垂直细分愈加明显。

MCN（Multi-Channel Network，多频道网络）是一种多频道网络的产品形态，将PGC（Professional Generated Content，专业生产内容）联合起来，在资本的有力支持下，保障内容的持续输出，从而最终实现商业的稳定变现。简单而言就是，MCN机构通过与内容生产者签约或者自行孵化的方式，帮助内容生产者在定位、内容生产、包装推广、运营变现等维度实现发展。随着"网红"经济的发展，MCN机构的出现是不可避免的，在MCN机构的推动下，将产出越来越多的优质内容，促进短视频的发展和更多细分市场的形成。

（3）科技创新推动短视频进一步发展

5G的发展以及普及，将大幅度提高移动通信的速率，有利于更多的内容生产者进行创作，加快短视频的传播速度，同时5G的发展也将支撑VR（Virtual Reality，虚拟现实）、AR（Augmented Reality，增强现实）和AI（Artificial Intelligence，人工智能）等技术的发展和应用。通过"短视频+VR/AR"丰富短视频应用场景，提升用户体验，短视频行业的发展市场空间将越来越大。

1.1.2 短视频的特征

在短视频发展如火如荼的当下，很多人可能会产生这样的疑问：相较于文字、图片和传统视频而言，为什么短视频更能吸引观众的视线，得到大众的喜爱呢？下面从短视频的特征来分析一下。

1．制作流程简单，生产成本低

在短视频出现之前，大众对于视频的印象就是电影、电视剧，需要专门的制作团队，制作流程复杂，成本高。短视频出现之后，大众发现自己拿起手机就可以拍摄短视频，然后经过简单的加工便可以上传短视频进行分享。

2．时长短，内容丰富

短视频时长一般在15秒到5分钟，时长短，符合当下快节奏的生活和工作方式，而且相较于文字、图片而言，短视频可以给用户带来更好的视听体验。时长短，便要求短视频每一秒的内容都丰富，即浓缩的就是精华，以降低用户获取信息的时间成本，充分利用用户的碎片化时间。

3．传播速度快，社交属性强

短视频是信息传递的新方式，是社交的延伸。用户将拍摄制作完成的短视频上传至短视频平台之后，其他用户可以点赞、评论、转发分享等。短视频平台与微信和微博等其他社交平台合作，用户可以将短视频转发到微信朋友圈和微博等，进行广泛的传播，这为用户制作并分享短视频提供了有利的条件。

4．内容形式多样，个性化十足

短视频用户群体跨度大，短视频内容的表现形式多种多样，有的运用创意剪辑手法和炫酷特效，有的采用情景剧形式，或搞笑，或感动，向观众传递情感等。短视频创作者可以充分展现自己的想法和创意，而观众也可以根据自己的兴趣爱好观看不同内容形式的短视频，以满足观众的精神需求。

5．实现精准营销，营销效果好

短视频创作者可以根据用户不同的年龄、身份进行内容垂直细分创作，因此与其他营销方式相比，短视频营销可以帮助营销者更加准确地找到目标用户，实现精准营销。目前，大多数短视频平台已经植入广告，而且在一些短视频中会插入购物链接，方便用户在观看短视频的同时购买自己需要的商品，实现粉丝变现，从而达到良好的营销效果。

1.1.3 短视频的常见类型

短视频类型多种多样，按照内容可以分为以下几种类型。

（1）娱乐搞笑类

很多人观看短视频的目的是娱乐消遣，缓解压力，舒缓心情。因此，娱乐搞笑类短视频可以说是短视频领域的"香饽饽"，更容易获得用户的关注，这类内容在短视频中占有很大的比重。

娱乐搞笑类短视频的形式也是多种多样的，常见的有情景剧和脱口秀。情景剧往往有一定的故事情节，内容贴近生活，通常由两人以上出演，注重情节反转，如图1-1所示。脱口秀主要是结合时事热点话题，在他人话语或某个事件中找到一个切入点进行调侃，注重形成个人风格，打造专属频道，如图1-2所示。

由于娱乐搞笑类短视频通常能够为观众带来极大的乐趣，流量较高，因此很多短视频创作者都会采用这种内容方式。

（2）美食分享类

美食承载着人们的情感，在日常生活中占据着非常重要的位置。优质的美食类短视频不仅向观众展示美食的做法，还向观众传递短视频创作者对生活的态度、热情。无论是爱好做美食的用户，还是不会做饭的厨房新手，几乎都会被美食类短视频吸引。图1-3所示为美食分享类短视频。

图1-1　情景剧　　　图1-2　脱口秀　　　图1-3　美食分享类短视频

（3）美妆/穿搭类

这类短视频主要面向追求和向往美丽、时尚、潮流的女性群体，许多女性选择观看短视频是为了能够从中学习一些美妆/穿搭类技巧来帮助自己变美，以跟上时代的潮流。现在各大短视频平台上涌现出大量的美妆/穿搭博主，她们通过发布自己的护肤/化妆/穿搭短视频，逐渐积累粉丝，吸引美妆/服装/鞋包/配饰等品牌商与其合作，已经成为时尚美妆/穿搭行业营销的重要推广方式之一。图1-4所示为美妆类短视频，图1-5所示为穿搭类短视频。

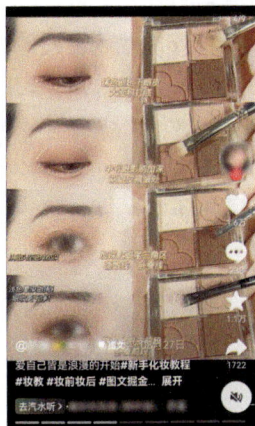

图1-4　美妆类短视频　　　图1-5　穿搭类短视频

（4）知识技能类

知识技能类短视频是一种非常容易吸引流量、"涨粉"的短视频类型。短视频创作者通过短视频分享实用干货或者实用小技巧，使用户在短短几分钟内就可以学到一个小知识或小技巧，这是很多用户喜闻乐见的，因此知识技能类短视频在各个短视频平台非常受欢迎。知识技能类短视频不同于其他类型的短视频，既要讲究知识和技巧的实用性，又要追求制作的趣味性，这样才能更容易吸引用户关注，让用户在获得知识、技能的同时，还能体会到生活中的乐趣。图1-6所示为知识类短视频，图1-7所示为技能类短视频。

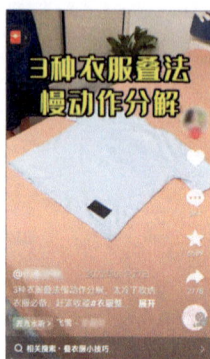

（5）才艺展示类

才艺展示类短视频就是通过展示自己的特长或者某一方面的才华，如分享自己的舞蹈、绘画、手工、乐器演奏等，来吸引用户的关注的短视频类型，这也是目前短视频中比较主流的一种玩法。图1-8所示为才艺展示类短视频。

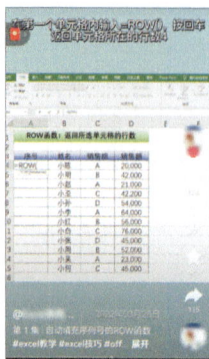

图1-6　知识类短视频　　图1-7　技能类短视频　　图1-8　才艺展示类短视频

（6）宠物类

随着人们生活水平的提高，越来越多的人会养宠物，宠物类短视频也就成了一种很受欢迎的短视频类型。小动物非常可爱，特别是那些聪明、有技能的宠物，"圈粉"能力超强。图1-9所示为宠物类短视频。

（7）街头采访类

街头采访类短视频也是一种比较受欢迎的短视频类型。此类短视频的制作效果主要看短视频创作者的策划能力，能不能找到合适的话题，提出的问题是否足够有趣，是否能引导采访者说出较为搞笑的话语。图1-10所示为街头采访类短视频。

图1-9　宠物类短视频　　　　　　图1-10　街头采访类短视频

（8）旅拍类

旅拍类短视频就是记录旅游中的沿途趣事及感受的短视频。这类短视频的内容不仅能展现沿途美景，还能表现短视频创作者的心情。旅拍类短视频深受文艺青年喜爱并被广泛传播。图1-11所示为旅拍类短视频。

（9）商品测评类

商品测评类短视频就是对一些用户比较感兴趣的商品进行测评，测评人通过对某种商品进行试用，或者按照一定的标准做一些测试，然后分析测试结果、做出评价并分享给用户，帮助用户从众多商品中筛选出质量有保障、适合自己的商品的短视频类型。需要注意的是，测评人一定要保持客观、公正的态度，检测、试用结果数据要真实，使用户做出明智的决策。在这类短视频中，如果商品通过了测评，一般都会把其购买链接呈现出来，让用户可以自行点击购买，这属于一种比较流行的短视频营销方式。图1-12所示为商品测评类短视频。

图1-11　旅拍类短视频　　　　　　　图1-12　商品测评类短视频

1.1.4　短视频的产业链

随着短视频用户不断增多，目前短视频行业已经形成了一条比较庞大的产业链，短视频行业的产业链中主要包括内容生产方、内容分发方和用户，短视频产业链如图1-13所示。

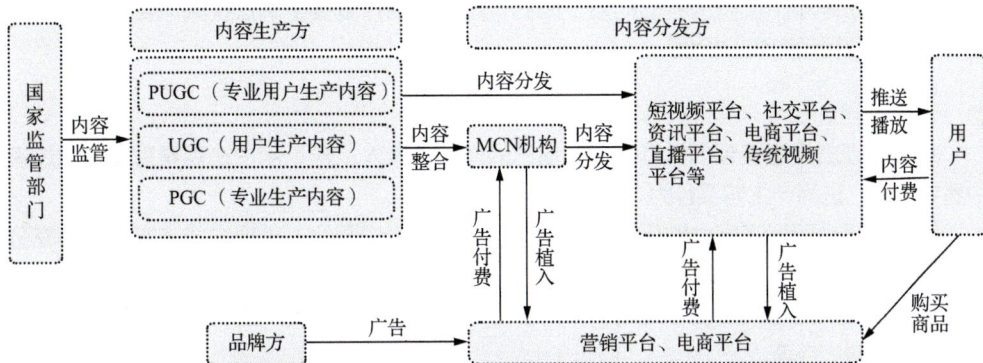

图1-13　短视频产业链

1. 内容生产方

短视频按照生产方式可以分为UGC、PGC、PUGC 3种。

（1）UGC

UGC（User Generated Content，用户生产内容），即由平台普通用户自主创作并上传的短视频。UGC制作简单，成本很低，大多数普通用户即可制作，因此制作门槛比较低，用户基础很大，具有很强的社交属性，但商业价值较低。

（2）PGC

PGC即由专业机构创作并上传的短视频。PGC短视频以其专业制作、易于传播和变现的特点，在短视频领域逐渐成为主流，它具有很高的商业价值，主要靠内容获利，具有很强的媒体属性。

（3）PUGC

PUGC（Professional User Generated Content，专业用户生产内容），即专业用户（拥有粉丝基础或者某一领域专业知识的关键意见领袖）创作并上传的短视频，PUGC结合了UGC的广度和PGC的深度。PUGC制作成本较低，商业价值较高，主要靠流量获利，具有社交和媒体双重属性。

2. 内容分发方

随着短视频内容的不断丰富，短视频分发平台也变得越来越多样化。

短视频分发平台是指专门为短视频内容提供分发服务的平台，常见的短视频分发平台有抖音、快手、哔哩哔哩、西瓜视频、腾讯微视等。这些平台提供了多种功能，如点赞、评论、分享等，用户可以根据自己的喜好选择相应的功能，从而将自己的短视频一键分发到多个平台，扩大自己的受众范围。

1.1.5 短视频的商业模式

短视频作为当前流行的视频形式，吸引了大量的用户进入这个行业，其市场占有率也在不断增长。短视频的商业模式也随之涌现。

短视频的商业模式主要就是商业变现，变现既是对创作优质内容的回报，也是支撑短视频创作者持续输出优质内容的动力。因此，短视频创作者要了解短视频流量变现的有效途径，获取短视频的商业价值。

1. 广告变现

广告变现就是短视频创作者直接在自己的作品中接入广告，用户在观看短视频的过程中看到广告，进而产生购买行为，如图1-14所示。

短视频平台积累了庞大的用户群体，拥有清晰的用户画像，表现方式丰富，能够充分满足场景的构建需求，因此深得广告主的青睐和重视，已经成为广告投放的重要领域。广告变现是常见的短视频变现方式之一，广告形式主要包括植入式广告、贴片广告、冠名广告和品牌定制广告等。

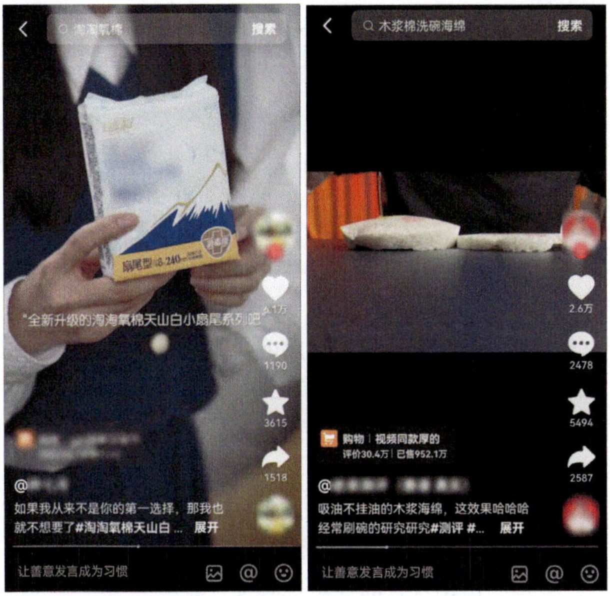

图1-14　广告变现

（1）植入式广告

植入式广告是将广告主的品牌、产品植入短视频的剧情中，让用户在观看短视频的过程中不知不觉形成记忆，进而了解广告主的产品或服务的广告形式。与传统广告相比较，植入式广告的吸引力更强，且已经被大多数人接受。

植入式广告类型很多，常见的植入式广告类型如表1-1所示。

表1-1　常见的植入式广告类型

类型	释义	特征
台词植入	台词植入是指演员念出台词，从而把产品的名称、特征等直白地传达给用户	这种方式很直接，也很容易得到用户对品牌的认同。不过在进行台词植入的时候要注意，台词衔接要恰当、自然，不要强行插入，否则很容易让用户反感
道具植入	道具植入方式比较直观，就是将需要植入的物品以道具的方式直接、自然地呈现在用户面前	道具植入要遵循适度原则，如果频繁地对道具进行特写展示，可能会让用户觉得目的性太强，引起用户的反感
场景植入	场景植入是把品牌、产品融入场景，通过故事的发展自然而然地介绍品牌、产品	这种方式比较隐蔽，用户在观看短视频的时候，很可能会在无形中被品牌或产品吸引
奖品植入	奖品植入是在短视频中通过发放一些奖品来引导用户关注、转发、评论的广告植入方式	这种方式非常普遍，用户很容易被短视频中的奖品吸引
"种草"植入	在用户通过观看短视频学习某类知识的时候，会自然加深对商品的记忆，过程中如果关键意见领袖可以对相关商品进行讲解和推荐，就会达到事半功倍的效果，极大地激发用户的购买欲望	"种草"植入常见于美食、美妆、测评和穿搭类的短视频

类型	释义	特征
剧情植入	剧情植入方式是指将广告自然地与剧情结合起来，在引导用户观看短视频的同时，让用户看到产品的信息	一般作品都会有一个特定的主题，在短视频的前半部分；短视频创作者应根据短视频风格来进行主题的叙述，后半部分再进行巧妙的转换，创造情景来对后面的广告植入进行铺垫。最终，整个短视频既以一种轻松、诙谐的形式展现出来，又巧妙地植入了广告内容

（2）贴片广告

贴片广告是指在短视频播放之前、结束之后或者插片播放的广告，其紧贴短视频内容，通过展示品牌来吸引用户的注意力，是短视频广告中最明显的广告形式之一，属于硬广告。

图1-15所示为某汽车品牌发布的贴片广告，右上角显示了可关闭广告的倒计时。

贴片广告主要分为以下两种形式。

① 平台贴片：大多是前置贴片，即在播放短视频之前出现的广告，以不可跳过的独立广告形式出现。

② 内容贴片：大多是后置贴片，即在短视频播放结束后追加的广告。

贴片广告主要有以下优势。

① 触达率高：只要一打开短视频，用户大多会接触到贴片广告。

图1-15　某汽车品牌发布的贴片广告

② 信息传递高效：与电视广告一样，贴片广告的信息传递效率高且内容丰富。

③ 互动性强：由于形式生动、灵活，贴片广告的互动性强。

④ 成本较低：贴片广告不需要投入过多的经费，成本较低，播放率较高。

⑤ 抗干扰性强：在广告与短视频中间不会插播其他无关内容。

由于短视频时间比较短，所以短视频创作者要尽量避免采用贴片广告这种影响用户体验的广告形式。如果实在避免不了，短视频创作者可以把广告放在片尾彩蛋处，减小对用户体验的影响，保证自身的品牌形象。

（3）冠名广告

冠名广告是指在短视频内容里加上赞助商或广告主名称进行品牌宣传，进而扩大品牌影响力的广告形式。

冠名广告主要有3种形式，如图1-16所示。

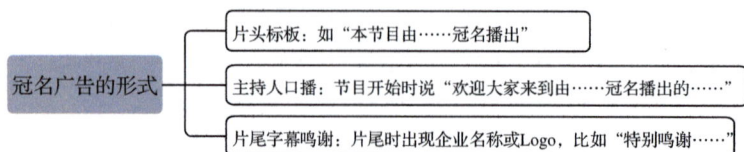

冠名广告的形式

- 片头标板：如"本节目由……冠名播出"
- 主持人口播：节目开始时说"欢迎大家来到由……冠名播出的……"
- 片尾字幕鸣谢：片尾时出现企业名称或Logo，比如"特别鸣谢……"

图1-16　冠名广告的形式

目前，冠名广告在短视频领域的应用还不是很广泛。一方面是因为这类广告需要企业投入较多资金，企业在平台和节目投放这类广告时会非常慎重；另一方面是因为这类广告形式比较直接，相对而言较为生硬。所以很多短视频平台和自媒体人不愿意将冠名广告放在片头，而是放在片尾，以减少对自己品牌的影响，避免用户反感。

例如，2020年3月网易传媒推出了一档名为《我是医者》的纪实类短视频节目，谈及创作初衷，主创团队表示，市场上不缺短视频，缺的是让人有点击欲望、记得住的优质短视频，《我是医者》就是这样一档有内容、有温度的短视频节目。因为贴合时下热点、话题性强、制作精良，《我是医者》在业内赢得了广泛的关注和讨论。

（4）品牌定制广告

品牌定制广告是指以品牌为中心，为品牌或产品量身定制内容的广告形式。这种广告形式将内容主导权下放给品牌，短视频内容为如何更好地表达品牌文化和价值服务。广告商依据不同品牌的风格和不同的传播目的，有针对性地制定专业的传播策略，充分利用短视频平台的优势，保证品牌在内容方面拥有较大的纵深空间，而且定制的内容可以让广告更加自然，以便更好地传达企业的品牌文化和理念，消除用户对广告的芥蒂。这种广告形式的变现更高效，针对性更强，受众的指向性也更明确，但制作费用较高。

在品牌定制广告中，主要有以下几种提升品牌影响力的方式，如表1-2所示。

表1-2 品牌定制广告中提升品牌影响力的方式

方式	说明
品牌叙事	在短视频中，品牌创始人可以叙述自己的创业故事，讲述创业过程和创业理念，引起用户的共鸣，使用户对创始人产生好感，从而对创始人所创立和拥有的品牌产生更大的兴趣
场景故事化	几乎没有人喜欢看广告，但几乎没有人不喜欢听故事。因此，短视频创作者可以将品牌转化为一个元素或者一种价值主张，融入一个富有感染力的故事中，通过再现日常场景，在短视频中营造代入感，从而吸引用户的注意力，打动他们，影响其消费观念
产品展示	短视频创作者可以在短视频中展示产品的制作过程、使用技巧和相关创意等，从而在用户脑海中留下深刻的印象
主题理念	在短视频中，短视频创作者可以将品牌理念融入短视频主题，并贯穿始终，向用户展示产品信息，让用户了解品牌的具体信息
制造话题	要想让品牌定制广告产生巨大的冲击力，短视频创作者要找到用户群体感兴趣的话题，搜集用户切实关心的问题，并借助短视频丰富的表达形式有意识地制造话题，引发用户的广泛讨论
用户共创	用户共创是一种通过适当的规则和引导，由产品的使用者参与整个产品研发和上架的过程，让他们提出自己的想法和反馈的方式。在企业了解用户的同时，用户也能传达自己的观点，实现自己的智慧价值，从而让企业与用户实现双赢。在短视频中运用UGC模式，让用户参与短视频创作，有助于更好地通过真实人物、真实故事来表达真情实感。这种短视频与用户有着高度的关联性，会对用户产生强烈的心灵震撼

2. 电商变现

在短视频浪潮的推动下，内容电商已经成为当前短视频行业的一大趋势。越来越多的企业、个人通过发布原创内容，并凭借基数庞大的粉丝群体构建自己的盈利模式，电商便成了他们探索商业模式过程中的一个重要选择。满减、买赠、折扣等品牌主在电商平台上获取流量的方式，已越来越难以行得通。而内容成为消费转化的起点，内容电商正成为新的流量入口和未来发展趋势，它深度融合了内容传播渠道和产品销售渠道。

内容电商是指短视频创作者将有需求价值的内容（也就是让人"种草"的内容），通过品牌主、电商平台及各种资源的整合传播，精准触达目标用户，从而实现销售转化。内容电商的核心不是直接卖货，而是基于有需求价值的内容刺激用户的需求，影响用户的购买行为。

短视频电商变现有淘宝客推广模式和自营品牌电商推广模式两种。

（1）淘宝客推广模式

淘宝客是一种按成交计费的推广模式，也指通过推广赚取收益的一类人。淘宝客从淘宝客推广专区获取商品推广代码（即淘口令），买家通过推广链接或者淘口令进入淘宝卖家店铺完成购买后，淘宝客就可得到由卖家支付的佣金。简单来说，淘宝客就是指帮助卖家推广商品并获取佣金的人，其佣金等于成交额乘以佣金比率。

以抖音平台为例，在抖音电商功能开放后，很多抖音淘宝客与电商合作，在发布的短视频中加入商品链接，当发布的短视频成为热门短视频之后，会增加客流量，抖音淘宝客就可以从中赚取可观的佣金，通过卖货实现变现。

例如，某穿搭博主在抖音发布了有关穿搭的短视频，在短视频中设置了商品链接，用户若感兴趣就可以点击购买，淘宝客推广模式如图1-17所示。

当然，抖音博主不仅可以添加淘宝店铺的商品，还可以添加抖音自有商城精选联盟的商品，包括淘宝、天猫、京东或实体店铺的商品，也可以直接开通抖音小店。

（2）自营品牌电商推广模式

自营品牌电商推广模式分为两种：一种是通过短视频打造个人IP，建立个人电商品牌；另一种是通过短视频为自建电商平台导流。

① 个人电商品牌

个人电商以PUGC为主，他们通过

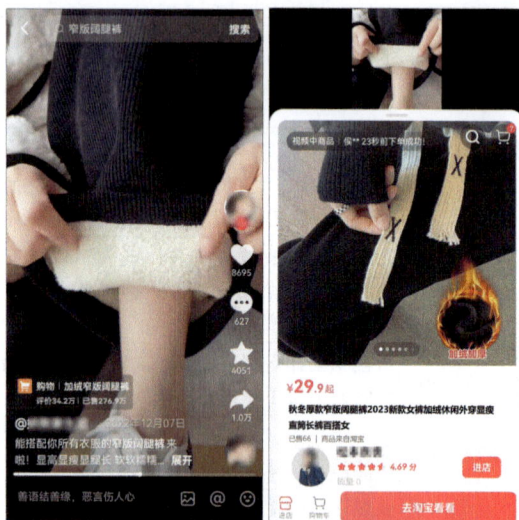

图1-17　淘宝客推广模式

打造个人品牌、成为大流量KOL（Key Opinion Leader，关键意见领袖），凭借自身的影响力为自有网店引流。这些KOL在上传短视频之后，会在短视频中添加商品链接，当用户对短视频中的商品感兴趣时，就可以直接点击商品链接跳转到网店页面进行购买。

例如，抖音某美食类短视频创作者持续创作了大量优质短视频内容，为自己积累了知名度，打造出了个人品牌，并在此基础上开设了自己的网店，在网上销售短视频中的商品。图1-18所示为制作糟辣酱的短视频，该短视频下方放置了商品链接，用户观看该短视频后若对该商品有兴趣，便可以点击商品链接进入网店购买。

② 自建电商平台

自建电商平台以PGC为主，品牌方通过创作优质的短视频内容为自营平台引流，吸引用户以实现流量变现。如今随着电商平台的发展，很多品牌建立了自营店，将品牌自营作为商业策略中的重要一环，品牌自营也成为很多大品牌的既定商业动作。

例如，自媒体平台"一条"以短视频起家，后来走上了短视频内容的电商变现之路。"一条"一般把内容和品牌信息结合起来，进行软广告植入，既有效传递了品牌理念，又增强了用户的信任感和依赖感。"一条"在短视频平台积累足够的用户之后，不仅在短视频平台推送优质的短视频内容，还在微信公众号发布包括图文、短视频等形式的优质内容。图1-19所示为"一条"微信公众号页面及推送内容。

图1-18　制作糟辣酱的短视频 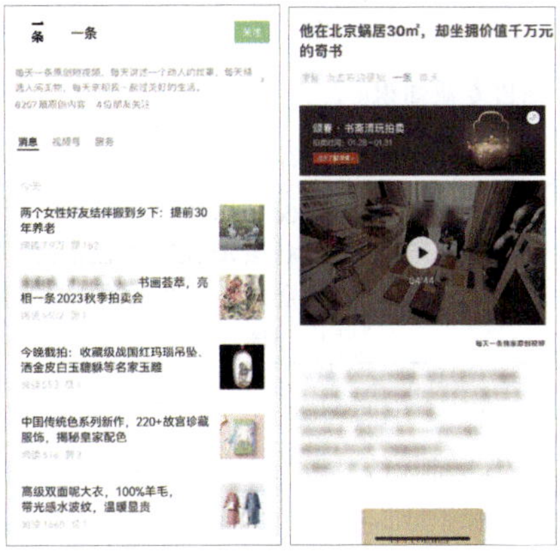　　　　图1-19　"一条"微信公众号页面及推送内容

"一条"不仅在短视频内容中软性植入商品信息，还在微信公众号中设置了"生活馆""实体店铺"等，推广自己的实体店铺和App。

3. 用户付费视频内容

如果短视频内容足够优质并且可以抓住用户痛点，那么在其中植入广告便可以在很大程度上激发用户的购买欲望。

付费对于用户而言就是一个过滤器，可以自动筛选优质内容，节约用户的注意力成本，同时让用户在完成付费行为时产生满足感和充实感。对于短视频创作者来说，用户付费是帮助他们筛选核心目标用户、创造价值的方式。用户付费主要分为用户打赏、购买特定产品和会员制付费3种模式。

（1）用户打赏

随着打赏功能的出现，越来越多的用户开始为自己喜欢的短视频付费。从长远来看，订阅打赏是未来短视频行业十分可行的盈利模式。 例如，快手、美拍等短视频平台都开通了付费礼物打赏功能。而短视频创作者需要做的是让用户主动订阅、打赏。因此，短视频创作者要激发用户的帮助欲望，即让用户知道，他们的订阅、打赏行为是短视频创作者创作优质短视频的动力。

（2）购买特定产品

随着视频网站会员制度、数字音乐专辑的推出，用户为优质互联网内容付费的习惯正在逐渐养成，内容付费市场的潜力巨大。与长视频和音频相比，时长更短、信息承载量更丰富的短视频逐渐成为内容付费市场的重要构成部分。

短视频内容付费的本质是让用户花钱购买特定短视频内容。因此要想让用户付费，短视频内容必须具有价值性和排他性——短视频内容有价值，自然有人愿意付费，而人们往往更愿意为独家的内容付费。

综合来看，购买特定产品模式具有广阔的发展前景，其主要有以下两种方式，如表1-3所示。

表1-3　购买特定产品模式的方式

方式	说明
销售专业知识	对用户来说，知识的专业性越强，价值就越大，越值得购买。但是并非所有专业知识，用户都会购买，要想吸引用户付费，专业知识还需要具备关联性和稀缺性，通常与用户的生活和工作紧密相关，而且专业性强且稀缺的知识对用户的吸引力往往会更强，用户付费的可能性就越大
销售垂直细分领域知识	短视频创作者可以聚焦某一垂直细分领域，在该领域持续输出优质内容，从而吸引对该领域感兴趣的用户。销售垂直细分领域知识，就是以细分的深度吸引相对小众的用户群体付费观看。短视频知识垂直度与细分度越高，越能吸引某一类用户群体付费购买

（3）会员制付费

会员制付费模式早已在长视频领域得到了广泛应用，如用户在观看腾讯、爱奇艺和优酷等平台的视频时，经常会出现付费才能观看完整版的情况，或者用户在观看当下热播的视频内容时，要想抢先一步观看更多内容需要付费。

现在很多短视频平台开始借鉴长视频的会员制付费模式，推出短视频会员制付费模式，主要基于以下4个方面的原因。

① 短视频平台逐渐发展成熟，需要考虑构建更多的盈利模式。

② 长视频付费业务的推出使视频付费业务迎来发展的风口。

③ 越来越多的用户对短视频内容提出了更高的要求，优质短视频内容的市场也在不断扩大。

④ 用户愿意为短视频内容买单，而且付费的精品短视频内容逐渐受到市场的认可与欢迎。

在短视频付费服务方面，YouTube 早在2015 年宣布YouTube Red 计划时就推出了会员制付费模式，而且形成了非常好的发展形式。在该形式下，会员可以观看非会员用户无法观看的优质短视频内容；会员可以保存和下载短视频内容，进行离线观看；在观看短视频时，会员可以跳过广告，提升观看体验。

目前，很多短视频平台的购买特定产品模式和会员制付费模式相互融合，用户既可以选择性地只付费观看其中一条自己喜欢的短视频，也可以在购买会员之后免费观看大量的优质短视频内容。例如，用户在观看抖音短剧时，会发现许多短剧只能免费观看前面几集，后面的剧集会提示"购买后可看"。

4. 直播变现

近年来，直播的发展呈现出非常明显的增长趋势，众多知名主播的出现，以及艺人、企业家的纷纷入局，让直播成为人们喜闻乐见的内容呈现方式，也成为短视频新的变现趋势，并被越来越多的人接受。

在初创期，直播的内容以及变现模式都较为单一，变现依靠用户打赏分成；而在成长期，以导购分成为代表的增值业务、广告业务、游戏联运业务等也逐渐壮大，直播的变现模式逐渐清晰、多元化。下面介绍直播变现的几种模式。

（1）打赏模式

打赏模式是指观众付费充值买礼物送给主播，然后平台将礼物转化成虚拟币，最后主播进行虚拟币提现，并由平台抽成。如果主播隶属于某个工会，则由工会和直播平台统一结算，主播获取的则是工资和部分抽成。这是常见的直播类产品盈利模式。当然伴随着直播平台的升级和优化，礼物系统也更加多元化，从普通礼物到豪华礼物，再到能够影响主播排名的热门礼物、VIP 用户专属的守护礼物，以及当下流行的幸运礼物，无一例外都是为了进一步刺激用户充值，提升平台收益。

（2）"带货"模式

"带货"模式是指主播通过直播展示和介绍商品，让卖货不受时间和空间的限制，并且可以让用户更直观地看到和体验产品。用户看直播时可直接购买商品，直播间可以此获得盈利。电商企业一般会采取此种模式。

（3）承接广告

承接广告是指当主播拥有一定的名气之后，商家会委托主播对他们的产品进行宣传，然后主播收取一定的推广费用。主播在直播中可以通过"带货"、产品体验、产品测评、工厂参观、实地探店等形式满足广告主的宣传需求。这种变现模式中广告一般是主播私下承接的，平台不参与分成。平台也可在App、直播间、直播礼物中植入广告，按展示/点击与广告商结算费用，这也是一种变现形式。

（4）内容付费

内容付费是指粉丝通过购买门票、计时付费等方式进入直播间观看，如一对一直播、在线教育等付费模式的直播。能够吸引粉丝付费的直播一般内容质量较高，因为好的内容才可以有效地留住粉丝，也为平台和主播带来新的变现模式。

（5）企业宣传

企业宣传是指由直播平台提供技术支持和营销服务支持，企业通过直播平台进行如发布会直播、招商会直播、展会直播、新品发售直播等多元化直播。这种模式可为企业打造专属的品牌直播间，助力企业宣传，实现传统媒体无法实现的互动性、真实性、及时性。

（6）游戏付费

为了增加直播的趣味性和互动性，直播间增加了小游戏功能。游戏付费是指粉丝在平台充值获取游戏币，从而参与直播间的小游戏。直播间的小游戏功能不仅带动了直播的氛围，也为主播和平台带来了收益。

除了以上6种变现模式，联合举办线上线下活动、广告引流、版权发行等都是有效的直播变现模式。

课堂实训　观看几条短视频，分析其分别属于哪个类型

🔷 **实训目标**
掌握短视频的类型。

🎓 **实训内容**

观看短视频，分析一下它们属于哪个类型。

🎓 **实训要求**

了解短视频的分类，谈一谈自己喜欢哪个类型的短视频。

1.2 直播电商概述

直播电商是以直播为渠道来达成营销目的的一种新型电商形态，是数字化时代背景下直播与电商融合的产物。直播电商以低成本、高转化率等优势备受商家青睐，市场规模增长显著。

扫一扫

1.2.1 直播电商的发展现状和趋势

最近几年，直播电商成为一个超级风口。直播电商行业异军突起，主持人、艺人、企业家、作家等纷纷入局直播"带货"。各大直播平台为了抢占市场份额用尽了各种方法，市场一度处于白热化状态，竞争非常激烈。

1. 直播电商的发展历程

那么直播电商到底是怎样兴起的呢？下面一起来了解一下直播电商的发展历程，如图1-20所示。

2016—2018 年	2019—2020 年	2021 年至今
萌芽探索期	爆发成长期	规范调整转折期

图1-20 直播电商的发展历程

2016—2018年，萌芽探索期。在互联网技术的驱动下，我们逐步进入移动直播时代，开始的时候，大家都专注于游戏直播、娱乐直播，后来蘑菇街第一个将直播与电商结合，逐渐成为一个"直播+内容+电商"平台。蘑菇街开通直播功能两个月后，淘宝直播也正式上线，当月京东直播也上线了，抖音、快手作为短视频行业领跑者，迅速调整战略，开始平台直播"带货"。

2019—2020年，爆发成长期。直播电商模式的变现能力得到验证，直播电商市场规模迅速扩大，直播电商迅速渗透到各个网购市场，直播"带货"的GMV（Gross Merchandise Volume，商品交易总额）暴增，各平台开始加码培养"带货红人"，通过流量扶持，吸引艺人主播拓展粉丝群体，拼多多、唯品会、小红书、微博等平台也纷纷上线直播功能，MCN机构不断尝试、探索商业变现模式。

2021年至今，规范调整转折期。由于直播行业发展迅速，管控力度没有及时跟上，因此直播行业出现了一些乱象，针对这些乱象，各种管控措施陆续出台。由于强监管，多位头部"带货"主播"爆雷"，整个直播电商行业面临流量重新洗牌。至此，直播电商市场规模进一步扩大，但增速逐渐放缓，迎来行业转折。

2．直播电商的发展趋势

随着5G的发展，电商直播的传播速度更快，可以给消费者带来更好的消费体验，转化率更高。而且在此趋势下，商家自播逐渐成为电商直播的中坚力量，电商直播平台越来越多，电商直播的产业链越来越完善，越来越多元化。直播电商未来发展的趋势，可以从以下几个方面来分析。

（1）资本加持、平台扶持与政府引导

目前，直播电商行业的发展越来越全面化，从MCN机构、直播运营机构、直播代播机构到新型直播电商平台，投资已经向全产业链蔓延开来。在这种形势下，直播电商要想持续良性发展，离不开资本加持、平台扶持与政府引导，三者共同驱动，直播电商行业才可以更高效、有序、理性发展。

资本决定直播电商全产业链的布局，资本加持可以推动产业各环节优化。而平台扶持与政府引导则可以有效激励、扶持产业发展，还可以针对电商直播乱象，制定出相应的治理与监管方针，然后在更深层次上驱动直播电商高效有序运转。

（2）"人、货、场"三要素多元化

"人、货、场"是直播电商的三要素，随着直播电商的不断发展，"人、货、场"三要素也要向多元化方向延伸，如商品多样化、主播类别多样化、直播内容多样化、直播场景多样化和形式多样化等。

（3）直播体验

5G为直播赋能，沉浸式、互动式、高清化直播购物体验指日可待。5G带动了4K/8K超高清直播，为直播优画质和高流畅度提供了保障；推动直播场景多元化，使随处可播成为现实；强化全息沉浸式购物体验，使VR/AR与直播电商相融合。

1.2.2　直播电商的特征

直播电商是基于电商平台开通的直播功能，用于协助平台商家实现直播卖货。直播电商有以下几个特征。

1．实时性

直播电商较明显的特征就是具有实时性，直播与交易同步发生。在传统的电商网购中，用户接触到的信息都是经过商家事先包装、美化的，而在直播电商中，用户得到的信息是实时的。

2．互动性

直播电商具有很强的互动性。在直播过程中，用户可以通过直播平台与主播或其他用户进行实时交流，遇到问题的时候，用户也可以及时向主播或其他用户提问，以便了解更多信息。另外，主播还可以在直播间进行直播促销活动，如让观众在直播间里参与互动答题，答对了可以参与抽奖，获得优惠券，从而实现互动率和转化率的同步提升。

3. 真实性

直播电商具有很强的真实性。在直播电商平台上，用户可以通过观看主播展示商品的过程，直观地感受商品的真实情况，增强了用户的购买意向。同时，主播可以实时展示商品的外观、功能和使用效果，相比于传统电商平台上对商品进行的文字和图片描述，直播则更能体现商品的真实性。

1.2.3 直播电商的直播类型

直播团队为了吸引用户观看直播，需要根据实际销售产品的特点选择更能吸引观众的直播营销形式。直播电商的常见直播类型如表1-4所示。

表1-4 直播电商的常见直播类型

直播类型	直播方式及特点
商品分享式直播	商品分享式直播就是主播在直播间向用户分享和推荐商品，或者由用户在直播间的评论区留言，告诉主播自己需要的商品，然后主播按照用户需求推荐、讲解并展示商品
产地直销式直播	产地直销式直播是指主播在商品的原产地、生产车间等场景进行直播，主播通过展示商品真实的生产环境、生产过程，让用户感受到"真实感"，从而吸引用户购买
基地走播式直播	基地走播式直播是指主播到直播基地进行直播。直播基地一般是由专业的直播机构建立的，不仅直播间和配置的直播设备比较高档，直播画面和效果较好，而且直播基地的供应链一般比较完善，主播可以根据自身需求在基地挑选商品，并在基地提供的直播场地中直播。此外，直播基地中的商品会在淘宝店铺或天猫店铺中上架，主播在直播基地选好商品后，在直播时将商品链接导入自己的直播间即可
现场体验式直播	现场体验式直播是指主播在直播间现场对商品进行使用、加工、制作，向用户展示商品的使用过程或者加工、制作过程和加工后的真实状态。一般食品、小家电和3C商品会采用这种直播营销形式
砍价式直播	砍价式直播是指在直播中，主播先向用户分析商品的优缺点，并告诉用户商品大概的价格，待确定用户有一定的购买意向后，主播再向品牌商砍价，为用户争取更优惠的价格，价格协商一致后即可成交
测评式直播	测评式直播是指主播边拆箱边介绍箱子里面的商品。主播在开箱后客观地描述商品的特点和商品的使用体验，让用户真实、全面地了解商品的性能、特点等，从而达到推广商品的目的
访谈式直播	访谈式直播是指围绕与商品相关的主题，主播与嘉宾通过互动交谈的方式阐述自己的观点和看法，并向用户介绍商品，吸引用户购买

1.2.4 直播电商的产业链

直播电商以直播为手段重构"人、货、场"三要素，产业链主要参与者包括品牌商、短视频平台、电商平台、主播、用户等。直播营销行业的快速发展离不开产业链上参与者的共同驱动。

根据直播平台的不同，我们可以将直播电商的产业链结构分为两类：以电商直播平台为基础的直播电商产业链，以短视频平台为基础的直播电商产业链。

1. 以电商直播平台为基础的直播电商产业链

在以电商直播平台为基础的直播电商产业链中，上游主要为品牌商、经销商和制造商，中游主要为MCN机构、主播以及电商直播平台，下游为用户，如图1-21所示。

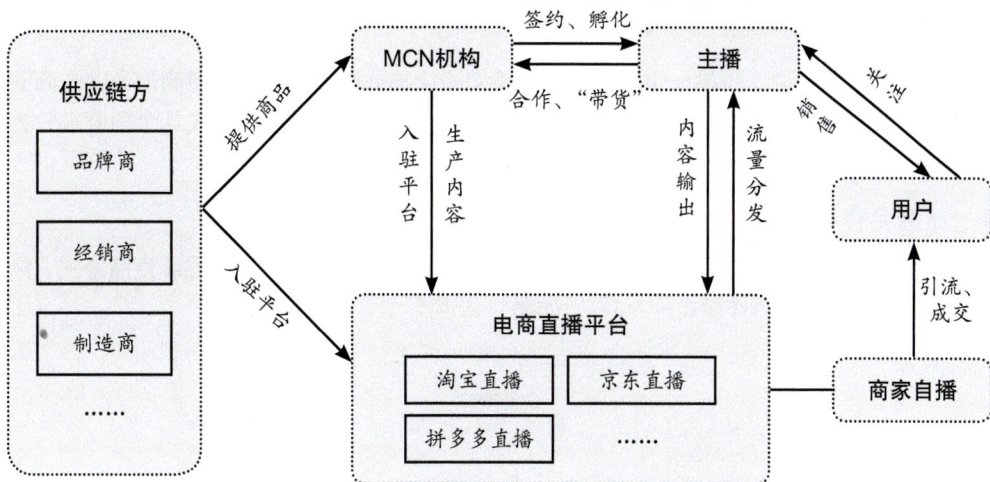

图1-21　以电商直播平台为基础的直播电商产业链

一方面供应链方按照产品特性向MCN机构或主播进行商业投放，MCN机构为主播提供孵化、推广及管理服务，主播输出内容并通过电商直播平台触达用户，完成"带货"。

另一方面供应链方可以自己入驻电商直播平台，自己进行直播，完成"带货"。

2. 以短视频平台为基础的直播电商产业链

近几年来，短视频+直播的新模式伴随着移动互联网技术的发展，渐渐崭露头角，以抖音、快手等为代表的短视频平台逐渐形成了以短视频平台为基础的直播电商产业链，如图1-22所示。

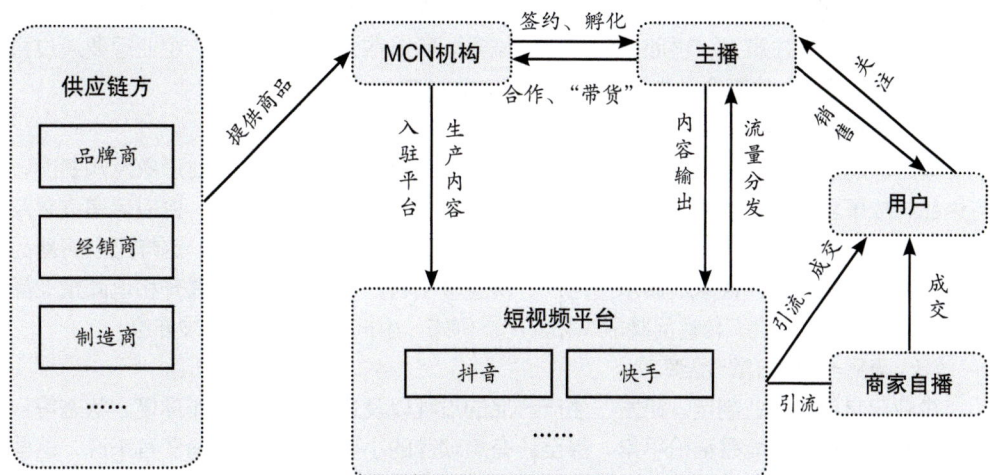

图1-22　以短视频平台为基础的直播电商产业链

在这个产业链中，抖音、快手等短视频平台承担着为电商平台导流和为商品提供展示场景的任务。

1.2.5　直播电商的商业模式

直播对品牌来说，也是一个不可错过的营销机会与渠道。那么直播电商都有哪些商业模式呢？下面从业务合作模式、供应商和主播的合作模式、收益分配模式几个角度来分析一下直播电商的商业模式。

1. 业务合作模式

直播一般分为两种，娱乐以及企业/品牌直播，而直播电商则以企业/品牌直播为主。常见的直播电商的业务合作模式分为4种，如图1-23所示。

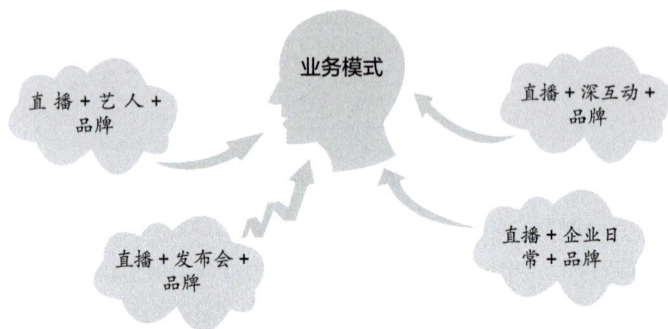

图1-23　直播电商的业务合作模式

（1）直播+艺人+品牌

伴随着直播的上升热潮，"直播+艺人+品牌"逐渐形成一种较为常态的直播电商形式，受到诸多艺人、企业/品牌的青睐。对于企业来讲，"直播+艺人+品牌"属于相对成熟、执行方便、容易成功的一种方式，因为艺人往往拥有数量庞大的粉丝，艺人直播时可以迅速吸引观众的注意力，进而产生巨大的流量。所以在大多数情况下，企业想要通过直播塑造品牌形象，一般都会优先考虑拥有良好形象的艺人。

（2）直播+发布会+品牌

举办新品发布会，是为新产品宣传造势，提升和巩固企业品牌和企业形象及知名度，传达品牌故事和文化，联络、协调与客户之间关系的一种最重要的手段。直播传递信息及时、快速，越来越多的企业开始选择通过直播的形式来举行新品发布会，这样可以将新品较为重要的信息及时、快速地展示给用户，快速吸引客户、占领市场，提升和巩固企业品牌和企业形象及知名度，传达品牌故事和文化。例如，小米10周年的新品发布会。

（3）直播+企业日常+品牌

企业日常是指企业制定、研发、生产产品的过程以及企业员工的工作环境、状态等。这些对于企业来说可能是稀松平常，甚至还有点琐碎的小事，但是对于消费者来说，这些却是"机密"。因此，将"企业日常"搬上直播平台也是吸引观众注意力、进行品牌宣传的一种直播营销方式。

（4）直播+深互动+品牌

因为直播本身就具有高互动性，可以带给用户更直接的使用体验，所以企业想要让品牌通过直播平台与消费者进一步"深互动"，还是需要具有创新思维，一旦有了正确的创新思路，就会获得相当可观的成果。

2. 供应商和主播的合作模式

供应商和主播的合作模式，可以分为专场包场和整合拼场，如表1-5所示。

表1-5 供应商和主播的合作模式

合作模式	推广商品	特点
专场包场	整场直播所推荐的商品都是一家供应商提供的，可以是同一品牌的商品，也可以是同一供应商旗下的多品牌商品	对于供应商来说，这种模式的合作费用比较高，但产生的营销效果比较好
整合拼场	在同一场直播中，主播推荐多家供应商提供的商品	对于供应商来说，这种模式的合作费用较低，但是营销效果不确定，如果观众对所选主播的专业水平比较认可，可以取得非常好的营销效果

3. 收益分配模式

直播电商的收益分配模式主要分为3种：纯佣金模式、坑位费+佣金模式和保量模式。

（1）纯佣金模式

纯佣金模式是指直播前商家不支付费用，只约定好佣金比例，直播结束后商家按照实际成交金额的一定百分比（也就是约定好的佣金比例）支付主播费用。比如直播销售额为100万元，约定佣金比例为30%，那就支付主播30万元。在直播行业中，主播佣金的比例会因主播的级别和直播商品的不同而有所不同。

（2）坑位费+佣金模式

坑位费+佣金模式是指供应商不仅要向主播支付固定的坑位费，还需要根据实际成交金额按商定好的佣金比例支付主播佣金。这种模式可以理解成有底薪销售，而坑位费就是销售员的底薪，佣金就是销售员的销售提成。例如，某主播标价10 000元+15%，意思就是直播前商家需要先支付10 000元坑位费，直播后商家还需要按照成交金额的15%支付主播佣金。

坑位费也可以称为"上架费"，就是说只要商品出现在主播的直播间，不管后期商品能不能卖出去，商家都需要向主播支付费用，这部分费用就称为坑位费。

坑位费+佣金模式一般出现在整合拼场合作模式中，坑位费根据商品出现的顺序和主播级别的不同而有所不同。同一场直播中，主播通常会按照商品在直播间中出现的顺序收取不同的坑位费，一般来说，商品出现的顺序越靠前，坑位费越高。此外，通常头部主播的坑位费较高，这是因为头部主播的人气较高、曝光量较高，在一定程度上能够保证商品的成交量，即使用户没有在主播的直播间里购买某企业/品牌商的商品，但主播的高人气、高曝光量，也能为企业/品牌商打响知名度，提升该企业或品牌的影响力。

（3）保量模式

保量模式即主播向商家保证能卖出去一定的产品，听着很美好，但是这种模式下主播在选品的时候对产品的要求比较高，一般主播会选择原本就有一定销量和知名度的产品，因为要保证销量。对于一些没有销量和知名度的产品，一般很少有主播销售。因为无论是主播还是消费者，对一个没有见过的产品，都保持怀疑的态度，销售自然就会比较困难。

课堂实训　观看一场卖货直播，分析其直播类型

实训目标
了解直播的类型。

实训内容
观看直播，分析一下直播的类型。

实训要求
了解直播的类型，谈一谈自己喜欢哪种类型的直播。

1.3　短视频与直播电商的融合

随着短视频和直播的发展，各大短视频与直播平台逐步开始追求商业变现，商业变现较好的方式就是与电商融合，于是短视频与直播平台纷纷入局电商，而传统的电商平台也不甘落后，开始入局短视频与直播。短视频平台如抖音、快手大力发展电商，而传统电商平台如蘑菇街、京东等纷纷做起了直播，孵化主播、"达人"。

短视频、直播和电商三者的联系越来越紧密，逐步迈向融合、统一的新局面。

1.3.1　短视频与直播电商的融合优势

短视频与直播电商各有优势和不足，而两者的结合能够更好地发挥双方的优势，弥补彼此的不足，实现"1+1>2"的效果。

相比短视频，直播电商的实时性、互动性和真实性更强。消费者可以实时参与到直播中来，与主播进行互动和交流，多样化的直播模式也满足了消费者的社交需求。此外，直播电商的商业变现比短视频更为容易。

但是直播电商的表现形式相对单一，内容同质化严重，难以吸引大量消费者关注，而短视频的表现形式比较多样化，内容中也可以融合技能分享、街头采访、幽默搞怪、公益教育、社会热点等多种主题，有利于吸引更多流量。总的来说，短视频相对于直播电商，其表现形式更多样，制作流程相对简单，内容表达也更加自由。

短视频与直播电商可以相互取长补短，两者的融合可以说是大势所趋，主要表现在以下几个方面。

首先，随着短视频和直播的不断发展，入局"短视频+直播"领域的人越来越多。抖音、快手等短视频平台发展为短视频直播平台，淘宝、京东等电商平台也纷纷开通了直播功能。此外，越来越多的艺人和企业也进入这一领域，许多艺人入驻了抖音、快手等平台，许多企业和商家都通过短视频或直播销售产品。

其次，"短视频+直播""带货"打通了线上和线下销售，线下实体店可以通过短视频

和直播更好地实现线上销售，农民也可以通过短视频和直播销售农产品。

最后，"短视频+直播"对于商家和消费者而言都是十分有利的，因此受到了二者的青睐。对于商家而言，"短视频+直播"能够更好地实现引流和产品销售，能够提高产品销售的效率和产品的整体销量；对于消费者而言，"短视频+直播"能够让消费者更全面地了解产品，同时，实时的沟通、交流也能够带给消费者更好的购物体验。

1.3.2 短视频与直播电商的结合方式

随着短视频和直播的不断发展，越来越多的短视频博主开始直播卖货，短视频与直播电商已经融合在一起，互相取长补短，以便更好地发展。短视频与直播电商结合的方式主要是短视频"吸粉"引流，直播电商变现，就是在直播前或直播过程中通过短视频预热，吸引用户关注，然后在直播中进行深度互动和商品推广。短视频与直播电商的具体结合方式有以下几种。

1. 短视频引流直播

通过制作精彩的短视频内容吸引用户观看，并在短视频中宣传即将进行的直播，吸引用户进入直播间购买商品。

2. 直播"带货"推广短视频

主播可以事先制作一些短视频，展示商品特点、使用方法等，并在短视频中添加购买链接，引导用户购买商品。

3. 将直播视频切片制成短视频

在直播过程中，主播可以选择精彩的片段制作成短视频，分享到社交媒体平台上，扩大商品的曝光范围，吸引更多人关注和购买。

4. 短视频互动直播

将短视频与直播互动相结合，提前通过短视频留言引导用户在直播中发布评论，或者在直播中通过发送礼物等形式吸引用户参与互动，以此提高用户的参与度和忠诚度。

5. 直播购物短视频教程

制作一些教学类的短视频，展示商品的使用方法、搭配技巧等，同时在短视频中提及直播时间和购买方式，引导用户观看直播并购买相关商品。

这些方式都能够有效地结合短视频与直播电商的特点，提高用户参与度、商品曝光度，并促进销售。

课堂实训 分析某账号中的短视频与直播电商结合的方式有哪些

实训目标

掌握短视频与直播电商结合的方式。

🎓 **实训内容**

（1）分析账号中短视频和直播的关系。

（2）分析账号中短视频与直播电商的结合方式。

🎓 **实训要求**

（1）5人一组进行讨论，讨论一下短视频与直播的关系。

（2）观看一场卖货直播，谈一谈直播中使用了哪些短视频与直播电商的结合方式。

1.4 常见的短视频与直播电商平台

目前，主流的短视频平台主要有抖音、快手、小红书、微信视频号和淘宝直播等，下面一起来认识一下这几个平台。

1.4.1 抖音

抖音是一款广受欢迎的短视频分享应用程序，由字节跳动公司开发，抖音上线不久，便迅速吸引了大量用户，成为我国短视频市场的一匹黑马。随着时间的推移，抖音不断推出新功能，如直播、购物等，逐渐成为一个综合性的社交媒体平台。

目前，抖音已经成为我国直播电商市场的重要参与者之一。通过直播和购物等功能，抖音吸引了大量消费者，并帮助许多商家实现了销售增长。同时，抖音也在不断加强自身生态系统的建设，与其他电商平台合作，打造更加闭环化的产业链路径。

未来，抖音的前景依然广阔。随着移动互联网的普及，短视频市场的潜力仍然巨大。抖音可以通过不断创新和优化，吸引更多的用户和商家，成为这个巨大市场中的领先者之一。同时，抖音也可以继续拓展其生态系统，探索更多的商业机会，为用户提供更加丰富的体验。

1.4.2 快手

快手是一个短视频平台，成立于2011年。它的发展历程可以分为3个阶段：快速拓展期、百花齐放期和全民直播期。在快速拓展期，快手通过推出直播功能、上线快手小店等方式不断完善直播电商产业链，吸引了大量用户和商家入驻；在百花齐放期，快手与其他电商平台合作，构建更加闭环化的产业链路径，并推出了小程序电商等功能，进一步精细化运营；在全民直播期，快手推出了全民直播功能，让用户可以随时随地进行直播，同时也加强了对主播和直播内容的监管。

目前，快手已经成为最受欢迎的短视频平台之一，拥有超过1.2亿日活跃用户和超过7000万月活跃用户。未来，快手将继续加强内容生态建设，推动直播电商、社交电商等业务的发展，为用户提供更加丰富的短视频体验。

1.4.3 小红书

小红书是一个非常具有代表性的社交电商平台之一，它成立于2013年，最初是一个美妆分享社区。随着用户数量的不断增加，小红书开始向社交电商模式转型，并于2016年推出了直播功能，用户可以通过直播购买自己喜欢的产品。现在，小红书的用户数量已经超过了3亿，其中80%以上的用户是年轻女性，她们喜欢在小红书上分享自己的生活、化妆品使用心得、旅行经历、购物心得等。小红书还与很多知名品牌合作，通过推广活动和产品上线等方式，吸引更多的用户。此外，小红书还与一些小众品牌合作，为用户提供更多的选择。未来，小红书将继续加强社交电商模式的创新，不断拓展新的市场，为用户提供更好的服务和体验。

1.4.4 微信视频号

微信视频号是腾讯公司于2020年1月22日宣布开启内测的全新内容记录与创作平台，由于依托微信庞大的用户基础，因此微信视频号也成为重要的公域资源，其用户以一线、新一线城市的年轻人群为主。微信视频号不同于订阅号、服务号，它是一个全新的内容记录与创作平台，也是一个了解他人、了解世界的窗口。微信视频号的位置在微信的发现页内，就在微信朋友圈入口的下方。

微信视频号自上线以来，已成为企业推广品牌、增加粉丝互动的重要平台之一。其中，短视频和直播功能更是成了微信视频号的热门功能。企业可以通过短视频发布有趣的内容，吸引用户关注，并通过直播功能与用户进行实时互动，提升用户黏性和忠诚度。同时，在大型会议活动等场合，利用微信视频号直播功能进行实时直播，也能够帮助企业高效"涨粉"并直接完成转化。

企业想要利用好微信视频号红利，就需要注意以下几点。首先，企业要开通微信视频号直播推流功能，这需要完成相应的认证流程，个人认证条件之一是关注者数量在1000以上，而职业认证的条件之一是运营者在某一行业、岗位上有突出业绩。其次，在直播过程中，企业要注意直播内容的质量和互动性，提高用户的参与度和黏性。最后，企业要及时跟进用户反馈，积极回应用户的问题和需求，提高用户对企业的信任度和忠诚度。

1.4.5 淘宝直播

淘宝直播是阿里巴巴集团旗下的一个直播平台，旨在为商家和消费者提供一种互动的购物体验。自2016年推出以来，淘宝直播已经成为最大的电商平台之一。

淘宝直播不仅为商家提供了新的销售渠道，也为广大消费者提供了更多的选择和更好的购物体验。通过淘宝直播，消费者可以直接在直播间购买商品，还可以观看主播介绍商品的详细信息，从而更清晰地了解商品的特点和质量。同时，淘宝直播也为商家提供了一种新的营销渠道，商家可以通过直播的方式向消费者展示商品，提高品牌知名度和销量。

而且淘宝直播还推出了"'双11'商家超级播"政策。该政策面向商家，旨在通过考核累计成交量、成交增速、商业化投入等维度，为达到考核要求的商家提供流量券奖励。具体来说，商家可以选择不同的档位进行报名，每个档位都有不同的要求和奖励。通过这种方式，淘宝直播可以帮助商家提高销售额和品牌知名度，同时也可以为消费者提供更好的购物体验。

课堂实训　分析不同平台短视频和直播内容的特点

实训目标
了解常见平台中短视频和直播内容的特点。

实训内容
（1）了解不同平台短视频和直播内容的具体情况。
（2）谈一谈不同平台短视频和直播内容的特点。

实训要求
（1）以5个人为一组进行讨论，谈一谈常见的短视频与直播平台，并对直播平台信息进行汇兑。
（2）观看不同平台的短视频和直播，分析他们的特点并撰写分析报告。

本章习题

一、填空题

1. 短视频按照生产方式可以分为＿＿＿＿＿＿、＿＿＿＿＿＿和＿＿＿＿＿＿3种。

2. 贴片广告主要分为＿＿＿＿＿＿、＿＿＿＿＿＿两种形式。

3. 直播电商的产业链主要参与者包括＿＿＿＿＿＿、＿＿＿＿＿＿、＿＿＿＿＿＿、＿＿＿＿＿＿、＿＿＿＿＿＿等。

二、单项选择题

1. 下列选项中，不属于短视频特征的是（　　　）。
   A. 生产成本低　　　　　　　　　B. 传播速度快
   C. 内容形式多样，个性化十足　　D. 生产成本高

2. 以电商直播平台为基础的直播电商产业链中，属于上游的是（　　　）。
   A. 品牌商　　　B. MCN 机构　　　C. 平台渠道　　　D. 用户

3. 下列关于短视频与直播电商的融合说法错误的是（　　　）。
   A. 短视频与直播电商融合可以实现"1+1>2"的效果
   B. 相比直播电商，短视频的实时性、互动性和真实性更强
   C. 通过制作精彩的短视频内容吸引用户观看，并在短视频中宣传即将进行的直播，吸引用户进入直播间购买商品
   D. 将短视频与直播互动相结合，提前通过短视频留言引导用户在直播中发表评论，或者在直播中通过发送礼物等形式吸引用户参与互动，以此提高用户参与度和忠诚度

三、判断题

1. 短视频与直播电商各有优势和不足，而两者的结合能够更好地发挥双方的优势，弥

补彼此的不足，实现"1+1>2"的效果。　　　　　　　　　　　　　　　　（　　）

2. 坑位费+佣金模式一般出现在专场包场模式中。　　　　　　　　　　（　　）

3. 内容电商的核心不是直接卖货，而是基于有需求价值的内容刺激用户的需求，影响用户的购买行为。　　　　　　　　　　　　　　　　　　　　　　　（　　）

四、思考问答题

1. 请简要说明短视频的特征。
2. 什么是UGC？简要说明其特点。
3. 短视频与直播电商的结合方式有哪些？

本章实训1

实训目的	
了解短视频的类型和商业模式	
实训目标	
序号	目标
1	了解短视频的类型
2	掌握短视频的商业模式
实训内容	
分析某账号内短视频的类型和其商业模式	
实训步骤	
序号	内容
1	观看短视频
2	分析一下所观看短视频的类型和商业模式并输出分析报告

本章实训2

实训目的	
掌握直播电商的业务合作模式	
实训目标	
了解直播电商的业务合作模式	
实训内容	
观看3场直播，分析它们的业务合作模式	
实训步骤	
序号	内容
1	观看3场不同商品品类的直播
2	分析每场直播中的业务合作模式并输出分析报告

第 **2** 章

短视频策划

学习目标

√ 了解短视频的用户定位
√ 熟悉短视频的选题策划
√ 掌握短视频的内容定位与策划
√ 掌握短视频的脚本策划
√ 掌握短视频的封面和标题设计

素养目标

√ 打破学生固定思维，培养学生自主学习的学习习
  惯，培养创新精神
√ 让学生树立正确的人生观、价值观

在这个短视频风靡的时代，并不是随便发一条短视频就可以火，就可以带来流量。获得较高流量的短视频账号中的短视频通常都需要经过前期的仔细策划。营销类短视频，如果生硬地介绍产品功能，很容易被观众滑走，很少有人会停留观看。但是如果将介绍产品功能策划为讲故事，就很容易通过故事情节吸引观众。例如，某短视频账号一直以校园情感作为主打风格，美好的画面、紧扣年轻人日常生活的场景、少男少女的情感话题、与剧情充分贴合的背景音乐，都已经成为此账号的核心内容标签。该账号在与某手机品牌合作营销时，很好地将产品与剧情结合，让产品的展示很自然，同时也非常巧妙地宣传了产品的使用场景、常用功能、使用技巧等。片尾女主的口播，又直接传递了品牌的电商渠道信息，让感兴趣的用户很快地完成消费，很符合当下电商品牌的内容营销需求。该短视频账号通过巧妙的内容策划，帮助电商品牌吸引目标消费人群，实现消费转化。

思考题：

1. 通过上面的案例，请你谈一谈短视频策划的重要性。
2. 该案例中，短视频策划的切入点是什么？

2.1 短视频的用户定位

短视频营销与运营的本质是吸引用户的注意力，争夺用户，确定目标用户后，围绕目标用户关注的话题，发散思维，迅速找到更多的内容方向，有针对性地实现精准信息的传达和转化。因此做好短视频的用户定位是至关重要的。

2.1.1 短视频的用户分析

要想做好短视频的用户定位，首先要对短视频的用户进行分析，明确目标用户，也就是说要明确拍摄的短视频是给哪些用户看的，这里的用户既包含短视频的观众也包含潜在的用户；然后分析目标用户的需求、属性和使用行为。只有这样才能拍摄出符合用户需求，能够实现精准信息的传达和转化的短视频。

扫一扫

1. 用户需求分析

短视频要想取得好的效果，首先要锁定目标群体，提炼目标群体的主流需求，有针对性地选择符合目标群体口味的短视频内容，以达到更快吸引目标群体目光、提升短视频播放量的目的。

短视频的用户需求主要可以分为精神需求、实用需求和物质需求3个方面。

（1）精神需求

在这个飞速发展的时代，人们的工作和生活充满了压力，人们需要寻求一些解压方式，而短视频恰好能够满足人们的这一需求。短视频很快成了人们休闲娱乐、打发时间的工具。

短视频之所以能够这么容易让用户着迷，是因为短视频有趣、有料、好玩，能够在十几秒的时间内，快速占领用户的心智，抢占用户的碎片化时间，让用户沉浸其中。用户从观看短视频中获得了快乐，缓解了疲劳，也能产生精神共鸣，进而获得一种内心的满足。

（2）实用需求

人们不仅可以通过短视频来进行娱乐、放松，满足其精神需求，还可以通过观看短视频来获得"新知"和"资讯"，有很多人都是为获取知识而观看短视频的，也就是说人们对短视频的实用需求是非常强烈的。很多知识类短视频凭借着实用性受到了广大用户的青睐。

（3）物质需求

短视频除了能够满足用户的精神需求和实用需求，还能满足用户的物质需求。在当前社会环境下，人们的生活节奏比较快，人们的购物方式也逐渐由线下转移到了线上。很多用户在观看短视频时，很容易被那些物美价廉、经济实惠、物超所值的产品吸引。即便当下自己并不需要该产品，也会产生冲动购买行为。这都是因为短视频运营者抓住了用户的物质需求。

2. 用户属性分析

根据《2023中国网络视听发展研究报告》，截至2022年12月，短视频用户规模达10.12亿，同比增长7770万，增长率为8.3%。用户的属性包括性别属性、年龄属性、学历属性等，如图2-1、图2-2及图2-3所示。

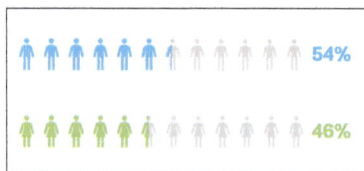

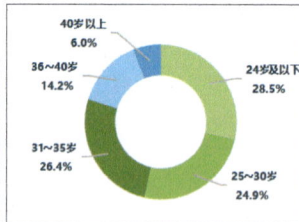

图2-1　性别属性　　　　图2-2　年龄属性　　　　图2-3　学历属性

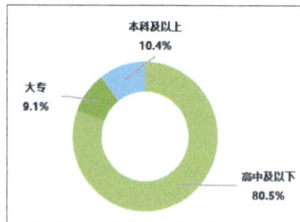

3. 用户使用行为分析

短视频作为以视频为载体的聚合平台，在用户生活中的覆盖面越来越广，社交定位越来越准确，已经成为社交平台发展的新方向。短视频用户使用习惯的变化会影响用户的使用行为。用户的使用行为分析包括对用户使用场景、使用时段、使用时长等的分析，如图2-4、图2-5及图2-6所示。

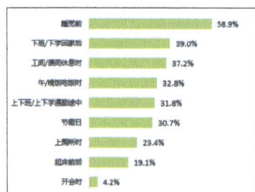

图2-4　使用场景　　　　图2-5　使用时段图　　　　图2-6　使用时长

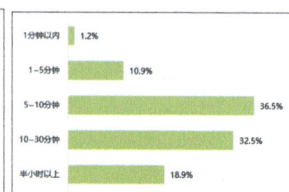

2.1.2　短视频的用户画像

短视频创作者想要打造出热门短视频，除了要做好用户分析，还要在账号对应的垂直领域中构建用户画像，了解用户偏好，进一步挖掘出用户的具体需求。

1. 什么是用户画像

用户画像是真实用户的虚拟代表，是建立在一系列真实数据之上的目标用户模型，简而言之就是将用户信息标签化。它不是一个具体的人，而是根据很多目标用户的行为观点的差异区分为不同类型，然后将相同类型的用户特点组织在一起，这样就形成了一个类型的用户画像。

2. 用户画像的意义

用户画像有利于短视频创作者进行换位思考，切实做到"以用户为中心"，挖掘能够触动用户的痛点，确保短视频内容能够解决用户的需求。这样创作出的短视频才能吸引目标用户群体，快速引起用户共鸣，进而实现精准化营销。

3. 构建用户画像

为了让构建短视频用户画像的工作有秩序、有节奏地进行，我们可以将构建用户画像分为以下4个步骤，如图2-7所示。

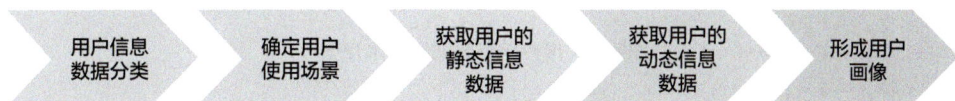

用户信息数据分类　→　确定用户使用场景　→　获取用户的静态信息数据　→　获取用户的动态信息数据　→　形成用户画像

图2-7　构建用户画像的步骤

（1）用户信息数据分类

构建用户画像的第一步是对用户信息数据进行分类。用户信息数据分为静态信息数据和动态信息数据两大类。

静态信息数据就是构建用户画像的基本框架，展现出用户的固有属性，一般包含社会属性、商业属性和心理属性等信息。这类静态的常量信息通常是无法穷尽的，如姓名、年龄、性别、家庭状况、地址、学历、职业、婚姻状况等，短视频创作者不需要全部关注，只需选取符合自己需求的即可。

动态信息数据主要是指用户的网络行为数据，包括搜索、收藏、评论、点赞、分享、加入购物车、下单等。动态信息数据的选择也需要符合短视频账号的定位。

用户信息数据的具体分类如图2-8所示。

（2）确定用户使用场景

短视频创作者在确定了用户的信息数据类别后，还不能形成对用户的全面了解，还需要把用户的特征融入一定的使用场景，才能更加具体地体会用户的感受，还原用户形象。

确定用户使用场景，通常采用的是经典的5W1H法，如图2-9所示。

图2-8　用户信息数据的具体分类

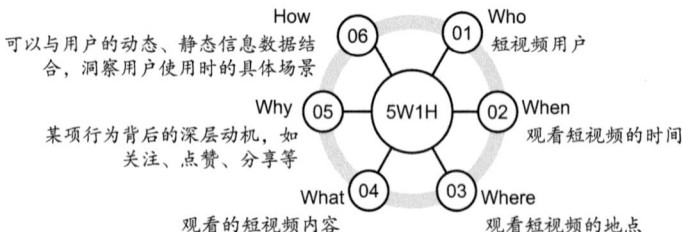

图2-9　用5W1H法确定用户使用场景

（3）获取用户的静态信息数据

用户画像要建立在客观数据的基础上才有意义。在获取用户信息数据的过程中，短视频创作者可能需要对大量的样本数据进行统计和分析，由于用户静态信息数据的重合度较高，为了节省时间和精力，短视频创作者可以通过相关网站分析竞品账号数据来获取用户的静态信息数据，如新抖、抖查查、飞瓜数据、蝉妈妈等。这些网站都是国内领先的视频全网大数据开放平台，可以为短视频创作者提供全方位的数据查询、用户画像和视频监测等服务，从而为短视频创作者在内容创作和用户运营方面提供数据支持。

本小节以飞瓜数据平台为例，讲解如何获取用户的静态信息数据。例如，短视频创作者要制作美妆类短视频，就可以通过分析竞品账号数据来获取用户的信息数据。打开飞瓜数据官网，其首页根据不同平台分为抖音版、快手版和B站版，飞瓜数据官网如图2-10所示。

图2-10　飞瓜数据官网

单击【抖音版】，打开"抖音版"飞瓜数据，单击【达人】→【达人库】，可以看到"达人"行业根据视频内容分为"搞笑""情感""剧情""美食""美妆"等类别。此处选择【美妆】选项，如图2-11所示，随后即可看到"美妆"类的博主榜单。

图2-11　飞瓜数据抖音"达人"榜

在榜单中，短视频创作者可以选择与自身账号内容表现形式比较接近的账号。进入相应账号页面后可以看到"数据概览""视频作品""种草视频""直播记录""带货商品""粉丝分析"等多类数据，单击【粉丝分析】，可以看到基本的静态信息数据：性别分布、年龄分布等，如图2-12所示。

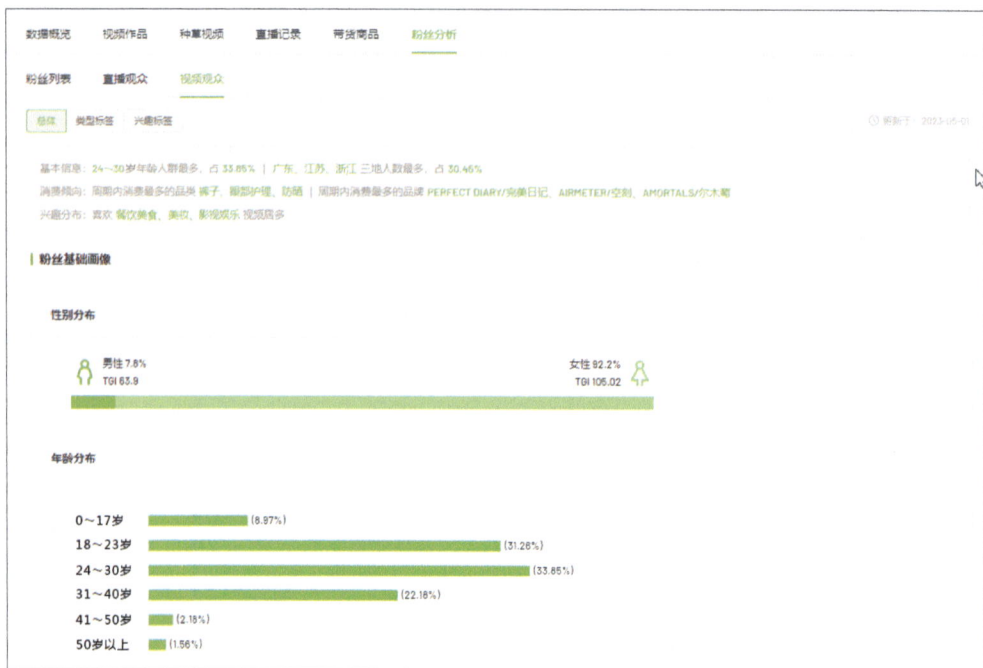

图2-12　相似账号数据

短视频创作者可以选取多个与自己的账号定位相似度高的账号查看其静态信息数据，然后对数据进行归类，这样就可以确定本账号用户画像的静态信息范围了。

（4）获取用户的动态信息数据

用户动态信息数据一部分可以通过第三方数据平台得到，如图2-13所示，但是更多的要通过问卷调查、用户深度访谈等方式获得。

图2-13　飞瓜数据用户动态信息数据

用户深度访谈属于定性分析，是通过与被访者做深入的沟通来获取有价值的信息，因此需要对方进行一些理解、回忆和思考。需要注意的是，在针对短视频进行用户深度访谈时，如果访谈者直接询问用户对某条短视频的感受及为何关注账号时，他们可能无法给出明确的答案，这个时候，访谈者就要扮演一个优秀的倾听者的角色，在受访者讲述时认真倾听，以便抓住他们做决定的心态，深入挖掘用户点赞、转发及关注某账号的原因。

（5）形成用户画像

获取用户信息数据之后，就可以对数据进行分析加工，提炼关键要素，构建可视化模型，勾画出大概的美妆类短视频账号的用户画像，如表2-1所示。

表2-1 美妆类短视频账号的用户画像

信息类别	详细信息
性别	女性占比为80%～90%，男性占比较少
年龄	6～17岁用户占比在10%左右，18～24岁用户占比在50%左右，25～30岁用户占比在25%左右，30岁以上用户占比在15%左右
地域	北京、上海、广东、浙江的用户占比最高
最常使用的短视频平台	抖音
使用频率	一天3～4次
活跃时段	8:00—9:00；12:00—13:00；19:00—24:00
使用地点	家、公司、学校
感兴趣的美妆话题	推送到首页的各种美妆产品内容
什么情况下关注账号	当账号持续输出优质内容时
什么情况下点赞	内容品质高，能引起共鸣，超越预期
什么情况下评论	内容能引起共鸣
什么情况下取消关注	内容质量下滑，广告植入太生硬、账号停更等
用户其他特征	喜欢一切美的事物，喜欢外观设计漂亮、有格调又不失浪漫气息的产品

课堂实训 构建美食类短视频用户画像

🎓 **实训目标**

了解短视频数据平台，并通过平台数据构建用户画像。

🎓 **实训内容**

（1）认识新抖平台。

（2）构建美食类短视频用户的性别和年龄信息画像。

🎓 **实训要求**

（1）通过新抖平台查看美食类短视频用户的信息。

（2）对收集的数据进行整理分析，构建美食类短视频用户的性别和年龄信息画像，如图2-14、图2-15所示。

账号	性别		年龄					
	男	女	18岁以下	18~23岁	24~30岁	31~40岁	41~50岁	50岁以上
账号1	27.87%	72.13%	0.77%	14.24%	32.63%	37.69%	12.63%	2.04%
账号2	21.79%	78.21%	1.57%	10.80%	26.31%	38.14%	21.00%	2.18%
账号3	23.28%	76.72%	1.44%	13.33%	28.45%	35.07%	18.22%	3.49%
账号4	34.92%	65.08%	1.80%	12.98%	29.78%	35.63%	18.58%	1.23%
账号5	25.39%	74.61%	1.50%	16.85%	24.64%	35.79%	18.34%	2.88%
账号6	22.79%	77.21%	1.04%	12.12%	23.93%	44.26%	14.50%	4.15%
账号7	29.11%	70.89%	1.52%	13.52%	31.46%	38.52%	10.92%	4.06%
账号8	34.54%	65.46%	0.95%	14.26%	21.45%	43.61%	16.13%	3.60%
账号9	24.29%	75.71%	1.01%	19.33%	26.38%	35.90%	15.47%	1.91%
账号10	22.02%	77.98%	0.88%	20.33%	21.79%	37.20%	17.77%	2.03%
平均值	26.60%	73.40%	1.25%	14.78%	26.68%	38.18%	16.36%	2.75%

图2-14　性别和年龄分布数据

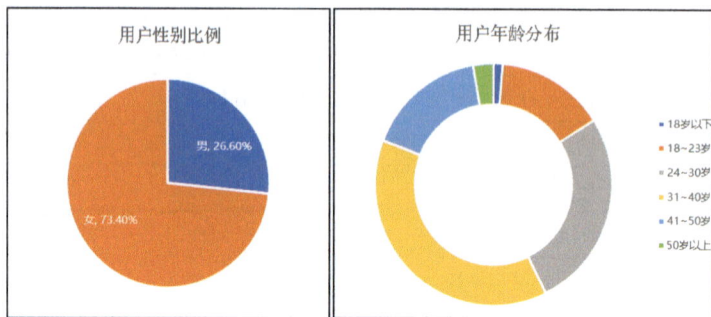

图2-15　性别和年龄分布情况

2.2　短视频的选题策划

短视频创作者要想做好短视频，让制作的短视频成为热门短视频，选题是非常重要的。短视频创作者要确保选题不脱离用户，找对方向、做好内容定位，使短视频的主题鲜明、内容有用有趣，这样才能吸引精准用户的关注，从而提升用户黏性。

扫一扫

2.2.1　选题策划的5个维度

很多短视频创作者在选题策划时，总是找不到选题思路，那么怎样才能快速地找到选题思路呢？短视频创作者可以从5个维度进行选题策划。

1. 用户关注度

短视频创作者在进行选题策划时，首先要确定选题的内容是不是被用户高度关注，也就是说是不是目标用户群体中的高频话题。因为用户关注度高的选题，才更容易引发更多的播放量。

2．制作难易度

短视频制作的难易程度也是短视频创作者选题时必须考虑的一个维度。随着短视频的发展，用户对短视频的内容质量要求也越来越高，短视频创作者不能为了引起更多用户的关注，而盲目选择一个热点选题，但是自己或团队的创作能力又无法支撑起选题背后的内容生产和内容运营，导致制作短视频成本增大，质量达不到预期，播放量也往往不尽如人意。

3．竞品账号差异化

现在越来越多的人加入短视频行业，每种类别的选题，在短视频领域都有很多竞品账号，这些竞品账号中的部分账号甚至已经是一些垂直细分领域的头部大号。因此，短视频创作者在进行选题策划时，还需要考虑如何建立自身账号与竞品账号的差异化，以此来提高账号的辨识度。

4．选题视角变化

同一个短视频，站在不同的角度观看的感受是不同的。例如，一个游泳的短视频，第一视角就是站在运动员的角度来看，第二视角就是站在裁判的角度来看，第三视角就是站在观众的角度来看。由于观看短视频的用户既可能是运动员，也可能是裁判或观众，因此短视频创作者要根据短视频的受众来变换自己的视角，这样才能与用户形成共鸣，才更容易吸引用户观看。不同的选题也需要根据实际情况来变换视角。

5．用户的行动成本

短视频创作者发布短视频的目的多数是进行短视频营销。这就要求短视频创作者制作的短视频，让用户一看就懂，一学就会，只有真正满足用户的需求，才能触发用户的更多动作。

2.2.2 选题策划的基本原则

短视频创作者在进行短视频选题策划时，要遵循一定的原则。

1．以用户为中心

短视频的受众是人，因此在进行短视频选题策划时，首先要做到以用户为中心，也就是说，短视频创作者在进行短视频选题策划时要坚持用户导向，以用户需求为前提，不能脱离用户。短视频创作者要想让短视频有高的播放量，就必须了解用户的喜好和需求，这样才能最大限度地获得用户认可，才能让短视频获得比较高的播放量。

2．保证内容垂直度

短视频创作者在进行选题策划时，要保证选题内容与账号的定位有关联、相匹配，一旦确定内容领域后，就不要轻易更换，否则会导致短视频账号的垂直度不够，从而导致用户不精准。短视频创作者要保证短视频内容的垂直度，可以提升短视频创作者在专业领域的影响力，有利于打造优质账号，提高用户黏性。

3. 保证内容有价值

内容有价值就是对用户有用，能满足用户的实际需求。短视频创作者一定要保证选题内容有价值，要向用户输出干货，满足用户的需求，这样才能促使用户点赞、收藏、转发，达到裂变传播的效果。

4. 内容紧跟行业或网络热点

在短视频平台上，通常那些与行业或者网络热点有关的短视频，更容易在短时间内得到大量的曝光，获得更高的播放量，因此，短视频创作者要提升自身对热门话题的敏感度，关注热门事件，善于捕捉热点、解释热点。但也并非所有的热点都可以紧跟，如果跟进不恰当的热点，会有违规甚至被封号的风险。

5. 避免违反平台规则

无规矩不成方圆，各短视频平台除了要求大家遵守相关法律法规，也制定了平台规则，还对一些敏感词汇做出了明确的规定，因此短视频创作者既要了解并遵循相关法律法规，还要避免为了博一时眼球而使用夸张或者敏感词汇，或出现其他违规情况。

2.2.3　获取选题素材的渠道

短视频创作者要想能够持续地输出优质内容，就需要拥有比较丰富的素材储备，这就要求短视频创作者需要有一定的获取选题素材的渠道。常用的选题素材获取渠道如下。

1. 模仿热门选题

短视频创作者可以关注各大热搜榜单，比如抖音热榜、微博热搜榜、头条指数、知乎热搜榜，及其他平台的热搜榜单，掌握热点话题，熟悉热门内容，选择合适的角度进行选题策划和内容生产。通常热度越高的内容，融入短视频中，越容易引起用户的观看兴趣。

2. 日常生活积累

很多短视频的选题都源于生活，有的来源于日常生活中的有趣片段，有的来源于对生活的感悟，这些都是短视频选题的来源。所以在生活中，短视频创作者要随时记录，建立自己的选题库，将有价值的生活片段或感悟进行整理及筛选。

3. 节日活动

在一些大众比较关心的节日（如国庆节、中秋节、春节等），短视频平台通常会推出一系列的活动，这些活动也是很好的选题。短视频创作者要多参与这类活动，因为可以得到官方的流量扶持。

2.2.4　切入选题的方法

同一个选题可能有很多短视频创作者选用，对于相似的选题，用户看多了就会产生审美疲劳，因此为了避免内容同质化，短视频创作者可以选择不同的切入点，让用户获得新鲜感，这样才有可能制造话题。

当对同领域其他账号的研究足够细致深入时，短视频创作者就会对其他账号经常采用的短视频形式比较清楚，这时短视频创作者便可以找到与其不同的切入点。在切入选题时，短视频创作者还要注意以下几点。

1. 有效整合多方面资源

制作一个好的短视频需要多方面资源的支持，比如人力、物力、财力等。短视频创作者需要将这些资源有效地整合起来，为短视频创作提供便利。

2. 以兴趣为支撑

兴趣是最好的老师，如果短视频创作者对某一领域有着浓厚的兴趣和热情，就有动力在这个领域深耕，持续产出优质内容，提高内容的垂直度。但是只有兴趣是不够的，短视频创作者还需要有较强的短视频创作能力，这样才能保证短视频内容专业优质。

3. 及时调整选题

万事开头难，短视频创作者在刚开始制作短视频时，很可能会走一些弯路，这就需要其在创作过程中不断调整。例如，短视频创作者在刚开始进行短视频创作时，可以先持续发布作品10天以上，密切关注数据变化，衡量短视频制作成本与播放量、粉丝量的对比情况，以此来做预估和调整，从而把握账号的走向和市场情况，然后再根据数据判断自己的选题是否合适。

课堂实训　通过微博搜索热点，从中确定一个选题素材

🎓 **实训目标**

掌握短视频选题策划的维度、原则和渠道。

🎓 **实训内容**

（1）了解并选择一个短视频选题的渠道。

（2）通过微博搜索热点，选择一个与自己账号定位相符的选题。

🎓 **实训要求**

（1）打开微博热搜榜，查看热门话题。

（2）从热门话题中筛选出与自己账号相关的话题，确定选题。

2.3　短视频的内容定位与策划

在"内容为王"的时代，能够真正打动用户的内容，就是优质的内容。短视频内容策划，要从用户需求出发，用优质的内容来获得用户的信赖和喜爱。优质的短视频，一定要做到内容上深度垂直细分，具有个性，保证内容的价值，为用户提供干货，可以触及用户痛点，并持续稳定地输出内容。

2.3.1　短视频的内容定位

如果想要让自己的短视频成为热门短视频，迅速吸引用户的注意力，那么短视频创作者在进行内容定位的时候，就应该多花些心思，因为通常短视频的定位，选对了方向，就成功了一大半。那么，究竟应该如何进行短视频的内容定位呢？

高质量的短视频在内容上要做到深度垂直细分，这就要求短视频创作者在进行内容定位时，尽量要找自己喜欢且擅长的内容类型，并做到持续更新，从而形成强大的竞争力。目前，短视频的主流内容大致可以分为以下几类，如图2-16所示。

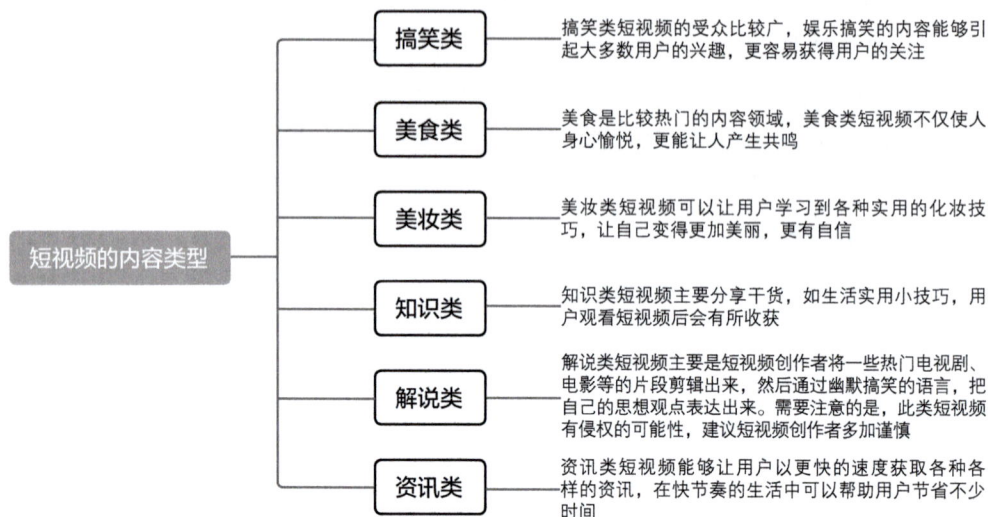

图2-16　短视频的内容类型

2.3.2　短视频的表现形式定位

随着短视频的不断发展，越来越多的人涌入短视频行业，短视频行业逐渐进入了平稳发展的阶段。那么短视频有哪些表现形式呢？比较常见的短视频表现形式有图文形式、实拍形式、动画形式等。

1.　图文形式

图文形式是短视频中一种较为简单、成本较低、容易操作的表现形式，主要由图片和文字组成，几乎不需要视频拍摄和后期制作。但是图文形式的短视频要想吸引用户的注意力，文字需要简短明确，图片需要高清，让用户一看就能明白其中的含义。

2.　实拍形式

实拍形式的短视频是短视频平台上的主流内容，其适用性较强，可用范围广。实拍形式的短视频更有真实感，更容易拉近与用户的距离。实拍形式的短视频大体可以分为真人出镜和其他事物出镜两种类型。

（1）真人出镜

在运营短视频账号时，真人出镜（见图2-17）形式的效果比纯文字和图文形式好得多，因为它更真实、具体而生动，除了人物外形还有动作、表情、语言和个性，所以更容易获得用户的好感，使个人品牌快速传播。

运营者在选择出镜人员时不仅要注重出镜人员的外形、表达和表演能力，还要注重出镜人员的个性和品质。如果出镜人员的个性与人物预设不一致，短视频的效果就会大打折扣。尤其是泛娱乐类账号，用户关注这类账号的目的就是娱乐消遣，获得快乐，而有的人天生真诚而幽默，具备独特的人格魅力，很容易获得用户的好感，这些人出镜会更容易"吸粉"。

真人出镜的短视频通常有Vlog（全称是Video blog，可以理解为视频博客或视频网络日志）（见图2-18）、脱口秀等，适合个人形象塑造，对用户而言有很强的代入感，很容易拉近与用户的心理距离。真人出镜的短视频并不一定要露脸，有的人还会选择使用面具等工具遮挡住脸部，会给用户一种神秘感，引起用户的好奇心；有的人会选择仅双手出镜（见图2-19）。双手出镜的形式不仅可以给用户留下深刻的印象，降低了对出镜人在外形和表演能力等方面的要求，而且还可以避免人员流动带来的风险。

图2-17 真人出镜　　　　图2-18 Vlog　　　　图2-19 仅双手出镜

（2）其他事物出镜

实拍形式的短视频，出镜的不仅可以是人，还可以是宠物、美食或者风景等。

萌宠出镜（见图2-20）的短视频主要是记录宠物日常，并通过配音、互动等形式呈现趣味，此类内容强娱乐、强剧情，其商业变现多通过内容"种草"进行产品推荐，且品类多样。

美食出镜（见图2-21）的短视频多为展示美食制作过程的短视频，用户通过观看美食类短视频，可以获得情感上的共鸣，从工作和生活的压力中暂时得到解脱，从而沉浸在美好的美食世界中，体验美食带来的愉悦。

风景出镜（见图2-22）的短视频多为旅游类内容，多展示旅游途中的美景，再搭配上合适的背景音乐，很容易让用户沉浸其中，感受祖国的大好山河。

图2-20　萌宠出镜　　　　图2-21　美食出镜　　　　图2-22　风景出镜

3. 动画形式

动画形式的短视频就是用虚拟人物承载内容，这种表现形式的优点在于机动性非常强，但是要求短视频创作者具有一定的动画制作能力。

2.3.3　短视频的内容策划

定位准确、条理清晰、层次分明的短视频更容易赢得用户的好感，因此短视频的内容策划在短视频创作过程中是非常重要的一步。

短视频内容策划的主要维度包含文案、背景音乐及情感带入。

1. 文案

文案策划可以说是短视频内容策划中至关重要的一个环节，因为好的文案是创作好的短视频的基础。短视频创作者在进行文案策划时要利用一切方法来吸引用户点击观看，如通过设置悬念、提炼精华、精彩预告、引起共鸣等方式，让用户自主地把视频画面和文案配合起来观看。短视频创作者可以通过在封面上设置悬念，引起用户打开短视频的欲望，并且通过在短视频开头抛出问题和利益点，来直接抓住用户的猎奇心理。

2. 背景音乐

在短视频创作中，背景音乐也是非常重要的。优质的短视频文案搭配合适的背景音乐，有利于用户沉浸其中，用户在观看的同时就会点赞、收藏甚至转发。

短视频创作者在选择背景音乐时，通常可以从两个方面进行考虑：一是选择与文案风格接近的音乐，引发用户的情绪共鸣；二是选择使用短视频平台中热门的背景音乐，通过背景音乐为短视频引流。

3. 情感带入

通常情况下，用户更喜欢看那些能够引起共鸣和满足感的短视频，无论是干货类短视频，还是情感、搞笑、宠物、穿搭、美妆护肤类短视频，通常吸引用户持续观看的短视频，都是那些用户看完后可以获得满足感的短视频。因此短视频创作者在进行短视频内容策划时，要带入用户的情感。

短视频创作者在创作过程中带入情感，常用的方法有设置反差和悬念。设置反差就是在短视频中设置一个有反差感的转折场景，适用的场景可以是生活的各种方面，反差感很容易引起用户共鸣。设置悬念就是在标题或者短视频的开头抛出一个问题，引发用户好奇心，接着再慢慢地进行解释、过渡，最后给出答案。

2.3.4 高质量短视频内容的要点

随着越来越多的人进入短视频行业，短视频平台上每天都有大量的短视频发布，竞争越来越激烈，要想让自己的短视频获得更高的流量，就必须保证短视频内容是高质量的。那么什么样的短视频内容才是高质量的呢？高质量的短视频内容通常有以下几个特点。

扫一扫

1. 深度垂直细分

说到深度垂直细分，很多人不是很理解。什么是垂直细分呢？简单来说，垂直就是指纵向延伸，而不是横向扩展，细分则是在垂直行业板块中挑选主要的业务深度发展。以才艺展示为例，才艺展示是一个垂直领域，而才艺展示又可细分为舞蹈、唱歌、乐器演奏等，而舞蹈又可细分为拉丁舞、爵士舞、肚皮舞、钢管舞等，短视频创作者在进行内容策划时，就可以选择其中一种或几种具体的舞蹈类型进行策划。那么短视频内容深度垂直细分有哪些优势呢？

（1）提高辨识度

在短视频行业发展得如火如荼的今天，每个短视频创作者都希望分一杯羹。但是短视频行业的竞争太激烈了，要想从众多短视频账号中脱颖而出，就必须将短视频内容深度垂直细分。

在如今同质化严重的短视频竞争体系中，只有长期深耕细分领域，短视频账号才能具备更高的辨识度，短视频创作者才有可能输出不一样的内容，吸引该领域的兴趣群体。

（2）提高专业度

在短视频行业中，最终吸引用户的还是内容。短视频标题再好，内容没有价值依然很难留住用户。所以短视频创作者要努力打造能给用户带来收获，让用户感觉到有价值的短视频内容，这就需要短视频创作者具备更专业的知识和能力。

专注于某一个垂直细分领域，短视频创作者可以最少的精力生产出更专业、更有价值的内容。

（3）增强变现能力

垂直细分领域的短视频通常具有更强的变现能力。因为垂直细分领域的短视频创作者更容易创作出优质的内容，在用户心中树立专业的形象，获取精准度更高的用户，然后就可以借助现有平台，结合电商，获取商业利益。

2. 保持价值输出

优质的内容是吸引用户的核心因素，而优质内容的特点之一就是可以满足用户需求，也就是说，对用户来说，短视频内容是有价值的。那么什么样的短视频内容才是有价值的呢？短视频内容的价值都体现在哪些方面呢？

（1）为用户提供快乐

随着社会的发展，人们生活节奏越来越快，压力也越来越大，人们需要不断地寻找解压的方式，而泛娱乐性的短视频正好可以满足人们的这一需求。人们可以通过观看短视频，在其中寻找乐趣、放松心情、缓解压力，以娱乐形式展现的短视频可以给用户带来趣味性的、放松的、愉快的感官享受。

很多备受关注的头部短视频账号发布的内容具有娱乐性。不管是段子类短视频，还是知识科普类短视频，都可以给用户带来轻松愉悦的感官享受，如图2-23和图2-24所示。

（2）为用户提供知识

短视频用户不仅希望借助碎片化的时间来休闲娱乐，也希望能够在短视频平台中获取更多知识。短视频平台不乏人文社科类、艺术类、穿搭类等多种泛知识内容，这些知识类短视频也收获了众多短视频用户的喜爱。短视频为用户提供知识，需要符合以下几点要求。

图2-23　段子类短视频　　图2-24　知识科普类短视频

首先是短视频内容实用。用户学习知识是为了在实际生活中应用，如果短视频内容并不能对用户的工作和生活有所帮助，那么短视频内容在用户心中也就没有多大的价值。

其次是短视频内容专业。短视频内容既然已经被打上了"知识"的标签，那么要有一定的专业性和深度，才会吸引用户关注。

最后是短视频内容易懂。短视频内容在体现专业性的前提下，要让用户能理解，尤其是专业性强的内容，不能晦涩难懂，而是要深入浅出地讲解，如某百科类短视频账号中，短视频内容通过动画的形式介绍一些百科知识，使用户在轻松娱乐的观看过程中获得了很多知识。图2-25所示为某百科类短视频账号的抖音界面。

（3）提高用户的生活质量

现代人对生活质量的要求越来越高，对于脸上长痘、脱发、衣服上出现污渍这些问题，人们迫切想要解决，如果短视频的内容可以针对这些问题和现象提出合理的解决方案或者针对这些问题进行科学知识普及，帮助用户答疑解惑、解决难题，那么很可能得到用户的喜爱和关注。图2-26所示为解决痘印问题的短视频，图2-27所示为解决脱发问题的短视频。

（4）激发用户的积极情感

情感性也是短视频内容价值性的体现，是广大用户选择观看短视频的重要影响因素之一。在用户特别感兴趣的短视频类型中，如带有励志、治愈等标签的内容可以激发广大用户的情感共鸣。因此短视频创作者在创作短视频的时候，不仅要注重提升短视频的整体质量以及情节文案的感染力，还要学会站在用户的角度，思考如何能够让短视频内容更加契合用户普遍的心理需求。

图2-25　某百科类短视频账号的抖音界面

3. 戳中用户痛点

用户痛点是短视频诞生的原动力，只有当用户有需求时才会有对应短视频的出现，用户需求是整个产品的起

图2-26　解决痘印问题　　图2-27　解决脱发问题
　　　　的短视频　　　　　　　　　的短视频

点，也是短视频账号能够长久发展的内在动力，如果对用户的痛点洞察不深而草草起步，那么短视频的发展只能越跑越偏。很多短视频创作者找不到用户痛点，不是因为信息不足，而是因为没有有效整理和利用信息。短视频创作者可从下面3个方面来寻找和分析用户的痛点。

（1）深度

深度是指用户的本质需求，具有延展性，在创作短视频植入痛点时要考虑到痛点的深度，注重细节的体现。例如，某些美妆类账号，用户最开始观看其短视频的原因可能仅仅是看一下博主化妆和卸妆后的差异，本质需求是满足好奇心，但随着时间的推移，这种单一的内容类型通常无法满足用户的好奇心，该账号为了让用户持续关注，就必须进一步扩

展用户需求，分析用户的潜在需求，如教用户化妆、选择合适的化妆品等，解决用户"怎样变得更美"的痛点，这样就可以获得用户的持续关注和支持了。

（2）细度

细度是指将用户的痛点进行细分。用户痛点的细分可以分为以下步骤。

① 对垂直领域进行一级细分，如将摄影类细分为纪实摄影、风光摄影、人像摄影、商业摄影、新闻摄影等。

② 在上一步的基础上再做细分，如将人像摄影细分为婚纱摄影、个人写真、儿童摄影等。

③ 在上一步的基础上确定目标人群，如果目标人群是育儿家庭，其对儿童摄影可能会更感兴趣。

④ 以上一步为基础确定一级痛点，以上用户的痛点是如何对不能积极配合的儿童进行拍摄，并充分体现出儿童天真活泼的特点。

（3）强度

强度是指用户解决痛点的急切程度，如果能够找到用户的高强度痛点，短视频成为热门短视频的概率就会很大。用户的高强度痛点是指用户主动寻找解决途径，甚至付费也要解决的痛点。短视频创作者要及时发现这些痛点，为用户提供反馈的渠道，或者在短视频评论区仔细分析用户评论，从中寻找用户急切需要解决的痛点。

课堂实训 　为自己的抖音账号确定内容类型和表现形式

🎓 **实训目标**

掌握短视频内容定位的方法。

🎓 **实训内容**

（1）根据自己的人设（即人物设定）和账号定位确定短视频的内容类型。

（2）选择一种合适的短视频表现形式。

🎓 **实训要求**

（1）5人一组进行讨论，确定短视频的内容类型。

（2）根据小组成员的特点和擅长方向确定短视频的表现形式。

2.4　短视频的脚本策划

短视频脚本是短视频拍摄的依据，脚本可以提前安排好每个人每一步所要做、该做的事情，它是为效率和结果服务的，一切参与短视频拍摄、剪辑的人员，包括摄影师、演员、服装师、化妆师、道具师、剪辑师等，他们的一切行为和动作都要服务于脚本。什么时间、地点，画面中出现什么，应该怎么运镜，景别是什么样的等，都是根据脚本来确定的。

扫一扫

短视频脚本一般分为3种，即拍摄提纲、分镜头脚本和文学脚本。

2.4.1 拍摄提纲的撰写

拍摄提纲是指短视频的拍摄要点。它只对拍摄内容起到提示作用，适用于摄影师不容易掌控和预测的内容，如新闻纪录片、街边采访等。

拍摄提纲一般受限制较小，摄影师可发挥的空间比较大，但是对视频后期处理的指导作用较小。所以，如果要拍摄的短视频没有很多不确定因素，一般不需要采用这种脚本写作方法。

拍摄提纲的内容一般包括时间线、拍摄场景和话术，拍摄提纲撰写模板如表2-2所示。

表2-2 拍摄提纲撰写模板

序号	时间线	拍摄场景	话术
1			
2			
……			

2.4.2 分镜头脚本的撰写

分镜头脚本以文字的形式将视频画面进行分解，然后用镜头直接表现画面。分镜头脚本适用于故事性强的短视频，对拍摄团队有很大帮助，但是分镜头脚本对画面的要求极高。

分镜头脚本的内容通常包括镜号、镜头角度及运动、景别、时长、画面内容、字幕及音效等，分镜头脚本撰写模板如表2-3所示。

表2-3 分镜头脚本撰写模板

镜号	镜头角度及运动	景别	时长	画面内容	字幕	音效
1						
2						
……						

2.4.3 文学脚本的撰写

文学脚本是通过文字描述镜头语言的一种台本方式。其不像分镜头脚本那么细致，一般适用于不需要剧情的短视频创作。例如，教学视频、测评视频、拆箱视频等。

文学脚本中只需要规定视频主角需要做的任务、说的台词、选用的镜头和时长，文学脚本撰写模板如表2-4所示。

表2-4 文学脚本撰写模板

序号	任务	台词	镜头	时长
1				
2				
……				

课堂实训　设计一场运动会的分镜头脚本

　　🎓　**实训目标**
掌握短视频分镜头脚本的撰写方法。

　　🎓　**实训内容**
（1）了解短视频脚本的类型。
（2）能够根据短视频拍摄主题撰写分镜头脚本。

　　🎓　**实训要求**
（1）5人一组，讨论短视频中会用到的镜头角度及运动、景别、字幕及音效等。
（2）撰写出运动会的分镜头脚本。

2.5　短视频的封面和标题设计

　　短视频的封面和标题对短视频的播放量起着举足轻重的作用。封面和标题的好坏直接影响到短视频的推荐量和播放量。好的短视频封面和标题既可以吸引用户观看，也能加深用户对短视频账号的整体印象。

扫一扫

2.5.1　短视频的封面设计

　　封面可以说是短视频的脸面，展现短视频的核心，让用户一眼就知道这个短视频大概是什么样的，好的封面可以吸引用户，提高点击率。需要注意的是，封面一定要与短视频内容和标题相符，否则会导致用户的跳出率很高，影响完播率。

1. 短视频封面的分类

　　短视频封面可以分为以下几类。
　　（1）颜值封面
　　颜值封面，顾名思义就是视觉效果好的封面。这类封面一般都给人赏心悦目的感觉。颜值封面通常可以应用于美食类、风景类短视频，如图2-28和图2-29所示。
　　（2）悬念封面
　　悬念封面就是封面上文字非常吸引人或者人物画面能引发人的好奇心的封面。悬念设置得好，用户就会想要在短视频里面寻找答案，自然而然就会点进去。这类封面往往重点在标题，如"去哪儿可以找到对

图2-28　美食类短视频封面　图2-29　风景类短视频封面

象？""聊什么对方会觉得你不可替代"，如图2-30所示。

但是需要注意的是，引发好奇心的封面文字要与实际的短视频内容相符，不能选择与短视频内容毫无关联的封面，否则点进去的用户会觉得受到欺骗，那样就起到了反作用。

（3）借势封面

借势就是根据热门话题以及事件创作自己的短视频。封面可以加入热点文字，如节日热点"母亲节""五一劳动节""六一儿童节"等，这种就是典型的借势封面，如图2-31所示。

可以借助热点，但不是什么热点都能给短视频带来正面影响，因此，在借势热点之前还需要对热点加以筛选。

（4）叙述封面

叙述封面就是通过简短的话语描述短视频内容的封面，让用户一眼就知道短视频所表达的内容。这种封面通常用在一些知识科普类短视频中，如图2-32所示。

图2-30　悬念封面　　　　　图2-31　借势封面　　　　　图2-32　叙述封面

2. 优质短视频封面的要求

短视频创作者在设计短视频封面时，既可以选取短视频中精彩内容的截图作为封面，如图2-33所示，也可以根据短视频内容自行设计个性化、模板化的定制封面，如图2-34所示。但是无论选择制作哪种形式的封面，优质的短视频封面都需要符合以下几个要求。

（1）封面与标题具有相关性

短视频封面不能随便选一张图，封面要和标题具有直接的相关性。因此，短视频创作者要确保封面与标题之间是有联系

图2-33　短视频内容截图　　　图2-34　定制封面

的，突出重点，突出主体。例如，短视频的标题以人物为主体，封面就要以人为主，突出人物的表情或动作；短视频的标题以物为主体，短视频封面就要以物为主并放大物体的特

点。需要注意的是，短视频创作者不能为了热度随意加封面，否则会让用户对短视频内容的理解产生偏差，造成心理上的落差，导致用户流失。

（2）封面文字简单明了

封面文字一定要简单明了，切忌将封面文字变成副标题。将标题没有说到的亮点，直接概括出来，核心关键词要用亮色重点标记出来，可以加粗加大。另外，字体和图片的颜色要对比明显，不要模糊不清。

（3）封面要清晰

短视频封面要足够清晰。封面模糊会影响用户体验，很难传递信息，用户很难产生点击的欲望，后台对短视频的推荐机会也不会太多，这样短视频封面就失去了价值。

（4）封面禁止违规操作

在设置短视频封面时，禁止违反法律法规，封面上不能出现暴力、惊悚和低俗等的内容，不能含有二维码、微信公众号等推广信息，也不能带水印，图片和文字也不能出现侵权问题。如果出现违规操作，短视频就不会获得平台推荐，严重违规的短视频账号还会受到相应的处罚。

2.5.2 短视频的标题设计

一个好的标题是短视频成为热门短视频的必要条件，好的标题可以迅速吸引用户的注意力，能够吸引观众看完作品，提高完播率。

另外短视频平台也会根据短视频标题来捕捉关键词，然后进行标签分类，分类之后就会推荐给精准的用户。所以，当短视频的标题符合短视频平台的要求，被推荐之后，如果内容足够好，就会进入更大的流量池，获得更高的曝光量。

短视频创作者进行标题设计时，通常可以采用以下几种方法。

1. 引起共鸣

引起共鸣就是让观众觉得短视频讲出了他们的心声，让他们感到感同身受。一方面，引起共鸣有助于提高短视频的完播率；另一方面，用户在产生共鸣的时候会点赞，基于"渴望被理解"的心理会把短视频转发给特定的人看，这有助于扩大短视频的传播范围。

2. 设置悬念

设置悬念就是在标题中留下悬念，引发用户的好奇心。例如，"××在高速逆行，被交警拦停后，反怒骂交警……"用户看到标题后就会产生疑问，好奇心促使他们想知道结局是什么。这样用户就会一直看到最后，另外，如果短视频能够戳中用户痛点，还能让用户点赞、转发，或者在评论区评论互动。

3. 引发互动

引发互动就是引导大家去转发、评论、点赞。短视频创作者通常可以设置疑问句或反问句，如"这些小零食你还记得吗？你的童年中还有哪些零食？"只要用户对问题感兴趣，一般都会坚持看完，这类标题最容易引发用户互动，有助于短视频获得更多的流量。

4．解决问题

解决问题就是通过叙事的方式，描述短视频解决的问题，如"秋天过敏性鼻炎反复发作，5个小方法教你预防"。这种方法适用于干货型短视频，在短视频中罗列出解决问题的方法，对症下药，给用户提供帮助。

课堂实训　设计一个校园短视频的封面和标题

🎓 **实训目标**

掌握短视频封面和标题的写作技能。

🎓 **实训内容**

（1）了解短视频封面和标题的设计方法。

（2）能够独立完成短视频封面和标题的设计。

🎓 **实训要求**

（1）5人一组，制作一个短视频封面。

（2）为短视频设计一个标题，然后进行评比，看哪一组的短视频有更高的流量。

本章习题

一、填空题

1．短视频的用户需求分析可以从＿＿＿＿＿＿、＿＿＿＿＿＿和＿＿＿＿＿＿3个方面进行。

2．短视频选题策划的5个维度是＿＿＿＿＿＿、＿＿＿＿＿＿、＿＿＿＿＿＿、＿＿＿＿＿＿和＿＿＿＿＿＿。

3．短视频创作者进行标题设计时，通常可以采用＿＿＿＿＿＿、＿＿＿＿＿＿、＿＿＿＿＿＿和＿＿＿＿＿＿4种方法。

二、单项选择题

1．不属于选题策划的基本原则的是（　　）。

  A．以用户为中心   B．保证内容有价值

  C．视频内容要广   D．内容紧跟行业或网络热点

2．下列选项中属于用户动态信息数据的是（　　）。

  A．地域 B．性别 C．学历 D．点赞

3. 关于短视频脚本撰写的说法错误的是（　　　）。

    A. 拍摄提纲的撰写就是要详细写明拍摄过程中的每一个细节，适用于展现细节的短视频拍摄

    B. 分镜头脚本以文字的形式将视频画面进行分解，然后用镜头直接表现画面，通常分镜头脚本包括画面内容、景别、摄法、时长、机位、音效等内容

    C. 拍摄提纲是指短视频的拍摄要点。它只对拍摄内容起到提示作用，适用于摄影师不容易掌控和预测的内容

    D. 文学脚本是通过文字描述镜头语言的一种台本方式。其不像分镜头脚本那么细致，一般适用于不需要剧情的短视频创作

三、判断题

1. 短视频的用户静态信息数据和动态信息数据都是通过第三方平台得到的。（　　）

2. 实拍形式的短视频必须有真人出镜。（　　）

3. 分镜头脚本以文字的形式将视频画面进行分解，然后用镜头直接表现画面通常分镜头脚本包括画面内容、景别、摄法、时长、机位、音效等内容。（　　）

四、思考问答题

1. 什么是用户画像？

2. 切入选题的方法有哪些？简要说明每种方法。

3. 优质短视频封面的要求有哪些？

本章实训1

实训目的	
理解和掌握短视频脚本的撰写方法	
实训目标	
序号	目标
1	了解几种脚本撰写的方法的适用场景
2	具备短视频脚本撰写的能力
实训内容	
撰写主题为"一个大学生的一天"的短视频的脚本	
实训步骤	
序号	内容
1	5人一组，讨论确定一种脚本的形式
2	策划并撰写脚本

本章实训2

实训目的	
熟悉短视频策划	
实训目标	
序号	目标
1	了解短视频策划的具体工作
2	掌握短视频策划的技能
实训内容	
为口红推广短视频做一份策划	
实训步骤	
序号	内容
1	5人一组，进行分工
2	分析用户定位和内容定位
3	撰写脚本

第 3 章

短视频的拍摄与剪辑

学习目标

∨　熟悉短视频拍摄需要的设备

∨　掌握画面构图、景深、景别的知识

∨　熟悉拍摄角度、光线、运镜对短视频拍摄效果的影响

∨　了解后期剪辑的基本原则

∨　掌握后期剪辑的技能

素养目标

∨　激发学生拍摄短视频的兴趣

∨　培养学生守信、守时的良好品质

《舌尖上的中国》（下称《舌尖》）无疑是十分优秀的国产美食纪录片，它在网络走红，甚至漂洋过海，将中国美食传播至世界。《舌尖》用拍摄自然的方法拍摄美食，不是纯粹意义上的社会纪录片。《舌尖》以中国各地美食为题材，通过多个侧面来展现食物给中国人生活带来的仪式、伦理等方面的文化，展示中国特色食材以及与食物相关、构成中国美食特有气质的一系列元素，让观众了解中华饮食文化的精致和源远流长。

拍摄《舌尖》的摄影师，是国内数一数二的高手，拥有多年纪录片拍摄经验。与以往倡导冷静旁观的拍摄手法不同，《舌尖》大量采用贴近式拍摄，能多近就多近，然后用微距拍摄食物的纹理，用高速摄影、极限运动专用相机拍摄主观视角，借鉴了很多广告拍摄的手法。

《舌尖》除了专业镜头拍摄，还注重专业声音模拟。声音制作是让食物看起来更诱人的关键。用配音，让脆的东西更脆，让黏的东西更黏，用声音来调动观众的感官，最大限度地让食物焕发新生。

思考题：

1．结合案例内容，分析美食类短视频中拍摄技巧的重要性。

2．你见过哪些擅用拍摄技巧的短视频账号？请举例说明。

3.1　短视频的拍摄

短视频策划完成后，接下来就是短视频的拍摄了。短视频的拍摄是一项实操性很强的工作，短视频创作者不仅需要选择合适的拍摄工具，还需要熟练掌握各项拍摄技能，能够合理地设计景别、光线、构图等。

3.1.1　拍摄工具的准备与选择

"工欲善其事，必先利其器"，短视频创作者要想进行短视频拍摄，首先要准备拍摄工具。拍摄工具可以分为拍摄设备、灯光设备和辅助设备三类。

扫一扫

1. 拍摄设备

短视频创作者常用的拍摄设备有智能手机、微单相机和单反相机，分别如图3-1、图3-2及图3-3所示。

（1）智能手机

随着时代的发展，智能手机现在几乎已经成为我们日常必备的拍摄设备之一，是人们拍摄短视频使用最多的拍摄设备之一。大多数人之所以会选择使用智能手机作为拍摄设备，是因为智能手机具有以下优势。

图3-1 智能手机　　　　图3-2 微单相机　　　　图3-3 单反相机

① 小巧轻便，方便携带。智能手机作为人们日常必备的拍摄设备之一，一般都比较轻便灵活，方便携带，短视频创作者可以随时随地拿出来拍摄。

② 操作简单，效果较好。智能手机的操作比较简单，续航能力较强，具有较强的美颜功能，还拥有全自动对焦功能。

智能手机虽然有这么多的优势，但是相对于专业设备来说，它还是有很多不足。

① 图像质量较差，色彩还原度也不高。

② 对光线要求高，如果光线不好，拍摄出来的照片容易出现噪点。

③ 对稳定性的要求高。短视频创作者使用智能手机拍摄的时候，如果手颤抖就容易造成视频画面剧烈抖动，后期的视频画面衔接就可能会出现卡顿。

（2）微单相机

如果短视频创作团队的预算有限，但又想改善画质，可以使用微单相机来拍摄。而且微单相机比单反相机体积小、重量轻，拍摄出来的画质也很清晰，性价比比较高。

（3）单反相机

短视频创作团队发展到稳定阶段，有了一定规模之后，会面向更广大的用户，对画质和后期处理的要求也会越来越高，这时便需要考虑使用专业的单反相机进行拍摄。使用单反相机拍摄出来的视频画质比使用智能手机拍摄出来的视频画质更好。单反相机的主要优点在于能够通过镜头更加精确地取景，拍摄出来的画面与实际看到的影像几乎是一致的，而且单反相机的镜头选择也比较多，包括标准镜头、广角镜头和长焦镜头等，可以满足多种场景拍摄需求。单反相机具有很强的手动调节能力，短视频创作者可以根据个人需求来调整光圈、曝光度，以及快门速度等，获得更理想的拍摄效果。

但是，单反相机的缺点也很明显。一是单反相机的重量过重，有时拍摄短视频需要长时间将其拿在手中，是个不小的挑战；二是短视频创作者必须在熟悉快门、光圈、感光度等参数之后，才能灵活操作，否则会影响拍摄效果；三是电池续航能力弱，很容易过热关机，短视频创作者在户外拍摄时，一定要带上备用电池，或者找到稳定的电源供给。

2．灯光设备

短视频创作者拍摄短视频的场景是多样的，可能在室外拍摄，也可能在室内拍摄，有时候拍摄场景的光线不能满足拍摄需求，就需要借助一些灯光设备进行照明或补光。

短视频创作者在拍摄短视频时，常用的灯具主要包括冷光灯、LED灯、散光灯等。在使用这些灯具的时候，短视频创作者通常还需要搭配其他设备，如柔光伞、反光伞和柔光箱等，使光线形成某种效果。

（1）柔光伞

柔光伞是一把白色半透明的伞，伞布一般是白色的尼龙或棉布面料，如图3-4所示。

柔光伞的作用是使灯光更加柔和，短视频创作者通常将其装在摄影灯的前面。柔光伞能够使光线产生漫射，消除或减弱灯光阴影，从而使被摄物看上去柔和而细腻。柔光伞离灯泡越近，柔光效果越弱，反之柔光效果则越强。

（2）反光伞

反光伞（见图3-5）是一种专用反光工具，利用灯光的反射光，使光线更加均匀柔和。反光伞有不同的颜色和作用：银色和白色的伞面，不改变闪光灯光线的色温；金色的伞面，可以使闪光灯光线的色温适当降低；蓝色的伞面，能够使闪光灯光线的色温适当提高。在日常拍摄短视频时，最常采用的反光伞大多是白色或银色的伞面。

图3-4　柔光伞　　　　图3-5　反光伞

（3）柔光箱

柔光箱由反光布、柔光布、钢丝架、卡口4部分组成。柔光箱的作用是柔化生硬的光线，使光质变得柔和，将其装在摄影灯上，发出的光更柔和，拍摄时能消除被摄物上的光斑和阴影。其原理是在普通光源的基础上通过灯罩的扩散，使原有光线的照射范围变得更广，使之成为漫射光。柔光箱的种类很多，分为长方形柔光箱、八角形柔光箱、球形柔光箱等，如图3-6所示。

除了上述几种灯光设备，短视频创作者还经常用到LED环形补光灯。LED环形补光灯基于高亮的光源与独特的环形设计，使人物脸部受光均匀，更有立体感，并为皮肤带来填充光，让皮肤更显白皙光滑；而且LED环形灯外置柔光罩，让高亮的光线更加柔和均匀，在顶部与底部中央位置均设计有热靴座和用于固定单反相机支架的固定孔，可用于固定化妆镜、手机、相机等。LED环形补光灯如图3-7所示。

（a）长方形柔光箱　　（b）八角形柔光箱　　　（c）球形柔光箱

图3-6　柔光箱

图3-7　LED环形补光灯

3．辅助设备

短视频创作者在拍摄短视频时除了要使用拍摄设备和灯光设备，还需要使用一些辅助设备，如自拍杆、手机支架、三脚架、独脚架和稳定器等。

（1）自拍杆和手机支架

自拍杆（见图3-8）作为个人手机直播最常使用的设备之一，不仅可以让手机离身体更远，使镜头容纳的内容更多，还可以有效地保证手机的稳定性。有的自拍杆使用很方便，下边的把手可以变成小三脚架，随意放在桌子或其他平面上，这样拍摄的时候很方便。

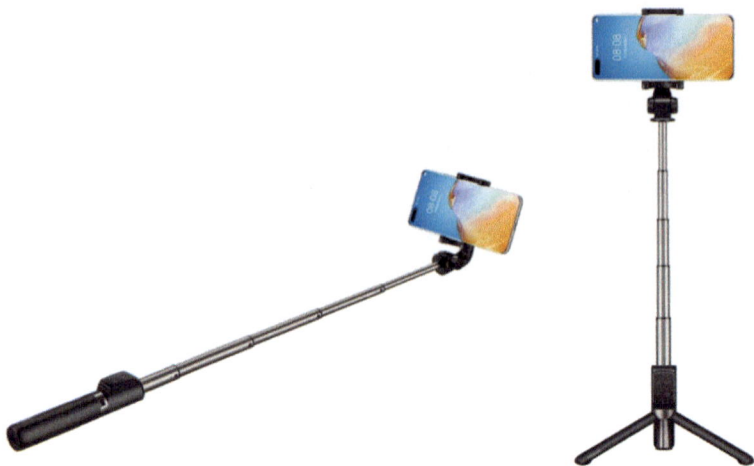

图3-8　自拍杆

手机支架种类也很多，有多个机位（手机+声卡+话筒+补光灯）一体的，如图3-9所示，也有分开的；有落地的，也有台式的。

根据自己的需求选择即可，重点考虑稳定性、不占空间。

（2）三脚架和独脚架

对于很多短视频创作者来说，自己一个人进行拍摄时，三脚架和独脚架几乎是不可或缺的拍摄器材，可以防止拍摄设备抖动造成视频画面模糊。拍摄短视频用的三脚架大概分两种。一种是小巧轻便的桌面三脚架，如

图3-9　手机支架

图3-10所示，比较适合美妆、"种草"和开箱类短视频，或者是手工制作、写字和画画类短视频。另一种是专业三脚架，如图3-11所示。拍摄视频的三脚架和拍摄照片的三脚架有所区别，拍摄视频的三脚架可以通过独有的液压云台，进行顺滑、稳定的左右上下摇动拍摄。

相对于传统三脚架而言，独脚架的携带和使用更加方便灵活，在使用较重的长焦镜头时，使用独脚架可以减轻短视频创作者手持的劳累。独脚架如图3-12所示。

图3-10　桌面三脚架　　图3-11　专业三脚架　　图3-12　独脚架

（3）稳定器

稳定器就是用于稳定拍摄的设备，属于辅助拍摄设备。使用稳定器，在运动和高速情况下也能拍摄出稳定、流畅的画面。

当短视频创作者在运动过程中拍摄时，比如走路、奔跑时，如果用手拿着手机、微单相机或者单反相机，拍摄出来的画面会非常抖动，因此，短视频创作者需要在拍摄设备上安装稳定器。现在的稳定器，可以分为手机稳定器（见图3-13）、微单相机稳定器和单反相机稳定器（见图3-14）。

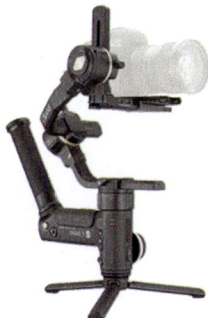

图3-13　手机稳定器　　图3-14　微单相机稳定器和单反相机稳定器

（4）摇臂

全景镜头、连续镜头和多角度镜头等的拍摄，大多需要借助摇臂来完成，对于短视频创作者来说，熟练操控摇臂已经成为必须掌握的技巧。摇臂不仅让拍摄的画面动感多元化，还丰富了短视频创作者的拍摄方式，有助于短视频创作者利用不同的拍摄手法，创造出令人印象深刻的画面，提高短视频的制作水平，呈现出精彩的短视频内容。摇臂拥有长臂优势，可以拍摄到无摇臂摄像机捕捉不到的镜头。短视频拍摄一般不需要用到拍摄电影、电视剧的大型摇臂，对于个人和小团队来说，小型摇臂就可以满足需求，价格实惠，操作简单，性价比高。摇臂如图3-15所示。

（5）滑轨

短视频创作者通过使用滑轨让拍摄器材进行平移、前推和后推等操作，让人觉得画面更具动感。目前，摄像滑轨主要分为手动滑轨和电动滑轨，手动滑轨操作十分简单，只需要用手轻轻推动就可以完成拍摄，电动滑轨主要通过手机连蓝牙控制单反相机移动的轨道。滑轨如图3-16所示。

图3-15　摇臂　　　　　　　　图3-16　滑轨

（6）话筒

短视频是图像和声音结合而成的，短视频画面固然重要，话筒也是不可或缺的。拍短视频的时候我们会发现，不管是用手机还是用微单相机和单反相机拍摄，收音效果都比较差，人声跟环境杂音混合在一起，因此仅依靠机内话筒是远远不够的，还需要外置话筒。比如像情景短剧类的短视频，在拍摄过程中收录不到声音，到后期制作时就会非常麻烦，因此需要用外置话筒单独收音，或者演员身上戴着收音话筒同步收音。最常见的话筒包括无线话筒（又称"小蜜蜂"），如图3-17所示；或者指向性话筒，也就是常见的机顶话筒，如图3-18所示。

图3-17　无线话筒　　　　　　　　图3-18　机顶话筒

3.1.2　画面构图的设计

相信很多短视频创作者经常会有这样的困惑——同样的场景，别人拍摄的短视频有电影的感觉，而自己拍摄的短视频却总是不够立体、艺术。其实，造成这种问题的一个很重要的原因就是不会构图。如果前期的构图没把握好，即使拍摄出来的短视频画质再好，剪辑再完美，依然无法给人震撼的感觉。对于短视频拍摄来说，构图是表现作品内容的重要因素，根据画面的布局和结构，运用镜头的成像特征和摄影手法，在主题明确、主次分明的情况下，组成一幅简洁、统一的画面。好的构图，能让短视频画面更富有表现力和艺术感染力。

扫一扫

1. 构图的基本要素

短视频画面是由主体、陪体和环境3种基本元素构成的，如图3-19所示。

（1）主体

主体就是画面中的主要表现对象，它既是画面的内容中心，也是画面的结构中心，还是吸引眼球的视觉中心。主体既可以是一个对象，也可以是几个对象；可以是一个人，也可以是一棵树。无论主体是什么，都要保证主体突出。一般来说，突出主体的方法有两种：一种是直接突出主体，让被摄主体充满画面，使其处于突出的位置，再配合适当的光线和拍摄手法，使之更为引人注目，如图3-20所示；另一种是间接表现主体，就是通过对环境的渲染，烘托主体，这时主体不一定要占据画面的大部分，但会占据比较显要的位置，如图3-21所示。

图3-19　构图要素

图3-20　直接突出主体

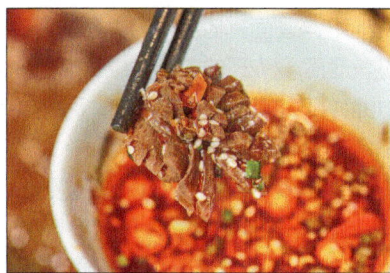

图3-21　间接表现主体

（2）陪体

陪体的主要作用就是衬托主体，起到突出主体的作用。如果说主体是一朵红花，那么绿叶就是陪体。由于有陪体的衬托，整幅画面的视觉语言会更加生动、活泼。需要注意的是，陪体主要是用来突出主体的，千万不要喧宾夺主，以致主次不分。在图3-22所示的画面中，主体为人物，人物周围的花朵为陪体。

（3）环境

在拍摄画面中，除了主体和陪体，还有一些环境元素，其对主体、情节起到一定的烘托作用，旨在加强主题思想的表现力。环境包括前景和后景两个部分，处在主体前面的、作为环境组成部分的对象，被称为前景；处在主体后面的，被称为背景。图3-23所示的画面交代了丰富的环境信息，与主体相呼应。

图3-22　陪体

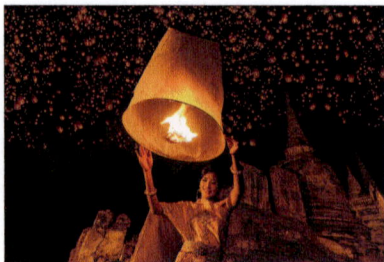

图3-23　环境

2. 构图的基本原则

构图能够创造画面造型，表现节奏和韵律，是短视频作品美学空间性的直接体现，有着较强的表现力，其根本目的是使短视频的主题和内容获得尽可能完美的形象结构和画面效果。在短视频拍摄构图的过程中，短视频创作者需要了解短视频画面构图的一些基本原则，才能拍摄出优秀的短视频作品。

（1）画面简洁

画面简洁是短视频构图最重要的原则之一。短视频时长比较短，要在有限的时间内清楚表述某些内容，就必须做到画面简洁，尽量删除短视频中与主题不相关的元素，保持背景自然干净，方便观众理解短视频内容。

（2）主体突出

画面主体是否突出也是衡量构图的主要标准之一。评价构图的水准，主要看主体的表现力如何，与画面其他部分的关系是否得当。比如，在拍摄双人对话镜头时，两人中通常有一人是这一画面要表现的主要对象，而另一人处于从属地位。画面中要有一个主体，但这并不意味着画面中不能有其他人物存在，而是要有主次，主次分明、重点突出是构图的基本要求。

（3）画面均衡

均衡是构图良好的一个重要原则，均衡的画面构图能在视觉上产生形式美感。简单来说，均衡是指在线条、形状、明暗、色彩等方面达到协调，它是一幅画面协调完整、富有美感的决定因素之一。均衡不是将画面均分，而是在视觉上能感觉到画面稳定，既不头重脚轻，也不左右失衡。均衡也不是对称，对称的照片常常给人沉闷感，而均衡绝不会在视觉上引起不适。短视频创作者在构图时要达到均衡这一境界，就需要让画面中的形状 、颜色和明暗区域互相补充与呼应。

3. 常见的构图方法

视频拍摄和照片拍摄，虽然一个是动态画面一个是静止画面，但是二者本质上没有区别。短视频创作者在短视频拍摄的过程中，不管是移动镜头还是静止镜头，拍摄的画面实际上都是由多个静止画面组合而成的，因此照片拍摄中的一些构图方法也同样适用于短视频拍摄。下面介绍一些常用的构图方法。

（1）中心构图法

中心构图是将主体放置在画面中心进行构图。中心构图法的最大优势在于主体清晰而突出，同时画面比较平衡。当主体较大，而画面中缺乏其他景物时，可采取中心构图法，否则主体的偏移会造成强烈的失衡感。采用中心构图法的时候，可采用画面简洁（见图3-24）或者与主体反差较大（见图3-25）的背景，以更好地烘托被摄主体。

图3-24　画面简洁

图3-25　背景与主体反差较大

（2）九宫格构图法

如果把画面左、右、上、下四条边都分成三等份，然后用横线和竖线把这些对应的点连起来，画面中就构成一个"井"字，画面被分成相等的九个方格，井字的四个交叉点就是趣味中心，四个交叉点中的任意一点都可以放置主体。将人物脸部安排在右上角的交叉点位置，如图3-26所示，可以有效突出主体人物。需要注意的是，在九宫格构图中，主体不一定非要放在交叉点的位置，将想要表现的主体大致安排在接近交叉点的位置，同样可以很好地突出主体，如图3-27所示。

图3-26　主体在交叉点

图3-27　主体接近交叉点

（3）三分构图法

在介绍三分构图法之前，我们来了解一下黄金分割。黄金分割是指将整体一分为二，较大部分与整体部分的比值等于较小部分与较大部分的比值，其比值约为0.618。这个比例被公认为最能引起美感的比例，因此被称为黄金分割。黄金分割点是最容易引人注意并且让画面有动感的点。常用的利用黄金分割点的构图包括"黄金螺旋"（见图3-28）和"黄金九宫格"（即九宫格构图法）。

三分构图法实际上是黄金分割的简化版，是指将画面分成三等份，又分为水平三分构图法和垂直三分构图法，可以避免画面过于对称，从而增加画面的趣味性，减少呆板感。图3-29所示为水平三分构图，驼队位于画面的下1/3处；而图3-30所示为垂直三分构图，和阅读一样，人们看图片时也习惯视线由左向右移动，往往视点落于右侧，所以在构图时把主要景物、醒目的形象安排在右边，能收到更好的效果。

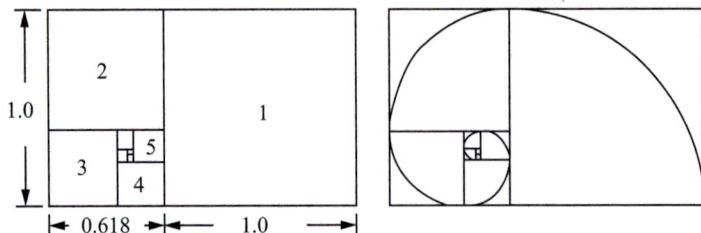

图3-28　黄金螺旋

图3-29　水平三分构图

图3-30　垂直三分构图

（4）对称构图法

对称构图是将画面分成轴对称或者中心对称的两部分，给观众平衡、稳定和安逸的感觉。对称构图法可以突出被摄主体的结构，一般用于建筑物的拍摄，如图3-31所示。需要注意的是，我们使用对称构图法时，并不讲究完全对称，做到形式上的对称即可，如图3-32所示。

图3-31　完全对称

图3-32　不完全对称

（5）引导线构图法

引导线构图就是利用线条将观众的视线引到画面想要表达的主要物体上，如图3-33所示。引导线可以是河流、车流、光线投影、长廊、街道、一串灯笼和车厢。只要是有方向性的、起到引导视觉作用的连续的点或线，我们都可以称之为引导线。

（6）框架构图法

这种构图方式很独特，在场景中布置或利用框架，将要拍摄的内容放置在框架里，将观众的视线引向被摄主体，如图3-34所示。画面中的框架只是起到引导的作用，反而使主体更为突出。框架的选择也是多种多样的，可以借助屋檐、门框和桥洞等物体，也可以利用其他景物搭建框架。

图3-33　引导线构图

图3-34　框架构图

（7）水平线构图法

水平线构图，就是以景物的水平线作为参考，用比较水平的线条来展现景物的宽阔和画面的和谐，给人一种延伸、宁静、舒适和稳定的感觉，主要用于表现宏大、宽广的场景，如图3-35所示。短视频创作者在拍摄平静如镜的湖面、微波荡漾的水面、一望无际的平川、辽阔无垠的草原、大海、日出、层峦叠嶂的远山、大型会议合影和河湖平面等时，经常会用到水平线构图法。

（8）垂直线构图法

垂直线构图形式由垂直线条组成，竖向安排主体，能将被摄主体表现得高大而富有气势，如图3-36所示。垂直线构图可以传达出坚强、庄严、有力的感觉，该构图同样能够给人稳定、平衡的感觉，能充分显示景物的高大和深远。垂直线构图常用于表现森林中的参天大树、险峻的山石、飞泻的瀑布、摩天大楼。垂直线构图不仅可以表现单一的竖向物体，当多个竖向物体同时出现时，画面的整体力度和形式感还可以展现得更加具体。

图3-35　水平线构图

图3-36　垂直线构图

（9）对角线构图法

对角线构图就是被摄主体沿着画面的对角线或接近对角线方向排列，能够表现出很强的动感、不稳定性和有生命力的感觉，给观众饱满的视觉体验，如图3-37所示。对角线构图中的线条可以是任何形式的线条，比如光影、实体线条等。

（10）S形构图法

S形构图是指被摄主体以S形从前景向中景和后景延伸，如图3-38所示，S形构图使画面构成纵深方向的空间关系的视觉感，让画面更加生动，表现出曲线的柔美，可有力表现场景的空间感和韵律感。S形构图不仅适合表现山川、公路等景物，还适合表现人体或物体的曲线。

图3-37　对角线构图

图3-38　S形构图

（11）三角形构图法

三角形构图（见图3-39）以三个视觉中心为景物的主要位置，有时以三点成面几何结构来安排景物，形成一个稳定的三角形，画面给人以安定、均衡、踏实之感，同时又不失灵活性。三角形可以是正三角形、倒三角形和不规则三角形。正三角形构图能营造出稳定的画面，给人以舒适之感；倒三角形构图具有一种开放性及不稳定性，因而产生一种紧张感；不规则三角形构图则具有一种灵活性和跳跃感。

图3-39　三角形构图

（12）辐射构图法

辐射构图是以被摄主体为中心，让景物向外扩散的构图形式，视觉冲击力强，向外扩散的方向感和动态都很明显，可以很清晰地突出辐射的中心。辐射构图经常用于需要突出主体且场面比较复杂的场合，也可用于使人物或景物主体在较为复杂的环境中产生特殊效果的场景。辐射构图法有两大特点：一是增强画面的张力，比如在自然风光类短视频中，使用辐射构图法拍摄阳光穿过云层的画面，可以有效地增强画面的张力，如图3-40所示；二是突出画面主体，虽然辐射构图具有强烈的发散感，但这种发散感具有突出主体的特点，有时也会产生局促、沉重的感觉，如图3-41所示。

图3-40　辐射构图1

图3-41　辐射构图2

（13）留白构图法

留白构图，就是剔除和被摄主体关联性不强的物体，形成留白，让画面更加精简，更容易突出主体，给观众留下想象的空间。留白不等于空白，可以借助单一色调的背景，也可以借助干净的天空、路面、水面、草原、虚化了的景物等作为留白，重点是简洁干净，没有什么实体语言，不会干扰观众视线，能够突出主体，如图3-42所示。留白还可用于空间延伸，比如借助人物视线。留白可以有效地延伸画面，给人留下更多的想象空间，如图3-43所示。

图3-42　留白构图1　　　　　　　　　图3-43　留白构图2

3.1.3　景别和景深的运用

景别和景深是两个不同的概念，景别指被摄主体在画面中呈现的范围，景深是在画面上获得相对清晰影像的主体空间深度范围。运用景别和景深，可以提升画面的空间表现力。

1. 运用景别，营造不同的空间表现力

景别是指由于摄像机与被摄主体的距离不同，而造成被摄主体在摄像机画面中所呈现出的范围大小的区别。景别一般可分为5种，由近至远分别为特写（指人体肩部以上）、近景（指人体胸部以上）、中景（指人体膝部以上）、全景（人体的全身或场景全貌）、远景（被摄主体所处环境）。在电影中，导演和摄影师利用复杂多变的场面调度和镜头调度，交替地使用不同的景别，可以使影片剧情的叙述、人物思想感情的表达、人物关系的处理更具有表现力，从而增强影片的艺术感染力，在表演性比较强的短视频中也同理。

（1）远景

远景常用于表现广阔场面，如自然景色、盛大的群众活动等，如图3-44所示。远景包括广大的空间，以表现环境气势为主，人物在其中显得极小，相当于从很远的距离观看景物和人物，看不清对象细节。在电影摄影中，远景常用来展示事件发生的环境和规模，并在抒发情感、渲染气氛方面发挥作用。由于远景所包括的内容多，观众看清画面所需时间也应相对地延长，因此远景镜头的时长一般不应少于10秒。

（2）全景

全景一般用于表现人物的全身或场景全貌，如图3-45所示。全景可以使观众看清人物的形体、动作以及人物和环境的关系。全景往往是拍摄一场戏的总角度，它制约着该场戏

分切镜头中的光线、影调、色调、人物方向和位置。为使观众看清画面，全景镜头的时长一般不应少于6秒。

图3-44　远景

图3-45　全景

（3）中景

中景一般用于表现人体膝部以上或场景局部，如图3-46所示。中景可使观众看清人物半身的形体、动作和情绪交流，有利于交代人与人、人与物之间的关系，是表演场面的常用镜头，中景常被用作叙事性的描写。在一部影片中，中景占有较大的比例。这就要求导演和摄影师在处理中景时，要使人物和镜头调度富于变化，构图新颖优美。中景处理的好坏，往往是决定一部影片成败的重要因素。

（4）近景

近景一般用于表现人体胸部以上或物体局部，如图3-47所示。运用近景时，可以使观众看清演员展示人物心理活动的面部表情和细微动作，使观众仿佛置身于事件中。

图3-46　中景

图3-47　近景

（5）特写

特写一般用于表现人体肩部以上或某些被摄主体细节部位，如图3-48所示。特写可把人或物从周围环境中强调出来。特写往往能将演员细微的表情和某一瞬间的心灵信息传达给观众，常被用来细腻地刻画人物性格，表现其情绪，有时也用来突出某一物体细节的特征，揭示特定含义。特写是电影中刻画人物、描写细节的独特表现手段，是电影艺术区别于戏剧艺术的因素之一。如果用35毫米以下

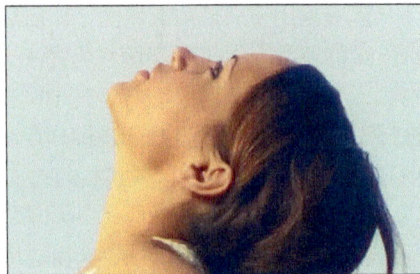

图3-48　特写

的广角镜头拍摄，还可获得人物肖像的夸张效果。

特写在影片中可以起到音乐中重音的作用，镜头时长一般较短，在视觉上贴近观众，容易给人视觉上、心理上的强烈感染。当特写与其他景别结合使用时，就会通过长短、强弱、远近的变化，形成蒙太奇节奏。特写因具有极其鲜明、强烈的视觉效果，在一部影片中不宜滥用。影片中还常常使用特写作为转场手段。

2. 运用景深，控制画面的层次变化

当镜头对着被摄主体聚焦完成后，被摄主体与其前后的景物有一段清晰的范围，这个范围被称为"景深"。因为景深范围内的画面清晰程度不一样，所以景深又被分为深景深、浅景深：深景深，背景清晰；浅景深，背景模糊。浅景深可以有效地突出被摄主体，通常在拍摄近景和特写的时候采用；而深景深则起到交代环境的作用，可用于表现被摄主体与周围环境及光线之间的关系，通常在拍摄自然风光、大场景和建筑物等时采用。

光圈、镜头焦距以及对焦距离到被摄主体的距离是影响景深的3个重要因素。光圈越大（光圈值越小），景深越浅（背景模糊）；光圈越小（光圈值越大），景深越深（背景清晰）。镜头焦距越长，景深越浅；反之景深越深。对焦距离是指拍摄者与被摄主体之间的距离，拍摄者与被摄主体之间的距离越近，景深越浅；拍摄者与被摄主体之间的距离越远，景深越深。

景深的作用主要表现在两个方面：表现主体的深度（层次感）和突出被摄主体。景深能增强画面的纵深感和空间感，如物体在同一平行线上有规律且远近不同地排列着，呈现出大小、虚实的不同，让画面的空间感、纵深感变得非常强。突出被摄主体，这应该是景深最受人喜欢的功能了。当拍摄的画面背景杂乱，主体不突出时，直接拍摄，画面毫无美感，而使用浅景深模糊背景，便可以有效地突出主体。

3.1.4 拍摄角度的选择

拍摄角度是决定画面构成的重要因素之一，拍摄角度的变化会影响到画面的主体与陪体、前景与背景及各方面因素的变化。在相同场景中采用不同角度拍摄到的画面，所表达出来的情感和情绪是完全不同的。在拍摄过程中，摄影师要根据需要表达的内容，选择好拍摄角度。拍摄角度包括拍摄方向、拍摄高度和拍摄距离，其中拍摄距离已经在前面讲过，下面介绍拍摄方向和拍摄高度对画面的影响。

扫一扫

1. 拍摄方向

拍摄方向是指在摄影或录像过程中，摄影师选择的拍摄角度和视角，即平常所说的前、后、左、右或者正面、正侧面、斜侧面和背面方向。在拍摄距离和拍摄高度不变的条件下，不同的拍摄方向可展现被摄主体不同的形象，以及主体与陪体、主体与环境的变化。

（1）正面方向

正面方向即通常所说的正前方，是指摄像机对着被摄主体的正前方拍摄。正面方向拍摄有利于表现被摄主体的正面特征，一般来说，化妆教程、开箱视频、推荐好物等类型的短视频经常采用这个拍摄方向。采用正面方向拍摄可以看到画面中人物的完整面部特征及

神情，如图3-49所示，增强了亲切感。由于被摄主体的横向线条容易与取景框的水平边框平行，这个拍摄方向很适合拍摄建筑物，展现建筑物庄重、静穆的气氛以及对称的结构，但是，采用正面方向拍摄会使画面缺少立体感和空间感，不利于表现运动场景，而且大量的平行线条会影响画面构图的艺术性。

（2）正侧面方向

正侧面方向，即摄像机对着被摄主体的正左或正右方

图3-49　正面方向拍摄

向拍摄。正侧面方向拍摄多用于拍摄人物（见图3-50）和运动物体（见图3-51）。

图3-50　正侧面方向拍摄人物

图3-51　正侧面方向拍摄运动物体

正侧面方向用于拍摄人物有助于突出人物的正侧面的轮廓，容易表现人物面部轮廓和姿态，更容易展示被摄主体的侧面形象。摄影师在拍摄人与人之间的对话情景时，若想在画面上显示双方的神情、彼此的位置，正侧面角度常常能够照顾周全，不会顾此失彼。因此在拍摄会谈、会见等场景时，摄影师常常采用这个角度。

另外，由于正侧面方向拍摄能较完美地表现运动物体的动作和姿态，显示其运动中的轮廓，展现出运动的特点，因此常用来拍摄体育比赛等以表现运动为主的画面。当然，正侧面方向拍摄也有不足之处，那就是它不利于展示立体空间。

（3）斜侧面方向

斜侧面方向拍摄是指摄影师从斜侧面方向拍摄被摄主体，斜侧面即摄像机镜头位于被摄主体的正面（背面）和侧面之间所拍摄到的画面。从斜侧面方向既可以拍摄被摄主体的正面部分，又可以拍摄被摄主体的侧面部分。斜侧面方向是指偏离正面角度，或向左或向右环绕对象移动到侧面角度之间的拍摄位置，这是较为常用的拍摄方向之一，如图3-52所示。但是当拍摄方向偏离正、侧面角度较小时，往往对正侧面的形象变化不大，可在正、侧角度范围内选择适当的拍摄位置，使之能表现被摄主体正面或侧面的形象特征，这样往往能收到形象生动的效果。

图3-52　斜侧面方向拍摄

（4）背面方向

背面方向即通常所说的正后方。背面方向拍摄是指摄像机对着被摄主体的正后方拍摄，如图3-53所示。背面角度是个很容易被摄影师忽视的角度，其实，采用这个特殊的角度拍摄，常常可以收获到意想不到的效果。从背面方向拍摄可以为观众带来较强的参与感，许多新闻摄像记者就是采用这个角度表现追踪式采访，这样拍摄出来的视频具有很强的现场纪实效果。背面方向拍摄人物时，可以将主体人物与背景融为一体，背景中的事物就是主体人物

图3-53　背面方向拍摄

所关注的对象。背面方向的拍摄不重视人物的面部表情，而注重以人物的姿态来表现人物的内心感情，并将人物姿态作为主要的形象语言。背面构图能营造悬念，选择背面角度拍摄，由于观众不能直接看到画面内人物的面部表情，如果镜头处理得当，就能积极调动观众的想象。

2. 拍摄高度

拍摄高度是指在摄影或录像时，相机相对于被摄主体的垂直位置。拍摄高度有平角度、仰角度、俯角度及顶角度等。不同的拍摄高度会产生不同的构图。

（1）平角度

平角度是指摄像机镜头与被摄主体处在同一水平面上的角度。平角度接近人眼观察事物的高度，符合人眼的正常心理特征和观察习惯，它拍摄的画面在结构、透视、景物大小等方面与人眼观察所得图像大致相同，使人感到亲切、自然，如图3-54所示。

（2）仰角度

仰角度是指摄像机的位置低于被摄主体的位置，镜头向上仰起时进行拍摄的角度。由于摄像机镜头低于被摄主体，拍摄的画面会产生仰视效果，能够使景物显得更加高大雄伟。仰角度画面的地平线降低，甚至落在画面下方之外，可以突出画面中的主体，将次要的物体、背景置于画面的下部，使画面显得干净，如图3-55所示。

图3-54　平角度

图3-55　仰角度

（3）俯角度

俯角度是指摄像机的位置高于被摄主体的位置，镜头向下俯视时进行拍摄的角度。俯

角度画面内地平线明显升高，甚至是落在画面上方之外，使用俯角度拍摄可以表现被摄主体的正面、侧面和顶面，增强了被摄主体的立体感和画面空间的层次感，有利于展示场景内景物的层次、规模，常被用来表现宏大场面，给人以宽广辽阔的视觉感受。使用俯角度拍摄人物时，拍摄出来的画面会让观众产生一种被摄人物低沉的感觉，如图3-56所示。

（4）顶角度

顶角度是指摄像机近似于与地面垂直，在被摄主体上方拍摄的角度。这种角度由于改变了我们正常观察事物时的视角，画面各部分的构图有较大的变化，会给观众带来强烈的视觉冲击，如图3-57所示。

图3-56　俯角度

图3-57　顶角度

3.1.5　光线的选取

在短视频拍摄的过程中，摄影师时时刻刻都在与光线打交道。画家借助画笔创作出一幅画作，摄影师则是运用光线去描绘一个影像，一些地方用光，一些地方用影，就像画笔有颜色、用笔轻重之分。如果摄影师能够巧妙地设计与运用光线，就可以拍摄出令观众赏心悦目、印象深刻的画面，从而提高短视频的内容质量，吸引观众关注。

扫一扫

1. 顺光

顺光，也叫作正面光，指光线的投射方向和拍摄方向相同的光线。顺光下，被摄主体受到均匀照明，景物的阴影被景物自身遮挡住，影调比较柔和，能拍摄出被摄主体表面的质地，比较真实地还原被摄主体的色彩，如图3-58所示。但是顺光下的画面色调和影调的形成只能靠被摄主体自身的色阶来营造，画面缺乏层次和光影变化，表现空间立体感的效果也较差，艺术气氛不强，但摄影师可以通过画面中的线条和形状来凸显透视感，从而突出画面的主体。

图3-58　顺光

2. 逆光

逆光，也叫作背光、轮廓光，是从被摄主体的背面投射过来，投向镜头镜面的光线，光线照射的方向与相机镜头取景的方向在同一条轴线上，方向完全相反。逆光拍摄能够清晰地勾勒出被摄主体的轮廓，被摄主体只有边缘部分被照亮，形成轮廓光或者剪影的效果，这对表现人物的轮廓，以及区分物体与物体、物体与背景都极为有效。运用逆光拍摄，能够获得造型优美、轮廓清晰、影调丰富、质感突出且生动活泼的画面效果。摄影师在采用逆光拍摄时，既要注意背景与陪体以及时间的选择，还要考虑是否需要使用辅助光等。在图3-59所示的画面中，在逆光的场景下，被摄主体的发丝更明显、更漂亮，身体的轮廓也呈现出来了，人物显得更立体，而且摄影师恰当地运用了眩光，使画面产生朦胧、唯美、浪漫的效果。

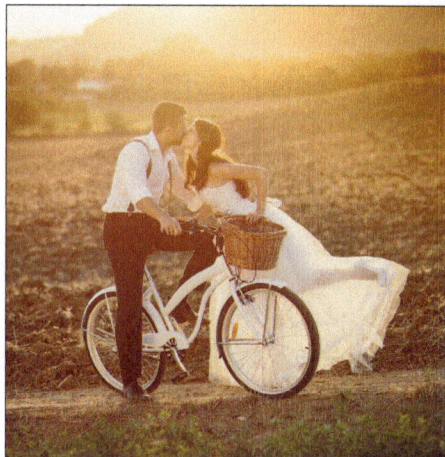

图3-59　逆光

3. 侧光

侧光指从侧面射向被摄主体的光线。侧光能使被摄主体有明显的受光面和背光面之分，产生清晰的轮廓，光线的方向和明暗关系十分明确，会在被摄主体上形成强烈的阴影，使被摄主体有鲜明的层次感和立体感。例如，在拍摄浮雕、石刻、水纹、沙漠以及各种表面结构粗糙的物体时，利用侧光拍摄，会显出物体鲜明的质感，如图3-60所示。

侧光又可细分为前侧光、正侧光和侧逆光。前侧光是指光线从被摄主体的侧前方射来

图3-60　侧光

与被摄主体成45°左右角度的光线，这是常用的光位；正侧光是指光线与被摄主体成90°左右角度的光线；侧逆光又称后侧光，是指光线与被摄主体成135°左右角度的光线。不同的侧光角度，可以突出被摄主体的不同部位，摄影师在拍摄短视频的过程中，需要根据不同的画面效果采用不同的侧光角度。

4. 顶光和底光

顶光顾名思义就是从头顶上方照射下来的光线。最具代表性的顶光就是正午的阳光，这种光线使凸出来的部分更明亮、凹进去的部分更阴暗，比如它会使人物的额头、颧骨、鼻尖等凸出的部位被照亮，而眼睛、鼻下等凹处下方出现阴影。顶光通常用来反映人物的特殊精神面貌，如憔悴、缺少活力的状态等。

底光则是指从下方垂直照上来的光线，通常用于刻画阴险、恐怖、刻板的角色。底光

更多出现在舞台照明中，低角度的反光板、广场的地灯、桥下水流的反光等也带有底光的性质。

3.1.6 运镜的运用

运镜又称为运动镜头、移动镜头，是指通过移动摄像机位置，或者改变镜头光轴，或者变化镜头焦距进行拍摄。在短视频作品中，静止状态的镜头画面比较少，多为运动画面。在拍摄短视频时，摄影师常常需要通过运镜开拓画面的造型空间，创造出独特的视觉艺术效果，进而拍摄出富有画面感的短视频。

扫一扫

运镜主要有两种方式：一种是将摄像机安放在各种活动的物体上；另一种是摄影师扛着摄像机通过人体运动进行拍摄。两种方式都力求平稳，保持画面的稳定，在平常的短视频拍摄中，巧妙运用运镜，能够丰富画面场景，表现被摄主体的情感。

常见的运动镜头有推镜头、拉镜头、摇镜头、移镜头、跟镜头等。

1. 推镜头

推镜头是画面从远到近，在被摄主体位置不变的情况下，摄像机向前缓缓移动或急速推进的镜头。随着摄像机的前推，景别逐渐从远景、中景到近景，甚至是特写；画面里的次要部分逐渐被推移到画面之外，画面里的主要部分或局部细节逐渐被放大，占满画面。推镜头的主要作用是突出主体，使观众的注意力相对集中，视觉感受得到加强，形成一种审视的状态。推镜头符合人们在实际生活中由远而近、从整体到局部、由全貌到细节的观看习惯。

2. 拉镜头

拉镜头与推镜头正好相反，它是在被摄主体位置不变的情况下，将摄像机由近而远向后移动，使摄像机的取景范围由小变大，逐渐把陪体或环境纳入画面，被摄主体由大变小，其细节逐渐不清晰，与观众距离也逐步加大，景别由特写或近景、中景拉成全景、远景。

拉镜头的主要作用是交代被摄主体所处的环境。摄影师通过拉镜头把被摄主体纳入一定的环境，提醒观众注意被摄主体所处的环境或者被摄主体与环境之间的关系变化。

3. 摇镜头

摇镜头并不是移动摄像机，而是摄像机不动，只是借助摄像机的活动底盘使镜头上下、左右甚至旋转拍摄。摇镜头的效果犹如人环顾四周或将视线由一点移向另一点的视觉效果。一个完整的摇镜头包括起幅、摇动、落幅3个连续的部分，从起幅到落幅的运动过程，使观众的视线不断调整。左右摇镜头常用来展示大场面，上下直摇常用来展示高大物体的雄伟、险峻。摇镜头在逐一展示、逐渐扩展景物时，还可使观众产生身临其境的感觉。

4. 移镜头

移镜头顾名思义就是要移动摄像机进行拍摄。移镜头类似生活中人们边走边看的状态，不管被摄主体处于静止状态还是运动状态，镜头的移动都会使被摄主体呈现出位置不断移动的态势，使画面充满动感。移镜头拍摄的效果是比较灵活的，但同时可能会造成画面抖动，因此采用移镜头拍摄时，最好使用稳定器来控制摄像机的移动和旋转。

移镜头可以开拓画面的造型空间，创造出独特的视觉艺术效果。移镜头在表现大场面、多景物、多层次的复杂场景时具有气势恢宏的效果。

5. 跟镜头

跟镜头是指摄像机的拍摄方向与被摄主体的运动方向成一定角度，且与被摄主体保持等距离运动的运镜方式。跟镜头大致可以分为前跟、后跟（背跟）和侧跟3种情况。

前跟是从被摄主体的正面拍摄，也就是摄影师倒退拍摄；背跟和侧跟是摄影师在被摄主体背后或侧方跟随拍摄。跟镜头具有运动主体不变、背景不断变化的画面特征，被摄主体在画框中的位置相对稳定，景别也相对稳定，跟镜头始终跟随运动着的主体，可以连续而详细地表现主体在运动中的动作。采用跟镜头既能突出运动中的主体，又能交代主体的运动方向、速度、形态及其与环境的关系，使被摄主体的运动保持连贯，展示被摄主体在动态中的精神面貌，给观众以特别强的穿越空间的感觉。

课堂实训　用手机拍摄一个校园短视频

📘 **实训目标**

掌握构图、光线选择、运镜等技能。

📘 **实训内容**

（1）掌握构图技能、选择合适的光线。

（2）通过运镜选择合适的景深、景别。

📘 **实训要求**

（1）5人一组进行拍摄，确定好构图、光线。

（2）通过运镜拍摄，从不同角度展现校园生活。

3.2　短视频后期剪辑

后期剪辑是一个优秀的短视频作品不可或缺的制作过程，后期剪辑的好坏关系到短视频的最终效果，通过精良的剪辑甚至可以超越预期效果。

3.2.1　后期剪辑的基本原则

为了制作出流畅、自然的短视频，短视频创作者在进行后期剪辑时，需要遵循以下几个原则。

1. 镜头组接要符合逻辑

扫一扫

短视频中不同镜头不能随意组接，事物的运动状态有必然的发展规律，人们也习惯按这一发展规律去认识问题、思考问题。因此，镜头的组接也要符合事物发展的逻辑，符合人们的生活、认识和思维逻辑。

2. 镜头组接要遵循轴线规律

轴线是指被摄主体的视线方向、运动方向和不同对象之间的关系所形成的一条假想的直线或曲线。轴线规律则是在拍摄过程中设置机位的时候所应遵循的原则。

在拍摄的时候，如果摄像机的位置始终在主体运动轴线的同一侧，那么构成画面的运动方向、放置方向都是一致的，否则就是"跳轴"，跳轴会使画面出现方向性混乱，让观众产生空间错乱的感觉，因此，除非有特殊需求，一般不使用跳轴的画面。正确运用轴线规律，正确处理镜头之间的方向关系，才能使观众对各个镜头所要表现的空间有一个完整的、统一的感觉。

3. 景别变化要自然合理

在剪辑同一被摄主体的两个相邻镜头时，要组接得合理、顺畅、不跳动，景别必须有明显的变化，否则就会让观众觉得画面跳帧了。当景别变化不明显时，摄影师则需要改变视角，即改变摄像机的位置，否则画面也会产生跳帧。切忌同主体、同景别、同视角直接组接，否则会导致视频画面无明显变化。

4. 镜头组接要遵循"动接动，静接静"

"动接动"是指画面中同一主体或不同主体的动作是连贯的，可以动作接动作，使画面顺畅过渡。"静接静"是指两个画面中的主体运动是不连贯的，或者它们中间有停顿，那么这两个镜头的组接，必须在前一个画面主体做完一个完整动作停下来后，再接上后一个画面，后一个画面开始的镜头也是静止的。

"静接静"组接时，前一个镜头结尾停止的片刻叫"落幅"，后一个镜头运动前静止的片刻叫"起幅"，起幅与落幅时间间隔为一两秒。运动镜头和固定镜头组接，同样需要遵循这个规律。如果一个固定镜头要接一个摇镜头，则摇镜头开始要有起幅；相反，一个摇镜头接一个固定镜头，那么摇镜头结尾要有落幅，否则画面就会给人一种跳动的视觉感。

5. 镜头组接要保持影调色彩统一

影调是指摄影作品中明暗层次、虚实对比和色彩的色相明暗等之间的关系，是造型处理、画面构图、烘托气氛、表达情感的重要表现手段。在黑白画面中，由于失去了色彩的色相和饱和度，只保留了明度，所以对于黑的画面上的景物，无论其原来是什么颜色，都是由许多深浅不同的黑白层次组成软硬不同的影调来表现的。对于彩色画面来说，除了要考虑影调问题，还要考虑色彩问题。无论是黑白画面组接还是彩色画面组接都应该保持影调色彩的一致性。如果把明暗或者色彩对比强烈的两个镜头组接在一起（除了特殊的需要），就会使人感到生硬和不连贯，影响内容表达。

6. 镜头组接的时间长度要合适

每个镜头停留时间的长短，首先是根据内容表达的难易程度、观众的接受能力来决定的，其次还要考虑到画面构图等因素。景别不同，包含在画面中的内容也不同，比如远景、中景等景别的画面包含的内容较多，观众看清楚画面上的内容，所需要的时间就相对长些；而近景、特写等景别的画面，所包含的内容较少，观众只需要较短时间就可看清，所以画面停留时间可短些。另外，一幅或者一组画面中的其他因素，也对画面停留时间长短起到制约作用。如同一个画面，亮的部分比暗的部分更能吸引人们的注意力。因此如果该画面要表现亮的部分，停留时间可以短一些；如果画面要表现暗的部分，则停留时间应该长一些。在同一幅画面中，动的部分比静的部分先引起人们的视觉注意。因此如果重点要表现动的部分，画面停留时间要短一些；如果重点表现静的部分时，则画面停留时间应该稍微长一些。

7. 镜头组接要掌握好节奏

短视频的题材、风格、情节以及短视频中人物的情绪等都是决定短视频节奏的依据。短视频节奏除了通过被摄主体的表现、镜头的转换和运动、音乐的配合、场景的时间空间变化等因素体现以外，还需要运用镜头组接手段，严格控制镜头的数量，调整镜头顺序，删除多余的枝节才能体现。也可以说，镜头组接的节奏是短视频节奏的最后一个组成部分。安排短视频的任何一个情节或一组画面，都要从作品表达的内容出发。例如，如果在一个宁静祥和的环境里用了快节奏的镜头转换，就会使观众觉得突兀、跳跃。在一些节奏强烈、激荡人心的场面中，就应该考虑到种种冲击因素，使镜头的变化速率与观众的心理需求一致，以调动观众的情绪。

3.2.2　画面转场的设计

为了使短视频内容的条理性更强、层次的发展更清晰，在场面与场面之间的转换中，需要使用一定的手法。转场的方法多种多样，但通常可以分为两类：一种是借助特技手段来转场，另一种是用镜头的自然过渡来转场，前者也叫技巧转场，后者又叫无技巧转场。

扫一扫

1. 技巧转场

技巧转场是通过电子特技切换台或后期软件中的特技，对两个画面的剪接进行特技处理，完成场景转换的方法。技巧转场一般用于短视频情节段落之间的转换，它强调的是心理的隔断性，目的是使观众有较明确的段落感觉。技巧转场主要有以下几种形式。

（1）淡出淡入

淡出淡入也称为"渐隐渐显"，淡出是指上一段落最后一个镜头的画面逐渐隐去直至画面完全变黑，淡入是指下一段落第一个镜头的画面逐渐显现直至正常的亮度。

淡出淡入往往给观众一种间歇、场面重新开始的感觉，一般用于大段落转换，指明时间连贯性上有一个大的中断，让观众有时间去品味或者为下面出现的内容做心理准备，或者让观众对刚看到的内容做一番思考。淡出淡入也是切入新场景比较常用的一种转场技巧。

（2）叠化转场

叠化也称"化出""化入""溶化"，指前一个镜头的画面与后一个镜头的画面相叠加，前一个镜头的画面逐渐隐去，后一个镜头的画面逐渐显现的过程。叠化转场的重叠能够呈现柔和舒缓的表现效果。根据内容的需要，叠化的过程可快可慢。叠化的过程具有柔和、自然的特点，一般可用于较为缓慢、柔和的时空转换。

（3）划像转场

划像可分为"划出"和"划入"两种。划出即前一个画面从某一个方向退出画框，空出的地方则由叠放在"底部"的后一个画面取代；划入则是前一个画面作为衬底在画框中不动，后一个画面由某一方向进入画面，取代前一个画面。

划像具有两个场景之间的间隔作用，段落之间的转换比较明显，节奏明快，与叠化的效果相反。划像的效果非常明显，一般用于较大的段落之间的场景转换。随着电子特技手段及各种后期软件的不断开发，划像的方式已经达到上百种，除了上、下、左、右不同方向的划像之外，还有星形、圆形等多种几何图形的划像。但划像图形的选择要注意契合影片内容、风格，不追求过于花哨的手法或者滥用划像，否则结果会适得其反。

（4）翻转转场

翻转指画面翻过后的背面即另一个场景。翻转画面可以使场景转换的间隔作用明确地表现出来，多用于内容意义上反差较大的对比性场景，如前一画面是低矮的平房，翻过来变成高楼大厦。翻转画面还常用于文艺、体育活动的剪辑，可以表现一个又一个场景的文艺演出、体育赛事等。运用这种技巧组接镜头可使短视频画面活泼，节奏明快。

（5）定格转场

定格是将画面中运动的主体突然变成静止状态，使人产生瞬间的视觉停顿，从而强调某一主体形象，或强调某一细节的含义，定格结束，自然转入下一个场景。定格多用于差别较大、不同主题段落间的转换，或用于连续性短视频的片尾。定格画面由于由动变静，会给观众带来较强的视觉冲击，所以，在一般性转场中很少用到。

（6）甩切转场

甩切即快闪转换镜头，让观众的视线跟随快速闪动的画面转移到另一个画面中。在甩切时，画面中呈现出模糊不清的流线，并立即切换到另一个画面，这种转场方式会给人以不稳定感。

（7）虚实互换转场

虚实互换是指利用对焦点的选择，使画面中的人物发生清晰与模糊的前后交替变化，形成人物前实后虚或前虚后实的互衬效果，使观众的注意力集中到焦点清晰而突出的形象上，从而实现镜头的转换。虚实互换也可以使整个画面由实变虚，或者由虚变实，前者一般用于段落结束，后者一般用于段落开始。

2. 无技巧转场

无技巧转场指场面的过渡不依靠后期的特效，而是在前期拍摄时在镜头内部埋入一些线索，使两个场面实现视觉上的流畅转换。即不用技巧手段来"承上启下"，而是用镜头的自然过渡来连接两段内容。无技巧转场多利用上下镜头在内容、造型上的内在联系来连接场景，使镜头连接自然，段落过渡流畅，无附加技巧痕迹。

（1）利用相似性因素

相似性因素是指前后镜头具有相同或相似的主体，或者物体形状相近、位置重合，以及在运动方向、速度、色彩等方面具有一致性。利用相似性因素可以达到内容连续、转场顺畅的目的。事物之间有众多的相似性关联。例如，上一个镜头是果农在果园里采摘苹果，下一个镜头是消费者挑选苹果的特写，但是场地已变成了农贸市场。巧妙运用前后镜头的相似性关联，减少视觉变动元素，符合人们逐步感知事物的规律，也能自如转换场面。

（2）利用承接因素

利用上下镜头之间的造型和内容上的某种呼应、动作连续或者情节连贯的关系，使段落过渡顺理成章，使场面转换既流畅又有戏剧效果。例如，上一段落主人公准备去车站接人，他说"我去车站了"，镜头立即承接这一意思切换到车站外景，开始了下一段落，这是利用情节关联直接转换场景。

（3）两级镜头转场

两级镜头转场是利用前后镜头在景别、动静变化等方面的巨大反差和对比，来形成的段落间隔，这种方法适用于大段落的转换。其常见方式是两种景别的运用，由于前后镜头在景别上的对比，所以能制造明显的间隔效果，段落感强。两级镜头转场属于镜头跳切的一种，有助于加强节奏。在纪录片类型的短视频中，两级镜头转场是区分段落的有效手段，它可以省略无关的过程，利用在动中转静或在静中变动来赋予观众强烈的直观感受。一般来说，前一段落大景别结束，后一段落小景别开始，叙述节奏加快，场面转换有力；反之，前一段落小景别结束，后一段落大景别开始，段落分隔效果明显，叙述节奏相对从容。

（4）声音转场

声音转场是指用音乐、音响、解说词、对白等配合画面实现转场。利用解说词承上启下，贯穿上下镜头是短视频转场的惯用方式。声音转场就是利用声音过渡到下一画面，主要方式就是声音的提前进入、前后画面声音相似部分的叠化，通过声音转场来实现时空的大幅度转换。

（5）空境转场

借助景物镜头作为两个大段落间隔。景物镜头大致包括以下两类。

一类是以景为主、物为陪衬的镜头，比如群山、山村全景、田野、天空等，用这类镜头转场既可以展示不同的地理环境、景物风貌，又能表现时间和季节的变化。电视纪录片《龙脊》《空山》中都先后利用四季更替间农作物、环境的变化来转换段落，并且将其作为结构性元素使用，将故事发展的各个环节有机地串联在一起。

景物镜头又是借景抒情的重要手段，它可以弥补叙述性素材本身在表达情绪上的不足，为情绪抒发提供空间，同时又使高潮情绪得以缓和、平息，从而转入下一段落。

另一类是以物为主、景为陪衬的镜头。一般来说，常选择在这些镜头挡住画面时或特写状态下作为转场的时机。比如，前一个段落是考试在即，一个准备考音乐学院的女孩在刻苦练琴；下一个段落是该女孩去考试。段落之间的转场镜头可以是大街上汽车驶过画面，女孩从大街上走向考试点；也可以是考场大楼外景，接她在弹奏的镜头；等等。具体镜头的选择应与前后镜头的内容情绪相关联，同时还要考虑与画面造型匹配的问题，如大街上汽车驶过跳接考试，那么这个大街上汽车驶过的转场镜头就变得有些莫名其妙，但是，汽车驶过画面，接女孩走向考点，或者接大街街景、考场大门等，镜头依次承接，意义明确，完成了转场任务。

（6）利用主观镜头转场

主观镜头是指借人物视觉方向所拍摄的镜头，用主观镜头转场就是按前后镜头间的逻辑关系来处理场面转换问题，它可用于时空转换。例如，前一镜头是人物抬头凝望，下一镜头可能就是人物所看到的场景，甚至是完全不同的事物、人物，诸如一组建筑物，或者远在千里之外的父母。

（7）遮挡镜头转场

所谓遮挡是指镜头被画面内某形象暂时挡住，依据遮挡方式的不同，大致可分为两类情形：一是主体迎面而来遮挡摄像机镜头，形成暂时黑画面；二是画面内前景暂时挡住画面内其他形象，成为画面中的唯一形象，如在大街上的镜头，闪过的汽车（前景）可能会在某一片刻挡住其他形象。当画面形象被完全遮挡时，一般也是镜头切换点，它通常表示时间、地点的变化。主体被遮挡通常在视觉上能给人以较强的冲击，同时制造视觉悬念，而且，由于省略了过场戏，加快了画面的叙述节奏。例如，前一段落在甲地点的主体迎面而来遮挡镜头；下一段落主体背朝镜头离去，已到达乙处。

在电影《有话好好说》中，有这么一段内容：男主人公在大街上等待女朋友，开始在百无聊赖地东张西望；下一镜头，前景中汽车驶过，他在吃西瓜；汽车再驶过，他在吃盒饭；最后一个镜头汽车驶过，画面转接到他女朋友的家中。

（8）特写转场

特写具有强调画面细节的特点，能够集中观众的注意力，因此，特写转场可以在一定程度上弱化时空或段落转换的视觉跳动。在影视剧的剪辑中，特写常常作为转场不顺的补救手段，前面段落的镜头无论以何种方式结束，下一段落都可以从特写镜头开始。

（9）利用运动镜头或动势转场

利用摄像机的运动来完成地点的转换或者利用前后镜头中人物、交通工具等的动势的可衔接性及动作的相似性，作为场景或时空转换的手段。这样的转场技巧由于运动的冲力和动作的连贯性，所以，一旦找准前后镜头中主体动作的剪接点，那么场景转换就会非常顺畅。这种转场方式大多强调前后段落的内在关联性。因此，在前期拍摄中，短视频创作者就可以加以设计。如从一组代表了历史故事的画像将镜头摇到采访者身上，历史故事的讲述也随之转入对当事人的采访；从小院内景将镜头摇至院外高楼，由此转换了空间；从走廊上正在下棋的人群将镜头移到房间内正在学习的人；由某形象将镜头摇至天空，这样的方式通常意味着上一段落的明确结束，段落间隔较明显。

短视频创作者在利用运动转场的技巧中，出画、入画是转换时空的重要手段。在表现大幅度空间变化时，如从办公室到大街，从甲地到乙地，可让人物在前一镜头中走出画面，再从另一环境的镜头中走入画面；同样，也可以前一镜头中让人物出画，后一镜头内人物已在画中，如前一镜头中人物走出家门，下一个镜头中他已在大街上，这里，出画代表暂时结束，入画代表新的开始，因此，短视频创作者可以比较协调地将不同空间联系在一起。究竟采用哪一种方式，需要根据素材情况来定，而且，短视频创作者还要考虑空间转换中的时间因素，一般来说，出画时间越长，观众所感受到的两个镜头的实际空间和时间的联系越远，叙述节奏相对舒缓，段落间隔也明显一些。

3.2.3　背景音乐的选择

短视频已经成为现代社交生活的一部分，而背景音乐则是短视频的重要组成部分之一，背景音乐的选择对短视频的整体感觉和情感基调非常重要。

扫一扫

1. 选择背景音乐的注意事项

在选择背景音乐时，短视频创作者需要考虑短视频的内容、情绪和节奏，以便让背景音乐与短视频相辅相成，达到更好的效果。短视频创作者在选择背景音乐时，可以从以下几个方面考虑。

（1）确定短视频的主题和情感基调

背景音乐的作用是辅助短视频表达主题和情感。因此，短视频创作者在选择背景音乐时，一定要先确定短视频的主题和情感基调，这样有助于选到适合的音乐。

（2）分析短视频的节奏和速度

合适的音乐可以增强短视频的情感表达和视觉效果。通常建议如果短视频是快节奏的，那么背景音乐也选择快节奏的，因为快节奏的音乐会更好地与短视频配合。

（3）考虑音乐的时长和重复次数

为短视频添加背景音乐时，短视频创作者要确保选择的音乐时长适中，不过长或过短，并且不会在短视频中重复多次，以避免视觉和听觉上的单调感。

2. 常见短视频类型的背景音乐

如何为不同类型的短视频选择合适的背景音乐呢？下面介绍几种常见短视频类型的背景音乐。

（1）真人口播

真人口播短视频通常需要一些轻松愉悦的背景音乐来配合主题，这些音乐的节奏不应该太快，也不应该太慢，以确保与短视频的整体感觉相匹配。在选择背景音乐时，短视频创作者可以考虑一些流行曲目。

（2）情景剧

对于情景剧类型的短视频，短视频创作者应该选择一些有趣的背景音乐，以吸引观众的眼球。背景音乐最好与情景相呼应，如恐怖情景剧，可以选择紧张、急促的音乐作为背景音乐；浪漫情景剧，可以选择浪漫、舒缓的音乐作为背景音乐。总而言之，短视频创作者选择的背景音乐要符合短视频的整体感觉和情感基调。

（3）企业产品

企业产品类短视频通常需要一些专业而高雅的音乐来配合。这些音乐通常以中速的旋律为主，也可以使用一些激励性的音乐，以吸引观众的注意力。

3.2.4　为短视频配音并添加字幕

短视频的配音和字幕可以为观众提供更多的信息，帮助观众理解短视频内容。同时，配音和字幕还可以增加短视频的可读性和可理解性，使观众更容易被吸引。短视频创作者为短视频配音并添加字幕可以为观众提供更多的信息，使短视频更具吸引力和可用性。

1. 为短视频配音

在短视频中，配音起着非常重要的作用，主要表现在以下几个方面。

（1）强调关键信息

短视频创作者可以根据短视频表现的内容来调整配音的语音语调、语速等，凸显短视频的重点信息，从而让观众更深入地理解和领略短视频的内容。

（2）提升观看体验

优秀的配音可以提高短视频的艺术效果，将观众带入短视频中，使观众感受到其中的情感和氛围。

（3）增强广告效果

在宣传产品或服务的短视频中，配音可以直接提升观众的兴趣，增强他们对产品或服务的认知和信任感，从而提升营销效果。

常用的为短视频配音的方式有3种：短视频创作者自己配音、请专业团队配音或者使用配音软件配音。短视频创作者可以根据自己的需求，选择合适的配音方式。

2. 为短视频添加字幕

为短视频添加字幕可以优化观众的观看体验，帮助他们更好地理解视频内容。在短视频中，可以添加以下几种字幕类型。

① 同步字幕：也叫逐句字幕，与视频中人物的对话或叙述的内容完全一致，通常用于电影、电视剧、纪录片等。

② 评论字幕：对视频中的内容进行解释、评论或补充说明，帮助观众更好地理解视频主题。这种字幕通常用于新闻、访谈、教育类视频等。

③ 说明字幕：用于解释视频中的某些专业术语、地名、人名等，帮助观众更好地理解视频内容。

④ 翻译字幕：将视频中人物的对话或叙述的内容翻译成其他语言，方便不同语言背景的观众观看。

⑤ 互动字幕：这种字幕通常用于游戏类视频，观众可以通过弹幕或评论参与互动，与其他观众交流观看感受。

⑥ 情感字幕：用于表达视频中人物的情感变化，以文字的形式增强观众的代入感。

⑦ 表情包字幕：将一些有趣的表情包添加到视频中，增加视频的趣味性。

在为短视频添加字幕时，短视频创作者可以根据视频内容和观众需求选择合适的字幕类型，以优化视频的观看体验。

3.2.5 常用的短视频后期剪辑工具

俗话说"工欲善其事，必先利其器"，在短视频创作的过程中，后期的剪辑工作对短视频最终的成片效果起到了非常重要的作用。

短视频后期剪辑工具的重要性在于它能够帮助短视频创作者对短视频进行精细的处理和调整，使得最终的短视频效果更加出色。通过使用短视频后期剪辑工具，用户可以进行剪辑、添加特效、调整色彩、更改音乐等操作，从而将自己的想法和创意更完美地表达出来。

短视频后期剪辑工具有很多，下面介绍几个常用的短视频后期剪辑工具。

1. 剪映

剪映是一款视频剪辑应用程序，由抖音于2019年推出。剪映带有全面的剪辑功能，支持变速，有多种滤镜和美颜的效果，有丰富的曲库资源。图3-61所示为剪映手机版操作界面。

剪映提供了丰富的工具和功能，包括视频剪辑、音频处理、特效添加、滤镜应用等。短视频创作者可以使用这些工具轻松地制作专业的短视频作品，并在其他社交媒体平台上进行分享。此外，剪映还提供了许多模板和样式，让短视频创作者可以快速地将短视频制作成精美的作品。

2. 爱剪辑

爱剪辑是一款由爱剪辑团队推出的视频剪辑软件，具有剪辑、调色、美化，添加特效、字幕、音频等功能，支持导入多种格式的视频和音频文件，并提供大量的滤镜、调色工具和特效素材，让用户轻松制作出专业级别的视频作品。爱剪辑还具有反锯齿技术，能够消除视频中的锯齿和噪点，让画面更加清晰细腻。同时，爱剪辑还提供了智能剪辑功能，能够自动识别视频内容，有助于用户快速剪辑出符合用户需求的视频片段。爱剪辑操作界面如图3-62所示。

图3-61　剪映手机版操作界面 　　图3-62　爱剪辑操作界面

3. 快剪辑

快剪辑是一款功能齐全、操作便捷、可以在线边看边剪辑的软件。短视频创作者使用快剪辑可以提高短视频制作效率，简单快速完成并分享自己的作品。

快剪辑拥有海量定制化视频模板，可以满足不同行业用户的使用需求，适用于电商营销、内容营销、短视频创作等场景，为有视频剪辑需求的中小机构或个人提供一站式视频创作服务。

快剪辑的特点是功能齐全、操作便捷。快剪辑集云端素材管理、视频剪辑创作、内容分发于一体，拥有视频裁剪、合成、截取等功能，支持添加文字、音乐、特效、贴纸等操作，用户进入网站首页即可开始创作，不需要剪辑基础，一键快速成片。快剪辑目前支持两种剪辑方式：模板剪辑和自由剪辑。

快剪辑的剪辑模式是在线剪辑、边剪边传，可大大提升视频剪辑效率。制作的视频可以直接存储在云端，不需要占用本地内存，同时实现视频渲染云端处理，突破本地设备性能瓶颈，导出速度较快，成品支持下载到本地和一键分享。此外，快剪辑拥有超大容量云端素材库，支持多素材同时上传，实时预览。目前快剪辑已推出 SaaS版、iOS版、Android版和PC版，图3-63所示为快剪辑PC版的操作界面。

图3-63　快剪辑PC版的操作界面

4. Premiere Pro

Premiere Pro是由Adobe公司基于Mac和Windows操作系统开发的一款非线性编辑软件，被广泛应用于电视节目制作、广告制作和电影制作等领域，在短视频的后期剪辑中应用也十分广泛。

Premiere Pro拥有强大的视频编辑能力和灵活性，易学且高效，可以充分发挥使用者的创造能力。Premiere Pro操作界面如图3-64所示。

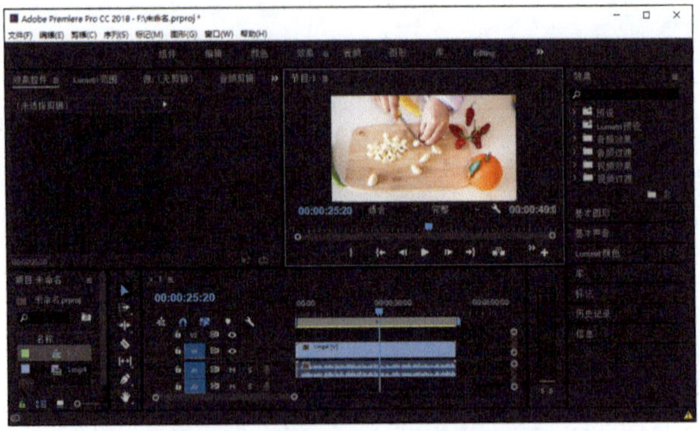

图3-64　Premiere　Pro操作界面

课堂实训　为拍摄的校园短视频添加转场效果、背景音乐、字幕

实训目标

掌握短视频后期剪辑的技巧。

实训内容

（1）了解短视频剪辑工具。

（2）能够独立完成短视频的后期剪辑。

实训要求

（1）选择一种或多种剪辑工具。

（2）为短视频添加转场效果、背景音乐和字幕。

本章习题

一、填空题

1. 短视频画面由＿＿＿＿＿＿、＿＿＿＿＿＿和＿＿＿＿＿＿3种基本元素构成。

2. ＿＿＿＿＿＿常用于表现广阔场面，如自然景色、盛大的群众活动等。

3. 画面转场的方法通常可以分为＿＿＿＿＿＿和＿＿＿＿＿＿两类。

二、单项选择题

1. 关于画面构图，说法错误的是（ ）。

   A. 尽量删除视频中与主题不相关的元素，保持背景自然干净

   B. 视频画面要有主次，主次分明、重点突出

   C. 视频画面只能有一个主体，前景、后景不能有其他人物存在

   D. 视频画面中线条、形状、明暗、色彩等要协调

2. 下列关于景深、景别的说法正确的是（ ）。

   A. 景深指被摄主体在画面中呈现的范围

   B. 景深是在画面上获得相对清晰影像的主体空间深度范围

   C. 景深是指由于摄像机与被摄主体的距离不同，而造成被摄主体在摄像机画面中所呈现出的范围大小的区别

   D. 景深一般可分为5种，由近至远分别为特写、近景、中景、全景、远景

3. 下列不属于后期剪辑的基本原则的是（ ）。

   A. 镜头组接时，为了使画面活泼，通常使用跳轴

   B. 镜头组接要遵循"动接动，静接静"

   C. 镜头组接要保持影调色彩统一

   D. 在剪辑同一被摄主体的两个相邻镜头时，要组接得合理、顺畅、不跳动，景别必须有明显的变化

三、判断题

1. 主体一定要占据画面的大部分面积。 （ ）

2. 在九宫格构图中，主体一定要放在交叉点的位置。 （ ）

3. 短视频的背景音乐要符合视频主题和情感基调。 （ ）

四、思考问答题

1. 什么是景深？

2. 什么是景别？

3. 简要描述后期剪辑的3个原则。

本章实训1

实训目的	
掌握短视频拍摄的技能	
实训目标	
序号	目标
1	掌握短视频拍摄的基础知识
2	具备短视频拍摄的技能
实训内容	
拍摄一条换装短视频	
实训步骤	
序号	内容
1	5人一组，确定拍摄的设备和素材
2	合理进行任务分配，拍摄换装短视频

本章实训2

实训目的	
掌握短视频的后期剪辑	
实训目标	
序号	目标
1	了解短视频剪辑的基础知识
2	掌握短视频剪辑的技能
实训内容	
为换装短视频添加转场效果和背景音乐	
实训步骤	
序号	内容
1	为短视频添加转场效果
2	为短视频添加背景音乐

第 **4** 章

短视频的发布与复盘

学习目标

√ 熟悉短视频的各种发布渠道
√ 熟悉短视频在各种发布渠道的发布技巧
√ 学会合理选择短视频的发布时间
√ 了解短视频数据分析的步骤与维度
√ 掌握常见第三方数据分析工具的使用方法
√ 了解短视频数据分析指标

素养目标

√ 培养学生合作与沟通的能力
√ 培养学生发现问题并解决问题的能力

抖音自2016年9月诞生至今，已经成为全网传递积极生活理念，连接全民情感的重要通道。抖音发布的《2022抖音热点数据报告》显示，热点视频的播放量每月高达4000亿次，而每月被创作出来的热点视频数量也突破百万。其中，社会、娱乐类视频最多，而在如此庞大的内容数量背后，抖音热点正在与用户生活形成紧密连接。回顾《2022抖音热点数据报告》，每个热点故事都给全网留下了诸多快乐与美好。在该报告中，2022年抖音热点贯穿社会事件、时政事件与娱乐话题等多个领域，所产生的信息与用户生活息息相关，不仅给用户提供社会与娱乐资讯等话题，也为用户提供日常生活资讯。用户在热点中分享了喜怒哀乐，也为大家带来了快乐与美好。另外，在抖音的青少年模式里，孩子们也在用自己的视角关注热点，探索世界，了解世界。短视频这种介质带来大量直观的信息，它能够帮助大家发现、记录和分享生活中的美好。

思考题：

1. 你发布过短视频吗，发布过哪些类型的短视频？
2. 你主要在哪个或哪些平台发布短视频，选择它的原因是什么？

4.1 短视频的发布

在移动互联网时代，短视频创作者不仅要创作出优质内容，还需要进行有效的广泛传播，做好推广和营销，提升短视频的曝光量，才能使短视频覆盖更多的受众，才有可能进一步实现短视频营销变现。要做好短视频推广和营销，短视频创作者首先要选择恰当的发布渠道和合理的发布时间。

4.1.1 短视频发布渠道的选择

随着短视频行业的快速发展，大量短视频平台应运而生。短视频平台作为短视频的载体，在短视频营销与运营过程中起着至关重要的作用。

短视频创作者在选择短视频发布平台时，不能局限于一个平台，通常需要根据自身特点，结合各平台的特点、运营规则选择合适的平台，最大化地为短视频账号带来流量和用户。

扫一扫

1. 发布平台的分类

短视频平台在不断衍生、发展变化中逐渐形成了字节系、快手系、腾讯系、百度系等多个派系。按照运营属性的差异，短视频发布平台可分为5类：工具型平台、内容型平台、社区型平台、垂直型平台和电商型平台，其中工具型平台和内容型平台最为常见。短视频发布平台分类如图4-1所示。

01 工具型平台		这类平台不注重社交及传播，侧重短视频的拍摄、美化、剪辑和特效，可以有效降低短视频拍摄的技术门槛。如快剪辑、剪映等
02 内容型平台		这类平台侧重短视频内容，受欢迎程度较高。几乎常见的短视频平台都属于这一类型，如抖音、快手、西瓜视频、微视等
03 社区型平台		这类平台侧重社交功能，鼓励用户互相"围观"作品，用户可以在平台内互动，如小红书等
04 垂直型平台		这类平台一般专注于某个领域，可以说是垂直细分的内容型短视频平台，如动次等。
05 电商型平台		这类平台以销售产品为主，通过短视频让用户了解产品的性能、特点等，吸引用户购买，如淘宝、京东等

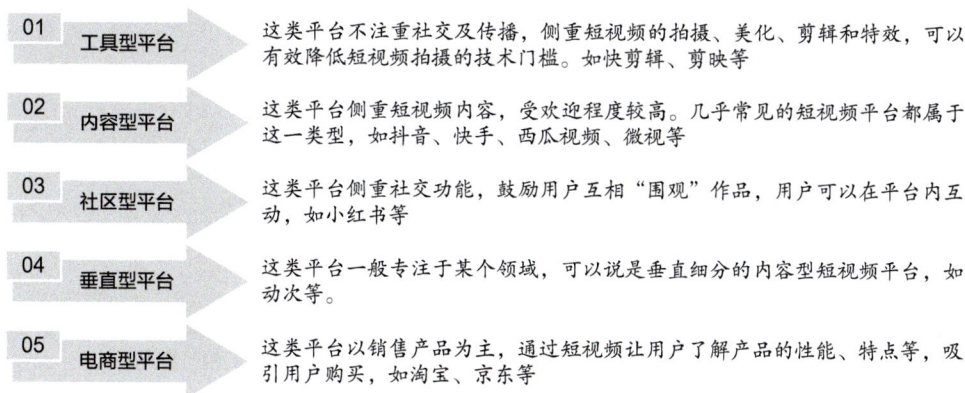

图4-1　短视频发布平台分类

2. 符合发布平台的规则

俗话说"无规矩不成方圆"，短视频发布也需要遵循一定的规则。这就要求短视频团队了解并遵守平台的规则。

抖音和快手等内容型短视频平台中的短视频，都是靠提供优质内容，吸引用户的，尽管目前电商在短视频和直播中占据着越来越大的分量，也有一些短视频创作者会在短视频中介绍商品，插入商品购买链接，但大多数短视频都是先用内容吸引用户，然后让用户在不知不觉中被"种草"，因此这类短视频平台的内容仍然处于核心。

而淘宝、京东这些电商型平台创建短视频平台的目的就是促进自身的电商发展，因此短视频团队在这类平台上可以直接售卖商品，但也要遵循一定的规则。例如，短视频应与商品相关，突出卖点，不能出现纯娱乐的内容；商品链接数量要符合要求，且商品链接要符合短视频推广类目的要求等。

短视频创作者除了要了解短视频发布规则，还要了解各个平台上的分成补贴规则。为了能够留住更多优秀的短视频团队，现在很多平台会与短视频团队签订合同，给予一定量的补贴，这种合同一般会要求该团队在平台上独家发布短视频，短视频团队在签订合同后再前往其他平台发布短视频就会违反规则，被平台追责。

总而言之，短视频团队要想在平台上发布推广创作的短视频，其首先要保证短视频的内容健康、积极向上，符合该平台的规则。

3. 重视月活跃用户和用户使用时长

月活跃用户是短视频运营者在选择短视频平台时需要考虑的一个重要指标，通常月活跃用户越多，代表该短视频平台的活跃用户越多。QuestMobile的《2023中国移动互联网半年大报告》（见图4-2）显示，短视频行业竞争激烈，其中字节系及快手系很多产品占据头部阵营，其中极速版增长明显；在短视频双巨头导致的竞争压力下，其他平台的用户留存成为难题。

用户时长反映的是短视频平台的深度运营能力。QuestMobile的《2023中国移动互联网半年大报告》（见图4-2）显示，短视频平台涵盖内容形式愈加多样，与娱乐直播、"带货"直播等密切融合，驱动用户时长进一步增加，其中，头部应用日均使用时长都在1.5小时以上。

图4-2　QuestMobile的《2023中国移动互联网半年大报告》相关数据

4．平台推广方式

短视频的内容再好，如果没有足够多的用户，短视频的曝光量也无法得到保障，短视频成为热门短视频的可能性就会很低，这势必会影响运营的效果。

短视频创作者可以通过图4-3所示的几种方式对短视频进行推广。

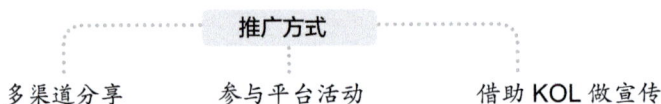

图4-3　短视频的推广方式

（1）多渠道分享

短视频平台大多是有分享功能的，短视频创作者可以利用这一功能将短视频分享到更多的平台上，让更多的用户看到。如果短视频有足够的吸引力，自然会得到越来越多的用户的关注和认可，其成为热门短视频的概率就会大大增加，运营的效果也会更好。

① 站内好友。短视频平台本身就是一个比较好的分享渠道，短视频创作者在发布短视频后，可以将其分享给该平台上的好友。以快手为例，在短视频右下角点击【分享】按钮，弹出【分享至】界面，选择【私信朋友】选项，打开朋友列表，选择想要分享的好友，点击【分享】按钮即可，如图4-4所示。

图4-4　站内好友分享

② 微信朋友圈。微信作为目前国内较大的社交平台之一，拥有非常庞大的用户数量，而微信朋友圈更是人们日常社交的主要阵地，因此微信朋友圈也是短视频分享的一个非常好的渠道。

以快手为例，在短视频右下角点击【分享】按钮，弹出【分享至】界面。在该界面中选择【微信朋友圈】选项，系统将自动跳转到微信朋友圈发布界面，可以写一些推荐语，然后点击【发表】按钮，如图4-5所示。

③ 微博。微博是国内主流社交媒体平台之一，用户量非常大，可以作为短视频分享的主要渠道之一。微博具有广场属性，有利于内容实现裂变传播。将短视频分享到微博，有利于提高短视频的曝光量，吸引更多的用户观看。

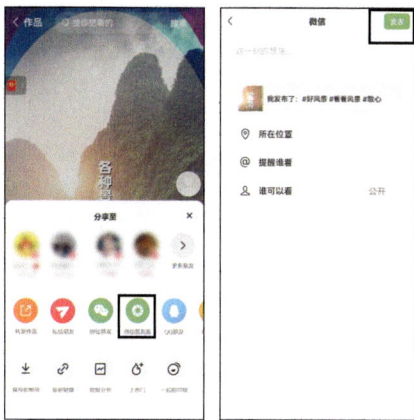

图4-5　微信朋友圈分享

（2）参与平台活动

短视频平台本身是一个巨大的流量池。短视频创作者积极参与短视频平台发起的各种活动，展示自己的短视频，这样短视频账号及其内容就可能被更多的用户看到并关注。

参加平台活动，短视频创作者要确保创作的短视频符合活动要求，这样才能得到短视频平台的认可，获得更多的流量。因此，短视频创作者要研究清楚短视频平台的活动要求，具体需要做到以下两点，如图4-6所示。

明确活动目的	便于精准把握短视频的选题方向，突出主题，提高被平台推荐的概率
了解活动规则	仔细研究活动规则，找准参与活动的准确切入点，然后创作短视频内容

图4-6　研究平台活动要求

参加平台活动的短视频创作者不计其数，竞争非常激烈，有亮点的短视频才有更大的概率被平台推荐，从众多短视频中脱颖而出。怎样才能让短视频更具亮点呢？短视频创作者可以从以下3个方面入手，如图4-7所示。

内容有个性	为短视频中的人物打造鲜明的个性特征，使短视频变得更有特色
切入点独特	选择新奇的切入点，避免模板化套路，使观众眼前一亮，产生深刻印象
发散性思维	从不同的角度解读活动规则，避开大众话题和视角

图4-7　怎样让平台活动更具亮点

（3）借助KOL做宣传

KOL是营销学上的概念，通常被定义为拥有更多、更准确的产品信息，且为相关群体所接受或信任，并对该群体的购买行为有较大影响力的人。

选择借助KOL做宣传是因为KOL的粉丝黏性很强，粉丝在价值观等方面都很认同他们，所以KOL是具有号召力的，粉丝通常会认可其推荐的产品。

KOL资源有很多，短视频创作者可以有针对性地选择利用。KOL资源如图4-8所示。

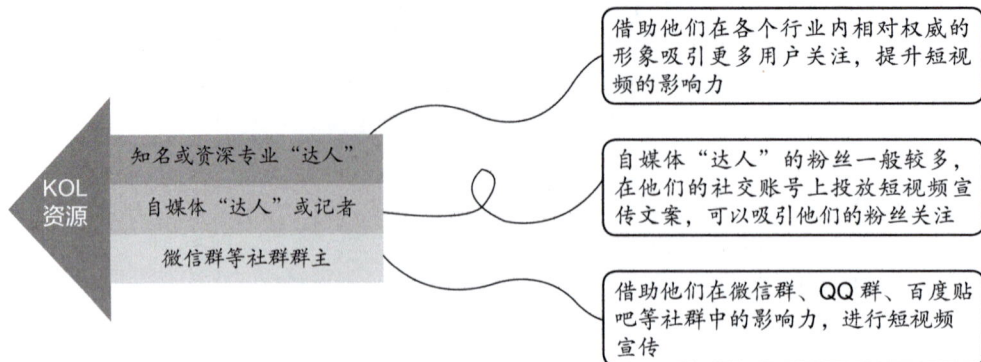

图4-8　KOL资源

4.1.2　短视频发布时间的选择

短视频创作者在选择了正确的主题，并创作出优质内容以后，还要找对短视频的发布时机，才能获得更多的流量，吸引更多的用户。一天中的不同时间段内短视频用户的活跃度是不同的，有高峰期，也有低谷期，大部分短视频的播放量、点赞量、评论量、转发量等基本上都是在流量高峰期内完成的。因此，为了优化短视频的各项数据，短视频创作者需了解短视频平台的流量高峰期，从而确定短视频的最佳发布时间。我们可以用"四点两天"四个字来总结短视频的黄金发布时间。

四点是指周一至周五的4个时间点，如表4-1所示。

表4-1　周一至周五的4个时间点

时间段	特征
7:00—9:00	在吃早餐和上班途中可以拿手机看短视频
12:00—14:00	在吃饭时间、午休时间浏览短视频
17:00—20:00	结束工作后，躺在沙发上看自己喜欢的短视频来休息、放松
22:00—24:00	在睡前看短视频

两天主要指周六和周日，这属于个人的时间，用户可以随时随地拿出手机看短视频。因此，周六和周日两天的任何时间段都是流量高峰期，适合发布任何类型的短视频。

四点两天，可以说几乎包括了主流用户观看短视频的峰值区间，是被公认的短视频内容黄金发布时间。在这几个时间段发布的短视频比较容易成为热门短视频。

注意：不同类型的短视频适合发布的时间不同，发布时间是不固定的，短视频创作者可以根据这几个时间段去测试，找到最适合自己账号的发布时间。例如，工作日的22:00—

24:00通常比较适合发布情感类、励志类、心灵鸡汤类短视频。

短视频的更新频率在一定程度上也会影响短视频账号在用户眼中的曝光度，短视频的更新频率也是有讲究的，不能太过频繁，但是也不能长时间不更新。短视频创作者要保证稳定更新短视频。

相对稳定的更新频率一方面有益于账号权重提升，另一方面可以培养用户在固定的时间观看短视频的习惯，从而提升短视频账号在用户心中的地位。短视频创作者最好每天在固定的时间更新一条或多条短视频，如果无法保证每天更新，可以选择隔天更新或每周更新3条。

4.1.3　在不同的平台发布短视频

在不同平台发布短视频的方式大同小异，下面以抖音和微信视频号为例，介绍一下如何发布短视频。

1. 在抖音发布短视频

`01`　打开抖音App，进入抖音的主界面，点击【＋】按钮，进入抖音的短视频拍摄界面，点击【相册】按钮，打开【所有照片】界面，在下面的列表中选择需要发布的短视频，然后点击【下一步】按钮，如图4-9所示。

抖音主界面　　　　　　　抖音拍摄界面　　　　　　　相册

图4-9　抖音基本操作

`02`　进入视频编辑界面，在当前界面根据需要对短视频进行简单编辑，如果是已经编辑好的短视频，直接点击【下一步】按钮，进入发布界面，添加作品描述。本案例中短视频类型为旅游，因此可输入文案"迈开腿，走出去，看看祖国的大好河山！"，如图4-10所示。

视频编辑界面　　　　　　　视频发布界面

图4-10　视频编辑

03　点击【#话题】按钮，可以直接输入话题，如输入"旅游"，继续点击【#话题】按钮，在打开的话题列表框中选择一个播放次数较多的话题，这里选择"大美中国"话题，如图4-11所示。按照同样的方法可以添加需要的其他话题。设置完成后，点击【发布】按钮，即可发布短视频。

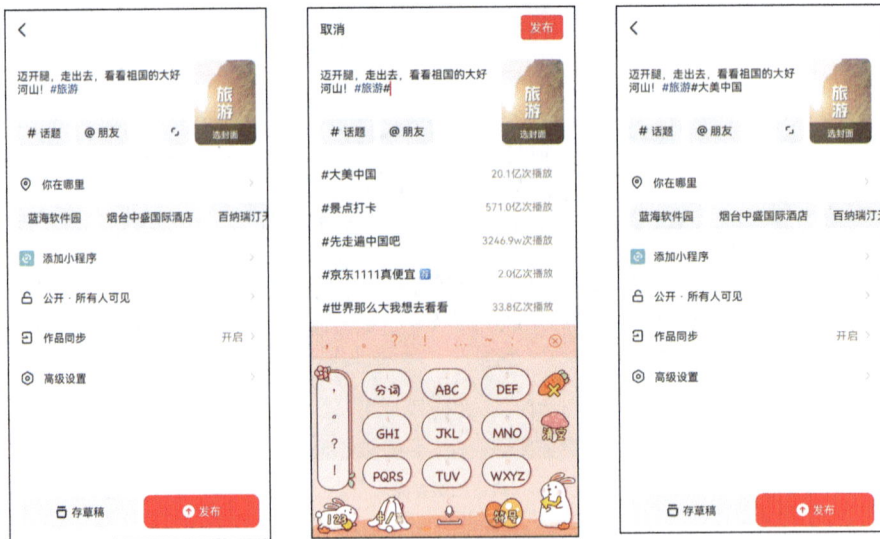

图4-11　添加话题

2. 在微信视频号发布短视频

01　打开微信，切换到【我】界面，选择【视频号】选项，进入视频号界面，点击【发表视频】按钮，如图4-12所示。

02　进入视频拍摄界面，用户可以点击【从相册选择】按钮，从相册上传视频并对视频进行简单编辑，编辑完成后点击【完成】按钮，如图4-13所示。

03　进入视频发布界面，可以添加作品描述。本案例中短视频类型为旅游，因此可输入文案"迈开腿，走出去，看看祖国的大好河山！"。微信视频号中的短视频也可以添加话题，点击【#话题】按钮，可以直接输入话题，如输入"旅游"，随后弹出一个标题文本框，可以输入一个标题，如"大美河山"，设置完毕，点击【发表】按钮即可，如图4-14所示。

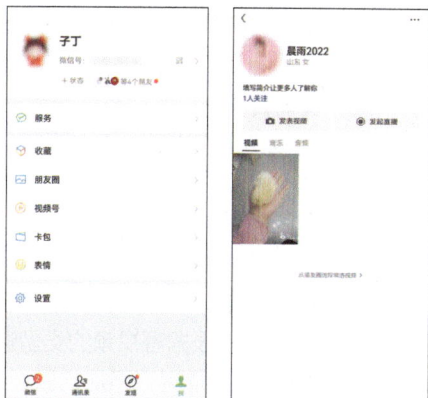

【我】界面　　　　【视频号】界面

图4-12　微信视频号基本操作

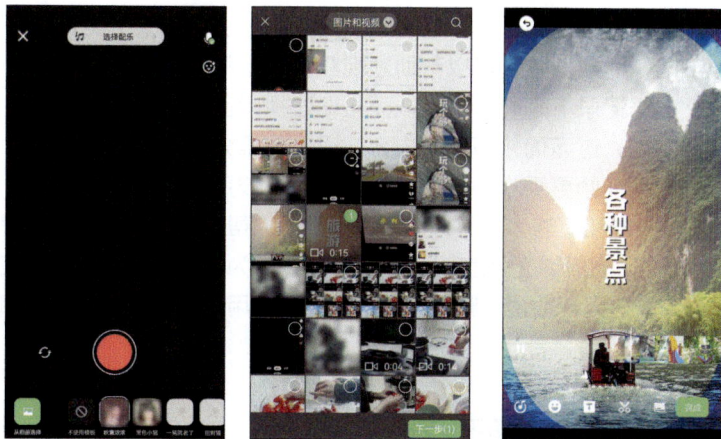

图4-13　视频拍摄、编辑页面

图4-14　视频发布界面

课堂实训　在抖音发布拍摄剪辑好的短视频

> **实训目标**
>
> 掌握短视频发布的技能。
>
> **实训内容**
>
> （1）了解抖音平台的规则。
>
> （2）能够独立完成短视频的发布。
>
> **实训要求**
>
> （1）4人一组，根据短视频的类型选择一个合适的发布时间。
>
> （2）设置短视频描述、添加话题，并发布短视频。

4.2　短视频数据分析

　　数据分析就像拍摄短视频一样，短视频拍摄是通过手机或相机将每一个画面记录下来，而数据分析可以帮助短视频创作者将用户观看短视频的行为及反馈数据记录下来并分析，从而帮助短视频创作者更好地了解用户的喜好和需求，进而优化短视频内容。通过数据分析，短视频创作者可以了解哪些短视频更受欢迎，哪些短视频容易被用户忽略，从而调整短视频的创作方向和策略。同时，数据分析还可以帮助短视频创作者了解用户在观看短视频时的互动情况，如用户的点赞、评论、分享等行为。总之，数据分析在短视频创作中起着重要的作用，可以帮助短视频创作者更好地了解用户需求，优化内容和提高用户参与度。

扫一扫

4.2.1　短视频数据分析的步骤

　　短视频数据分析通常有5个步骤，包括明确目标、挖掘数据、处理数据、分析数据和总结数据。

1．明确目标

　　短视频数据分析是为了帮助短视频团队科学制订计划，精准评估运营效果。如果短视频创作者的数据分析需求比较模糊，没有明确的目标，就会降低数据分析的有效性。因此，在进行数据分析之前，短视频创作者应当明确目标。

2．挖掘数据

　　在明确数据分析的目标后，短视频创作者可以针对数据分析的目标有针对性地进行数据挖掘。数据挖掘主要从平台的后台数据和第三方平台数据两方面入手。如果在短视频平台的后台可以找到需要分析的数据，就不需要花费过多的时间进行数据挖掘，可以直接在后台下载、复制数据。当在短视频平台的后台无法获取某项数据时，短视频创作者就需要借助相关工具，在授权后利用第三方数据工具进行数据挖掘。

3．处理数据

短视频创作者在数据挖掘环节得到的数据是原始数据，一般无法直接使用，需要对原始数据进行处理，获得可被分析使用的数据。数据处理通常包括剔除无用的或不相关的数据、合并相近或重复的数据、组合相关数据等环节。

4．分析数据

数据在经过处理之后就具有了分析的价值。常见的短视频数据分析主要包括以下内容。

① 流量分析。流量分析是指对短视频账号的访问量、访问时间、粉丝增量等流量数据进行分析。

② 销售分析。销售分析是指对短视频账号内的下单数量、下单金额、商品点击次数等数据进行分析。

③ 内容分析。内容分析是指对短视频账号的互动数据进行统计与分析，包括点击量、评论量和分享量等。短视频团队借助内容分析可以有效地对短视频的标题、内容以及推广效果等进行评估。

④ 执行分析。执行分析主要是对团队成员日常执行工作的情况进行统计与评估，包括短视频发布频率等。短视频运营工作是否有效率，可以由执行数据反映出来。

5．总结数据

在完成数据分析以后，短视频创作者要对数据进行总结，一般在总结数据时要重点关注短视频团队自身的短视频营销情况、同行业企业的短视频营销情况，以及行业内的短视频营销发展趋势。通过总结数据，短视频创作者不但可以全面地了解短视频营销的情况，而且可以方便地分析短视频营销结果，总结短视频营销规律，从而制订更完善的短视频营销规划。

4.2.2　短视频数据分析的维度与指标

1．短视频数据分析的维度

短视频运营者在开展数据分析时，可以从以下3个维度切入。

（1）自身账号分析

自身账号分析是指短视频运营者分析自己所拥有的短视频账号的运营数据，了解自己短视频账号的运营情况，以便根据数据分析结果调整和优化账号运营策略。

（2）竞品数据分析

竞品数据分析是指短视频运营者对竞争对手的短视频账号运营数据进行分析，了解竞品的运营状况，明白竞争对手的账号在哪些方面具有优势，自己的账号存在哪些短板，从而为优化自己的账号提供参考。

短视频运营者在开展竞品数据分析时，可以采取以下3个步骤。

① 确定竞品

对于短视频运营者来说，凡是与自己的短视频账号所属领域相同、目标用户群体或者目标市场相同的账号，都可以称为竞品。

我们可以将竞品进行分级，分为核心竞品、重要竞品和一般竞品3个级别。

这个分级以短视频运营者自己账号的运营水平为基准，那些高于自己账号运营水平且非常有竞争力的竞品为核心竞品，那些高于自己账号运营水平但竞争力一般的竞品为重要竞品，那些在自己账号运营水平之下或者竞争力不如自己的账号的竞品为一般竞品。

短视频运营者可以选择不同级别的竞品，并对其进行长期跟踪和分析，以此来研究竞品的发展动向和自身潜在的危机，从而更好地把握市场。

对于核心竞品，如果短视频运营者很难与其竞争，就学习其长处来优化自己，实施避强策略；对于重要竞品，短视频运营者要分析它们的优势，找到超越它们的突破口；而对于一般竞品，短视频运营者则不需要花太多的时间，主要研究其短板，避免自己出现同样的问题。

② 收集竞品资料

短视频运营者在收集竞品资料时，一定要秉持客观、准确的原则，而且可以借助第三方数据分析工具（如卡思数据、飞瓜数据、新榜等）来收集竞品资料。

③ 分析竞品数据

短视频运营者在分析竞品数据时，需要重点关注竞品的定位、目标用户群体特征、内容定位、内容表现形式、内容数据表现方式、账号盈利模式等数据。

（3）行业数据分析

行业数据是指能够反映短视频行业的数据，如反映短视频行业发展状况的数据。通过分析行业数据，短视频运营者才能够全面、深刻地了解短视频行业的发展趋势和市场格局，从而制订更合适的运营策略。通常，第三方数据分析平台或工具（如新榜、飞瓜数据、卡思数据等）都会发布一些行业数据分析报告，短视频运营者可以通过这些平台或工具来收集行业数据。

2. 短视频数据分析的指标

短视频运营者在开展短视频数据分析时需要重点关注的指标主要有4个：内容指标、流量指标、粉丝指标和销售指标。

（1）内容指标

内容是指短视频运营者发布的短视频。短视频的内容质量直接影响着短视频账号对用户的吸引力和后续变现的效果。短视频运营者在开展内容指标数据分析时需要重点关注标题、关键词、短视频发布情况以及背景音乐4个要点。

① 标题

标题是对短视频内容的高度概括，它会直接影短视频的点击率。短视频运营者对标题进行分析，主要是分析标题字数、标题句式、标点符号、包含的热点词汇等，以探索点击率高的标题的写作方法，提高短视频的点击率。

② 关键词

关键词是指用户在短视频平台搜索框中输入的提示性文字或符号。关键词可以是一个字、一个词或一个句子，也可以是一个数字、英文或其他符号。在短视频平台购物的过程中，用户经常会通过关键词来搜索自己所需的商品。与购物行为相似，用户还可以通过搜索框搜索自己所需要的其他信息。例如，领导安排员工拍摄一组介绍商品的短视频，员工不知从何下手，那么员工就可以在搜索框中输入"商品介绍""如何拍摄商品介绍短视频"等关键词，并在搜索结果中寻找自己想要的信息。如果短视频运营者发布的短视频的标题或视频描述中恰巧含有用户在搜索框中输入的关键词，那么该短视频就容易被用户搜索到。因此，合理设置关键词是短视频容易获取流量及达到预期营销效果的前提。短视频运营者在分析关键词时，需要重点分析关键词与短视频内容的匹配度、关键词放置的位置、关键词出现的频率等。

③ 短视频发布情况

对短视频发布情况的分析，主要是分析短视频更新总量、短视频发布量变化趋势、短视频发布频率等指标。短视频发布情况常用的数据分析指标如表4-2所示。

表4-2 短视频发布情况常用的数据分析指标

指标	指标说明
短视频更新总量	短视频更新总量是指在某个时间段内运营者通过短视频账号发布的符合要求的短视频的数量
短视频发布量变化趋势	在单位时间内，短视频账号发布的短视频总量的变化趋势。该指标体现了短视频账号的短视频生产能力，如果在某个时间段内某账号的短视频发布量呈递增趋势，说明该账号具有较强的短视频生产能力
短视频发布频率	某个时间段内发布的短视频总量与时间周期的比值，即"短视频发布频率 = 某时期短视频发布总量 / 时间周期 ×100%"

④ 背景音乐

随着短视频的火爆，抖音、快手、秒拍等短视频平台产生了大量短视频。短视频由画面、说明性文字、背景音乐组成。相同的画面、说明性文字，搭配上不同的背景音乐，可能会产生不同的效果。背景音乐可成为短视频的亮点，促使短视频成为热门短视频。因此，短视频运营者有必要对短视频的背景音乐进行分析。短视频运营者可以从背景音乐来源、同款音乐使用量和同款音乐排行榜3个方面对背景音乐进行分析。

（2）流量指标

流量指标是指短视频播放情况、短视频互动情况等。

① 短视频播放情况

短视频播放情况体现了短视频内容对用户的吸引力，短视频播放情况常用数据分析指标如表4-3所示。

表4-3 短视频播放情况常用数据分析指标

指标	指标说明
短视频点击量	短视频在某个时间段内被用户点击的总次数
短视频平均点击量	某个时间段内短视频账号中所有短视频被点击的平均次数。计算公式：短视频平均点击量 = 短视频总点击量 / 短视频数量 ×100%
短视频点击率	短视频账号发布的某条短视频在某个时间段内的点击量与短视频送达人数的比值。计算公式：短视频点击率 = 短视频点击量 / 短视频送达人数 ×100%
短视频完播率	完播率是指短视频的播放完成率。如果用户在打开某条短视频后，很快就划走，观看时间非常短，说明该短视频对该用户没有吸引力。计算公式：短视频完播率 = 看完短视频的用户数 / 短视频送达人数 ×100%

② 短视频互动情况

在浏览短视频的过程中，用户可能会做出点赞、评论、转发、收藏等互动行为，这些互动行为体现了用户对短视频的关注程度。常用的短视频互动情况数据分析指标如表4-4所示。

表4-4　常用的短视频互动情况数据分析指标

指标	指标说明
短视频点赞量	短视频账号发布的短视频获得的点赞数，该数据指标反映了短视频受欢迎的程度，短视频的点赞量越高，说明用户越喜欢这些短视频
短视频评论量	短视频账号发布的短视频所获得的评论的数量，该数据指标反映了短视频引发用户产生共鸣、关注和讨论的程度
短视频转发量	短视频账号发布的短视频被用户分享的次数，该数据指标反映了短视频的传播度，短视频被转发的次数越多，所获得的曝光量就会越大
短视频收藏量	短视频账号发布的短视频被收藏的次数，该数据指标反映了用户对短视频的喜爱程度，体现了短视频对用户的价值。用户在收藏某一短视频后很可能会再次观看，从而增加短视频的展现次数

（3）粉丝指标

粉丝指标分析是指短视频运营者对粉丝变化数据和粉丝属性数据进行分析，从而了解关注账号的粉丝的特征。

① 粉丝变化数据

粉丝变化数据是指关注短视频账号的人数的变化情况。粉丝变化数据分析常用指标如表4-5所示。

表4-5　粉丝变化数据分析常用指标

指标	指标说明
新增关注人数	新关注账号的人数（不包括当天重复关注账号的用户）
取消关注人数	取消关注账号的人数（不包括当天重复取消关注账号的用户）
净增关注人数	新增关注账号的人数与取消关注账号的人数之差
累计关注人数	当前关注账号的粉丝总数

在以上各项指标中，"新增关注人数"体现了短视频账号的拉新能力。如果短视频运营者发现某个时间段的"新增关注人数"与平时相比明显增多，就说明该短视频账号发布的某个短视频对用户来说有吸引力，或者说明短视频账号投放的某项推广活动产生了效果。此时短视频运营者需要分析发生这种情况的真正原因，然后根据分析结果制定后续运营方案。短视频运营者还可以对新增关注人数、取消关注人数、净增关注人数、累计关注人数进行趋势分析，从而了解这些指标的变化趋势，并找到产生这些变化趋势的原因。图4-15所示为某抖音账号近7天粉丝增量和总量变化趋势。

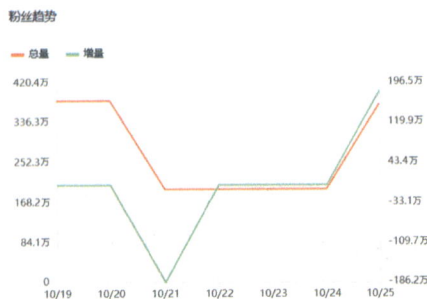

图4-15　某抖音账号近7天粉丝增量和总量变化趋势

② 粉丝属性数据

粉丝属性数据是指描述粉丝性别、年龄、所属地域、活跃时间段等属性的数据。短视频运营者对粉丝属性数据进行分析，能够更深入地了解粉丝特征，构建粉丝画像，从而为粉丝提供更具针对性的短视频内容。图4-16所示为某抖音账号粉丝性别分布、年龄分布和地域分布信息。

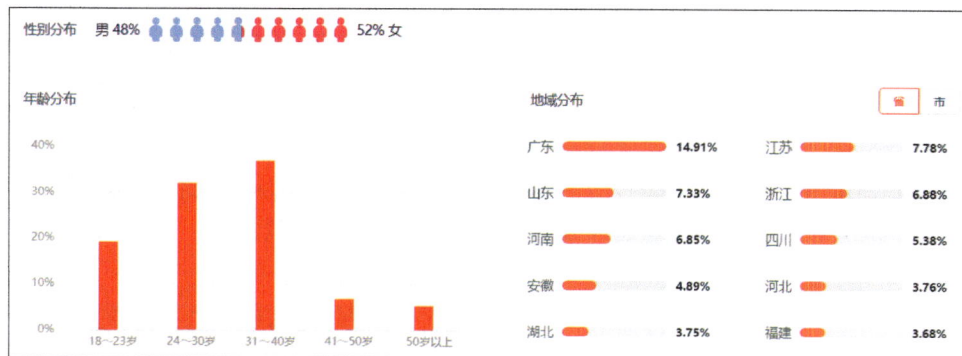

图4-16　某抖音账号粉丝性别分布、年龄分布和地域分布信息

（4）销售指标

在短视频账号运营过程中，很多短视频运营者会通过短视频账号销售商品，以便实现变现。销售指标数据分析就是对短视频账号的销售业绩、商品结构等与商品销售相关的数据进行分析。

① 销售业绩

销售业绩分析是指对短视频账号产生的订单量、客单价、销售额等与账号利润直接相关的数据进行分析。销售业绩分析常用指标如表4-6所示。

表4-6　销售业绩分析常用指标

指标	指标说明
总销量	短视频账号内的成功交易商品的总数量
成功交易笔数	短视频账号内的商品成功交易的总次数（同一个用户一次拍下多件商品，算一笔交易）
成功交易总金额	短视频账号内的商品被下单并成功付款的总金额
成功交易人数	在短视频账号内成功拍下商品并完成付款的人数。在所选时间段内，同一用户发生多笔交易会进行去重计算
成交回头客	短视频账号内已经发生过交易并再次发生交易的用户数量。在所选时间段内会进行去重计算
人均成交量	平均每个用户购买的商品数量，即"人均成交量＝总销量／成功交易人数"
人均成交笔数	平均每个用户的交易次数，即"人均成交笔数＝成功交易笔数／成功交易人数"
客单价	平均交易金额，即"客单价＝成功交易总金额／成功交易人数"
支付率	商品成交笔数占拍下笔数的百分比，即"支付率＝成功交易笔数／拍下笔数×100%"

② 商品结构

商品结构分析是指分析短视频账号内商品的构成，如商品品类、商品价位等的构成。短视频运营者对商品结构进行分析，能够帮助短视频运营者了解短视频账号内各类商品的销售情况，有利于短视频运营者进行选品规划。

101

4.2.3 常见的第三方数据分析工具

目前，第三方数据分析工具有很多，下面介绍两个常见的第三方数据分析工具。

1．飞瓜数据

飞瓜数据是一个专业的短视频和直播数据查询及广告投放效果监控平台，具有商品分析、竞品调研、消费者梳理、社媒洞察等功能。飞瓜数据支持切换抖音平台、快手平台和B站平台，其免费功能有限，大部分功能都需要付费。飞瓜数据官网如图4-17所示。

2．蝉妈妈

蝉妈妈是国内知名的抖音、小红书数据分析服务平台，致力于帮助国内众多的"达人"、机构、品牌主和商家通过大数据精准营销，实现"品效合一"。蝉妈妈官网如图4-18所示。

图4-17 飞瓜数据官网

图4-18 蝉妈妈官网

4.2.4 数据分析复盘及报告输出

短视频运营者对短视频进行数据分析后，还要根据数据分析的结果对短视频的策划、制作、营销、运营等进行复盘，并将数据分析和复盘的结果进行报告输出。

1．短视频数据分析复盘

短视频数据分析复盘可以帮助短视频运营者评估短视频内容质量，并提升短视频"带货"效果。短视频运营者不仅可以通过短视频数据分析结果评估短视频"带货"的内容质量及效果，还可以筛选出"带货"效果较好的短视频内容及商品，优化短视频内容质量及匹配货品。

短视频数据分析复盘的流程可以分为以下5个阶段。

（1）回顾目标

回顾目标是指对前期目标的回顾。短视频运营者只有针对过去制定的目标不断分析，才能不断改进，从而制定更加科学的目标，得到更好的发展。

（2）对比结果

将数据分析结果和最初的目标进行对比，可以帮助短视频运营者发现问题，发现短视频营销与运营过程中的闪光点和不足之处，以及结果和目标之间存在的差距。

（3）分析自我

分析自我是指短视频运营者针对前面的对比结果，对营销过程进行反思，了解问题所在，对数据分析结果和营销过程进行深刻复盘，找到问题的症结所在。

（4）总结经验

总结经验是短视频数据分析复盘的一个重要环节，是影响整个营销过程的关键环节。短视频运营者通过对过去营销过程的分析，总结出自己的不足之处，然后有计划地进行改正。

短视频运营者一定要时刻关注短视频在发布之后收获的点赞、转发和评论数量，找到效果不佳的原因，弥补自己的不足，从而做出优化。

（5）提升能力

短视频运营者在进行短视频数据分析复盘的过程中，需要总结经验，制订改进计划，然后将其落实到具体的行动之中。在以后的视频策划、制作、营销过程中，短视频运营者要将总结的经验运用其中，不断提升自己的专业能力，给粉丝带来更有吸引力的视频。

2．短视频数据分析报告输出

短视频数据分析报告是一种根据数据分析原理和方法，运用数据来分析、反映短视频的发展现状、规律和趋势，并得出相关分析结论，提出解决办法的分析应用文体。在整个短视频数据分析与复盘的过程中，数据分析报告其实是一种沟通与交流的工具，它运用合理的形式将数据分析的结果、解决问题的建议及其他有价值的信息展示出来，使短视频运营者能够清晰地了解数据分析的结果，并根据分析结果和可行性建议做出有针对性的、正确的决策。

短视频数据分析报告的作用主要体现在以下3个方面。

（1）展示数据分析结果

数据分析报告是对整个数据分析和复盘过程的总结，它能够将数据分析的结果及可行性建议清晰地展示出来，使决策者迅速地理解和掌握短视频账号的运营情况、存在的问题，以及解决问题的措施等内容。

（2）提供运营数据支持

数据分析报告能够完整地呈现数据分析的背景、数据挖掘的思路、数据处理的方法，以及数据分析的结果等内容，能够为短视频运营者提供有效的数据支持，帮助他们了解自己工作的效果，并从中发现问题，及时进行优化和改进。

（3）存档以备查阅

数据分析具有一定的专业性，如果数据分析最终呈现的结果只是若干数据或图表，那么非专业人员很难看懂，因此需要将数据分析的结果转换为数据分析报告，将数据分析的整个过程表述清楚，以便于相关人员阅读。

此外，在每一次数据分析的过程中，使用的数据挖掘工具和方法、采取的数据处理技术，以及使用的数据分析方法都有不同之处，这些实际操作方法可以作为一种运营经验，值得存档，为今后开展数据分析工作提供参考。

一份优秀的数据分析报告需要有合理的结构，这样有利于保证数据分析报告逻辑合理、清晰。数据分析报告的结构并不是固定不变的，而是会根据报告的目的、内容、受众的不同而有所变化。

在数据分析报告中，"总一分一总"是经典的一种结构类型。这种结构的数据分析报告主要由开篇、正文和结尾3个部分构成，其中开篇部分包括标题页、目录和前言，正文部分包括具体的数据分析过程和结果，结尾部分包括分析结论和附录。短视频数据分析报告的写作内容和说明可参考表4-7。

表4-7 短视频数据分析报告的写作内容和说明

内容	说明
标题页	标题页需要写明数据分析报告的标题，一个优秀的标题不仅能准确表达数据分析报告的主题，还能有效刺激阅读者对数据分析报告产生兴趣，进而阅读数据分析报告
目录	目录展示的是数据分析报告中各章节的名称，用于向阅读者说明数据分析报告的结构和主要内容。它起到提纲挈领的作用，能够帮助阅读者快速了解数据分析报告的整体结构，并根据自己的需求快速定位到数据分析报告中的特定内容。从另一个角度来说，目录也相当于数据分析报告的大纲，能体现数据分析的基本思路
前言	前言是对整篇数据分析报告内容的概括，包括项目背景、分析目的、分析思路等内容，有利于阅读者了解数据分析的背景和意义
正文	正文是数据分析报告的核心部分，在数据分析报告中占据最大的篇幅。正文可以系统、全面地展示数据分析的过程，展示数据分析人员的观点和研究成果
结论	结论是对数据分析报告所得出的结果的总结，但它不是简单地再一次描述一遍正文的内容，而是对正文内容进行概括。它是经过综合分析、逻辑推理形成的总体性论点以及数据分析人员根据数据分析的结果提出的解决问题的方法
附录	附录是数据分析报告的重要组成部分，一般来说，附录主要展示正文中涉及但未阐述的资料，因此附录对数据分析报告的正文起着补充说明的作用。附录涉及的内容包括专业名词解释、数据来源、计算方法说明、原始数据获取方式说明等。但附录并不是必须的，数据分析人员可以根据实际情况来决定是否要为数据分析报告添加附录

课堂实训　通过第三方数据分析工具分析短视频的数据指标

实训目标

掌握短视频数据分析的指标。

实训内容

（1）了解短视频数据分析工具。

（2）能够利用数据分析工具完成数据分析。

实训要求

（1）选择两个第三方数据分析工具对短视频的流量指标进行分析。

（2）对比两个工具的分析结果，看是否有差异。

本章习题

一、填空题

1. 短视频发布平台可分为5类：＿＿＿＿＿＿＿、＿＿＿＿＿＿＿、＿＿＿＿＿＿＿、＿＿＿＿＿＿＿和＿＿＿＿＿＿＿。

2. 常见的短视频数据分析主要包括＿＿＿＿＿＿＿、＿＿＿＿＿＿＿、＿＿＿＿＿＿＿和＿＿＿＿＿＿＿等内容。

3. 短视频数据分析复盘的流程可以分为以下5个阶段：＿＿＿＿＿＿＿、＿＿＿＿＿＿＿、＿＿＿＿＿＿＿、＿＿＿＿＿＿＿和＿＿＿＿＿＿＿。

二、单项选择题

1. 下列选项中，不属于短视频的推广方式的是（　　　）。

    A. 多渠道分享　　　　　　　　B. 参与平台活动

    C. 借助 KOL 做宣传　　　　　　D. 专一渠道分享

2. 下列选项中，不属于短视频的黄金发布时间（在工作日）的是（　　　）。

    A. 7:00—9:00　　　　　　　　B. 12:00—14:00

    C. 15:00—16:00　　　　　　　D. 22:00—24:00

3. 下列关于短视频数据分析的维度与指标的说法，错误的是（　　　）。

    A. 竞品数据分析只需要分析高于自己账号运营水平但竞争力一般的竞品

    B. 对短视频发布情况的分析，主要是分析短视频更新总量、短视频发布量变化趋势、短视频发布频率等数据指标

    C. 粉丝指标分析是指短视频运营者对粉丝变化数据和粉丝属性数据进行分析，从而了解关注账号的粉丝的特征

    D. 商品结构分析是指分析短视频账号内商品的构成

三、判断题

1. 销售指标数据分析就是指对短视频账号的销售业绩进行分析。　　　　　（　　　）

2. 背景音乐不是短视频数据分析的内容。　　　　　　　　　　　　　　　（　　　）

3. 流量指标不仅指短视频播放情况，还包括短视频互动情况等。　　　　　（　　　）

四、思考问答题

1. 短视频运营者在开展数据分析时，主要从哪几个维度切入？

2. 短视频的黄金发布时间有哪些？

3. 短视频数据分析的指标有哪些？

本章实训1

实训目的	
掌握短视频推广的技能	
实训目标	
序号	目标
1	掌握短视频推广的基础知识
2	具备短视频推广的技能
实训内容	
推广一条短视频	
实训步骤	
选择一条发布过的快手短视频，将其分享到自己的微信朋友圈，并对分享前后的数据进行记录，查看数据的变化	

105

本章实训2

实训目的	
掌握短视频数据分析和复盘的技能	
实训目标	
序号	目标
1	了解短视频数据分析和复盘的基础知识
2	掌握短视频数据分析和复盘的技能
实训内容	
为换装短视频添加转场效果和背景音乐	
实训步骤	
序号	内容
1	对短视频进行数据分析和复盘
2	根据数据分析和复盘结果撰写一份数据分析报告

第 5 章

直播电商的筹划与准备

学习目标

√ 了解直播团队的岗位职责和人员配置
√ 熟悉主播人设的类型和打造方法
√ 熟悉直播间的环境布置和灯光布置
√ 了解直播活动策划的流程
√ 掌握直播活动的整体思路设计和定位

素养目标

√ 提升学生策划直播活动的能力
√ 培养学生的协作意识

某电器企业董事长在2020年4月开启了直播"带货"，但是由于该董事长准备不足，直播首秀成绩不佳：全网共431万人观看，销售额仅22万元。

2020年5月，该电器企业董事长开启了第二次直播。这一次，该董事长做足了准备：优化设备、调整网络、充分演练、邀请名人暖场、邀请"达人"助阵……在如此策划与筹备后，第二场直播非常成功：主推单品成交额破亿元；100分钟内总成交额破2亿元；3个小时后最终成交额突破3.1亿元，超额完成了任务。

思考题：

1. 查找资料，分析该电器企业董事长首次直播成绩不佳的原因。
2. 分析该电器企业董事长在第二次直播前都做了哪些准备。

5.1 直播团队的组建

一场好的直播不是主播一个人就能完成的，更多的是靠团队。因此，一个完整高效的直播团队对直播是至关重要的，是直播持续、高效、稳定发展的保障。

扫一扫

5.1.1 直播团队的岗位职责

在直播营销与运营工作中，不同的岗位有不同的职责。下面一起了解一下直播营销与运营工作中都需要哪些岗位，这些岗位都有什么职责。

1. 主播

在直播间，观众最先看到的就是主播，主播是核心人物。比如一些头部主播，只要他们在直播间，直播间人气就会上涨。

主播相当于主持人，熟悉并介绍产品优点、控场、与粉丝互动、介绍活动以及测品（试吃、试穿、试用）等，同时还需要掌握一定的销售技巧，比如促单。

2. 副播

副播的工作主要是负责协助主播直播，帮助主播做场控，如在主播冷场的时候，帮忙调节气氛、营造欢乐氛围。

副播也可以是商家（品牌方）的人员。例如，××专场一般会邀请商家的员工到直播间，配合讲解一些产品的专业知识，和主播一起直播。

3. 助理

助理负责直播间内各种琐事，如传递接下来售卖的产品，准备直播过程中需要的道具、优惠卡片、手稿，提示主播等。助理也可以充当副播的角色，有的小的直播间可能只有副播，没有助理。

4. 选品

选品主要负责产品筛选，帮助主播把关产品质量、预判热度，选出能够打动消费者的产品。这个岗位需要有丰富的专业知识。

5. 直播运营

直播运营相当于导演，主要负责整场直播的运营，包括直播玩法设计（活动、利益点、营销点等）、产品的组合销售、直播商品排款、直播的流程与脚本、主播的话术、直播场控（屏蔽关键词、授权管理员安排等）、广告投放，以及下播之后做直播复盘等，是统筹型的岗位。

6. 中控运营

中控运营通常在直播过程中可以利用平台控制直播，如管理直播产品（上架、下架、调整库存），添加产品讲解、改价、查看直播间实时数据、设置优惠券等操作。一般大型的直播间才需要设置这个岗位，中小型直播间由直播运营负责以上工作。

7. 内容运营

内容运营主要负责直播账号的运营，包括更新账号日常内容，推送直播预热视频和直播间切片视频等，通过短视频为直播间引流。

8. 编导

编导主要负责定位账号内容、编写脚本、把控剧本策划，构思故事情节并拍摄满足受众需求且台词设计符合角色性格的视频。

9. 拍摄

拍摄主要负责根据脚本设计分镜头、布光、拍摄日常产品图片、拍摄短视频以及拍摄直播过程等。

10. 剪辑

剪辑主要负责账号的短视频制作，短视频拍摄完之后，根据剧本要求，对短视频进行剪辑、添加特效等。

11. 设计

设计主要负责产品主图、详情页图的制作，以及宣传海报、活动海报的设计等。

12. 数据运营

数据运营主要负责商业广告投放（DOU+、Feed流、巨量千川等）。分析、统计每场直播的数据，根据数据给出直播间优化建议。

13. 客服

客服主要负责用户的咨询解答：一种是在直播间公屏解答，活跃直播间的气氛，引导用户关注、下单；另一种是在电商后台，处理各种售前、售后问题。

5.1.2　直播团队的人员配置

要想做好直播运营，直播团队的组建是至关重要的。直播团队的人数并不一定要多，因为新成立的直播团队，为了节约成本，通常会一人身兼数职，随着直播团队经济实力的不断增强，配备的人员就会越来越多、越来越全面。

根据直播团队人员的多少，可以将直播团队分为低配版团队、标配版团队、中配版团队和高配版团队。

1. 低配版团队

直播初期，如果预算不高，那么就可以组建低配版团队。低配版团队对运营的要求比较高，需要全能型的人才——干得了营销、干得了运营、干得了策划、干得了商务、干得了场控、干得了技术。

一般情况下，低配版团队至少需要设置1名主播和1名运营。低配版团队如表5-1所示。

表5-1　低配版团队

主播 1 名	运营 1 名			
熟悉商品脚本 熟悉活动脚本 做好复盘 总结话术 总结节奏 总结情绪、声音	营销任务分解 货品组成规划 品类规划 结构规划 陈列规划 直播间数据运营	商品权益活动策划 直播间权重活动策划 粉丝分层活动策划 排位赛机制活动策划 流量资源策划	撰写商品脚本 撰写活动脚本 撰写关注话术脚本 撰写控评话术脚本 封面场景策划 下单设计角标等 整理妆容、服饰、道具等	直播设备调试 直播软件调试 保障直播视觉效果 配合发券 配合后台回复 数据即时登记反馈

2. 标配版团队

为了更好地开展直播工作，在预算允许的情况下，直播间就可以组建一支标配版团队。标配版团队除了需要主播和运营，通常还需要配备策划、场控。标配版团队如表5-2所示。

表5-2　标配版团队

主播 1 名	运营 1 名	策划 1 名		场控 1 名
熟悉商品脚本 熟悉活动脚本 做好复盘 总结话术 总结节奏 总结情绪、声音	营销任务分解 货品组成规划 品类规划 结构规划 陈列规划 直播间数据运营	商品权益活动策划 直播间权重活动策划 粉丝分层活动策划 排位赛机制活动策划 流量资源策划	撰写商品脚本 撰写活动脚本 撰写关注话术脚本 撰写控评话术脚本 封面场景策划 下单设计角标等 整理妆容、服饰、道具等	直播设备调试 直播软件调试 保障直播视觉效果 配合发券 配合后台回复 数据即时登记反馈

3. 中配版团队

直播间运营一段时间，拥有了一定用户基础后，直播团队就可以根据业务需求适当增加团队人员数量，以提升直播营销的效果。中配版团队如表5-3所示。

表5-3　中配版团队

主播2~3名	运营1名	策划1名		场控1名
熟悉商品脚本 熟悉活动脚本 做好复盘 总结话术 总结节奏 总结情绪、声音	营销任务分解 货品组成规划 品类规划 结构规划 陈列规划 直播间数据运营	商品权益活动策划 直播间权重活动策划 粉丝分层活动策划 排位赛机制活动策划 流量资源策划	撰写商品脚本 撰写活动脚本 撰写关注话术脚本 撰写控评话术脚本 封面场景策划 下单设计角标等 整理妆容、服饰、道具等	直播设备调试 直播软件调试 保障直播视觉效果 配合发券 配合后台回复 数据即时登记反馈

4. 高配版团队

　　直播团队慢慢形成比较大的规模后，可以再次细分，增加团队人员，进而保证直播工作有序进行，取得更好的营销效果。高配版团队如表5-4所示。

表5-4　高配版团队

主播3~4名	运营2名	策划1名	编导1名	场控1名	客服1~2名
熟悉商品脚本 熟悉活动脚本 做好复盘 总结话术 总结节奏 总结情绪、声音	营销任务分解 货品组成规划 品类规划 结构规划 陈列规划 直播间数据运营	商品权益活动策划 直播间权重活动策划 粉丝分层活动策划 排位赛机制活动策划 流量资源策划	撰写商品脚本 撰写活动脚本 撰写关注话术脚本 撰写控评话术脚本 封面场景策划 下单设计角标等 整理妆容、服饰、道具等	直播设备调试 直播软件调试 保障直播视觉效果 配合发券 配合后台回复 数据即时登记反馈	互动答疑 修改商品价格 上线优惠链接 解决发货问题 解决售后问题

5.1.3　主播人设的类型

　　人设，即人物设定，最初是指为动漫中的登场角色设计人物造型、性格、世界观等特点的工作，之后人们常把公众人物对外的面具化表现称为人设，主播主要是通过塑造积极向上的正面形象来吸引更多人的喜爱。在直播运营过程中，人设的打造可以让主播的定位更加鲜明，帮助主播输出价值观，告诉用户"为什么要看我的直播""为什么要在我的直播间里购物"。主播不断输出专业的内容，在内容中展现自己独特的风格，逐渐形成个性化标签，久而久之就形成个人IP，用户会特别信任主播所说的话，愿意购买主播推荐的商品。

　　主播人设的基本类型有以下几种。

1. 导购促销类

　　导购促销类主播主要为用户提供专业的消费意见。这类人设最重要的是快速、准确甚至超预期地匹配用户需求。例如，有着多年化妆品线下柜台销售经验的主播，在用户提出购买化妆品的需求后，可以快速地从价格、品牌、用户肤质等多个角度为用户提供专业的消费推荐。

　　导购促销类主播人设的价值在于帮助用户缩短消费决策时间，在建立信任关系后，让用户可以快速跟随主播的推荐做出购买决定，从而形成强大的"带货力"。

打造这类人设的关键是主播要准确地了解商品卖点和用户需求，可以从价格、品牌、竞品等多个角度说明商品卖点，同时从用户的消费场景、心理需求等角度匹配合适的商品。这种人设的局限则在于，主播所推荐的商品必须极具性价比，一旦推荐出错，容易破坏主播的人设和自身形象，降低用户的信任度。

2. 技能专家类

随着商品种类日益丰富，很多具有强意见领袖驱动属性的商品需要由技能专家类主播帮助用户完成消费决策，如美容、健身、职业技能教学等。技能专家类人设以为商品背书，为用户赋能，主播的技能专家身份让商品更可信，其专业技能让用户受益。这种人设的价值在于打消用户的疑虑，尤其是针对高客单价商品、专业类商品，技能专家人设具有很强的引领性。

打造这类人设的关键在于主播自身要有干货，具备真正的实力。直播团队一方面可以直接聘请具备相关资质证书的技能专家，另一方面可以通过持续的专业知识分享来打造技能专家的形象。这种人设的投入成本比较高，而且技能专家类角色往往局限于某一领域，跨界难度较高。

3. 领导店长类

现在人们越来越倾向于和品牌直接对话，向品牌表达自己的感受。这时，领导和企业家是品牌人格化的最好载体，可以营造一种平等感，让用户可以直接与领导或企业家对话，这会让用户有一种被尊重的感觉。还有一些店铺的店长自己直播，使用户建立信任感，无论是咨询商品质量还是活动优惠，用户都可以直接找到人，能够以最快的速度满足自身的需求，解决实际问题。

要想打造领导店长类人设，主播在直播间要有足够的话语权，如提供免单、降价等优惠福利，这样才能直接解决用户的问题。这种人设的局限性在于要么领导上阵，要么领导给主播充分授权，同时主播要权衡好亲近感和权威感，否则难以立起人设甚至会对品牌本身造成伤害。

4. "网红达人"类

用户在消费时不仅要满足物质需求，还要满足精神需求，消费行为代表着人们对美好生活的期待和向往。而"网红达人"是指互联网上拥有大量粉丝并具有影响力的人，"网红达人"类人设就是"达人"化身为用户的代表。这种人设的价值在于和用户产生共鸣，提升商品价值，形成品牌"护城河"，从而降低用户对价格、品质及其他商品属性的敏感度。

打造这类人设的关键在于"达人"既要有内容，又要有趣；既要有专业知识，又要能讲述精彩的故事；既要能熟练地介绍商品的特点和卖点，又要能表达出自己独特的消费主张。这种人设的局限性在于不可控，无法标准化复制，而具有强烈个性色彩的"达人"有极大的流失风险。

5.1.4 主播人设的打造

打造主播人设可以让用户在脑海中迅速形成一个既定的印象，进而关注主播，成为主播的粉丝。因此，主播要想培养一批忠实粉丝，就应当明确自身定位，找到喜欢自己的用户群体。

打造主播人设可以按照以下3个步骤进行。

1. 确定直播的行业或领域

主播要进入合适的细分领域，找到适合自己的发展方向，可以从以下3个方面来确定。

① 才华天赋：才华天赋决定着主播的擅长领域，主播只有找到能够尽情施展自身才华的领域，才能更快地获得成功。

② 经验积累：一个主播只有在其所处领域积累了足够多的专业知识和经验，才能达到顶尖水平。在打造人设时，主播需要投入很多时间和精力，花费的时间和精力越多，获得的影响力也就越大。

③ 用户基数：选择一个用户基数比较大的领域，这样获得关注的机会更多。

2. 打造个性化标签

主播必须有自己的闪光点或特点，才能让用户记住自己。因此，主播要为自己打造一个独具特色的个性化标签，形成较高的辨识度和鲜明的特点。在打造个性化标签时，主播可以从以下几个方面来展开。

① 起个好名字：在注意力稀缺的时代，主播只有被用户记住名字才会有继续打造人设的可能性。起个好名字是主播获得用户关注、被用户记住的有效方式。好名字应当朗朗上口，简单易记，不会产生歧义，字数也不要太多，控制在5个字以内，同时要与所在领域相关。

② 打造个人形象：主播要内外兼修，不仅要打造良好的外在形象，让设计师根据自己的气质为自己设计一套形象，还应有恰当的言谈举止，动作文雅，并注重自己的内在形象，如输出正确的价值观。

③ 研究头部主播：主播要学习借鉴所在领域的头部主播，学习他们的经验，如引流方式、运营方式和互动方式等，将这些技巧和策略为自己所用，然后形成颇具个人特色的直播话术。

④ 深耕细分市场：主播要凭借自己在某一细分领域积累的经验，深耕该领域，通过对行业内竞争对手及直播间粉丝需求的分析，找到适合自己的细分领域进行深耕，努力做到最好，最大化地展现自身优势，逐步扩大自己的影响力。

3. 强化 IP 形象

在确定人设以后，主播不要随意改变人设，更不能胡乱跟风追热点，而应长久坚持，长期输出与人设一致的内容，不断强化用户对个人IP的印象，增强用户黏性。这样用户会不断增强对主播的信任，同时主播要把过往经历、爱好、情感和观点穿插到直播中，体现个人魅力，让人设更立体、更饱满。

另外，主播可以通过多个渠道全面宣传人设，积累一定数量的粉丝，这样有助于快速完成直播的启动工作。主播可以在各大社交平台主动宣传人设，如在微信公众号、微博、抖音、快手、微信视频号等平台上发布文案，吸引平台用户的广泛关注。

5.1.5　AI合成主播的发展

AI合成主播就是利用人工智能技术实现自动直播的主播。这种主播不需要真人出镜，而是通过摄像头、话筒等设备连接计算机或手机，开启直播软件，实现自动直播。

AI合成主播能够自动讲解、回答问题、推荐产品等，具有较强的交互性和智能性。他们通常具备自然语言处理、机器学习、数据挖掘等人工智能技术，能够根据观众的需求和反馈，自动调整直播内容和风格。

近年来，随着人工智能技术的快速发展，AI合成主播逐渐走进大众视野。根据不同时期的功能和技术特点，AI合成主播大致经历了3个发展阶段。

1. AI 合成主播 1.0 阶段

AI合成主播1.0阶段是人工智能技术在新闻传播领域的初步应用。主播通常以虚拟造型或实体机器人造型出现，不具备真人形态，需要前期预先输入大量数据，然后AI合成主播在收到指令并进行语音、语义识别后，从数据库中匹配合适的内容，调取现成的相关信息；虽然具有一定的互动性，但较为机械化，表达较为生硬。

2. AI 合成主播 2.0 阶段

AI合成主播2.0阶段的AI合成主播经过了深度学习，已经可以模拟真人主播原型，表情更加生动自然，声音也更富情感，语音语调可以模仿人类，与人形成更深层的交互对话。

3. AI 合成主播 3.0 阶段

AI合成主播3.0阶段的AI合成主播不仅外表更加逼真，具有和真人一般细腻自然的微表情和微动作，同时在人机交互行为上体现出更强的逻辑性、互动性以及更高的智能化水平。

课堂实训　组建一个直播团队

实训目标
了解直播营销与运营的岗位职责与团队配置。

实训内容
（1）了解直播团队的岗位职责。
（2）熟悉直播团队的人员配置。

实训要求
（1）10人为一组，进行直播团队的人员分配。
（2）各人员明确自己的岗位职责。

5.2　直播电商的前期准备

直播电商的前期准备，包括直播设备的选择、直播间的环境布置和直播间的灯光布置。

扫一扫

5.2.1　直播设备的选择

"工欲善其事，必先利其器。"主播要想做好直播，首先要准备好直播设备。直播设备的选择既包括硬件的选择，也包括软件的配置和调试。因为直播设备没有准备好，就无法呈现出完美的直播活动，也就无法让用户在直播间停留并下单。

1. 直播硬件的配置

直播营销必须有一套好的直播硬件设备。目前常见的直播形式有两种：手机直播和计算机直播。不同的直播形式，需要的直播硬件设备也有所不同。下面介绍两种不同的直播形式所需要的硬件设备。

（1）手机直播的硬件配置

手机直播是非常简单、容易操作的一种直播形式。利用手机进行直播营销，手机、手机三脚架、话筒和声卡、无线网络通常是必备的硬件，手机直播的硬件配置要求和功能如表5-5所示。

表5-5　手机直播的硬件配置要求和功能

硬件	配置要求和功能
手机	用手机直播时，主播要考虑前置摄像头的像素和系统的运行速度这两个重要指标。前者能保证直播间的画质，后者能让手机与直播软件更好地兼容，避免直播时卡顿
手机三脚架	它可以防抖，让直播画面更稳定清晰。高度、角度也可以灵活调节，使连接数据线、调配补光灯等更方便。市场上的手机三脚架类型多样，只要适合自己就可以
话筒	话筒主要有两种：一种是动圈式话筒，另一种是电容式话筒。随着人们对音质的要求越来越高，越来越多的主播开始选用电容式话筒来直播
声卡	主播通常讲话比较多，如果不用声卡太费嗓子，到了促单环节如果没有气氛音效植入，难免少了点购物氛围，因此它也是很多主播都会配置的设备

（2）计算机直播的硬件配置

虽然手机直播方便、简单、易操作，而且不受场地限制，随时随地就能开播，但是如果资金充足、场地固定，建议使用计算机直播。毕竟手机的稳定性没有计算机好，而且后期对直播营销数据进行分析也需要用到计算机。

利用计算机进行直播营销时，计算机、摄像头和手机通常是必备的硬件，计算机直播的硬件配置要求和功能如表5-6所示。

表5-6　计算机直播的硬件配置要求和功能

硬件	配置要求和功能
计算机	计算机直播对处理器的要求会非常高，选择 I5 以上的处理器，可以避免在直播的过程中出现经常卡顿的情况
摄像头	摄像头首先要清晰，因为模糊的画面是无法吸引用户在直播间停留的。另外，摄像头最好自带美颜、瘦脸、瘦身等功能。如果条件允许，可以采用专业的摄影设备
手机	用计算机直播时还是要配备手机，用于查看直播效果和用户留言，也方便主播及时回答用户的问题

2. 直播软件的调试

直播团队在直播前除了需要对直播的硬件设备进行调试，还需要对一些直播的软件进行调试，如对直播平台进行设置和反复测试。

对直播平台的设置和测试主要从主播视角和用户视角两个方面进行，如表5-7所示。

表5-7　直播软件调试的两个方面

视角	调试内容
主播视角	平台登录、镜头切换、声音调整、直播录制权限、直播间送礼等付费功能的开启或关闭、评论权限设置、敏感词设置、管理员设置、红包发放权限设置等
用户视角	登录、注册、是否能送礼物、是否能正常显示聊天信息等

5.2.2　直播间的环境布置

直播间环境布置的主要目的是让观众感到舒适。因为观众对直播间的第一印象不仅来自主播本身也来自主播身后的场景。好的直播间场景，通常可以给直播间增添不少色彩，提升观众的观看体验，增强直播效果；而杂乱无章的直播间场景则会让观众对直播间的印象大打折扣，从而出现留不住观众的问题。

1. 直播间场景布置的原则

首先给大家分享一些直播间场景布置的原则。

（1）风格匹配

直播间场景的风格要与主播形象（也就是"人设"）、直播主题及直播内容的类型相符。例如，如果主播是活泼可爱的少女，那么直播间场景就可以布置成可爱风格的，如图5-1所示。但是，如果主播是阳刚、爽朗的男生，直播间场景布置成可爱风格的就不合适了，此时可以将直播间场景布置成简约风格的，如图5-2所示。

（2）干净整洁

直播间场景一定要保证干净整洁，凌乱的直播间场景会削弱观众对直播间的好感。在布置直播间场景时，如果做不到让场景为直播加分，至少别让它减分。在条件有限的情况下，直播间场景的干净整洁是最重要的，如图5-3所示。

图5-1　可爱风格　　　　　图5-2　简约风格　　　　　图5-3　直播间场景干净整洁

2. 直播间的背景布置

直播背景是指主播背后的背景，可以是墙或窗帘，也可以是置物架等。直播背景怎么布置，才能体现直播间的风格，辅助提升观众对直播的视觉体验呢？

（1）背景颜色

直播背景颜色一般选择纯色和浅色，这样显得更精简，视觉效果会更好。因为深色通常会给观众带来视觉上的压迫感，让人感到不舒服。背景颜色示例如图5-4所示。

（2）装饰点缀

如果直播空间很大，为了避免直播间显得过于空旷，主播可以适当地丰富直播背景。例如，可以挂一张装饰画，放一些室内小盆栽、小玩偶等，但是要保持干净整洁，不可过于烦琐。装饰点缀示例如图5-5所示。

如果在节假日直播，主播可以适当地布置一些跟节日相关的东西，或者配上节日妆容和服装，以此来吸引观众的目光，提升直播间人气。

（3）置物架

很多时候，直播背景墙或者墙纸风格不适合直播调性，就可以用置物架来调节。例如，在背景中的置物架上放置小件商品（见图5-6）或者体现主播风格、品位的小物件等。

图5-4　背景颜色示例　　图5-5　装饰点缀示例　　图5-6　置物架

5.2.3　直播间的灯光布置

一个好的直播间除了合理的布局和适当的背景装饰，最重要的就是灯光布置了。经常有人会问为什么有的主播看上去皮肤白皙透亮，而有的主播看上去皮肤暗淡无光，因为灯光会影响皮肤的呈现效果。那么如何进行灯光布置，才能使直播间看起来更吸引人呢？

直播间的灯光主要有主灯、补光灯和辅灯。

（1）主灯

主灯一般选择冷光源的LED灯，冷光灯会让主播的皮肤看上去更加白皙、透亮。直播间主灯的功率不能太大也不能太小，通常10平方米左右的直播间，选择60～80W的主灯就可以了。

（2）补光灯和辅灯

前置的补光灯和辅灯尽量选择可以调节光源的灯，灯泡的功率可以稍大一点，这样可以根据实际需要调整光线强度，也更容易调整到理想的灯光状态。

如果补光灯不能直接打出想要的光线效果，可以利用补光灯的反射效果。将补光灯反向照射到正对着主播的墙，在一定程度上形成漫反射效果。在营造软光的时候通常会用到反光板，尤其是在主播前面作为补光光源时，反光板可以使主播的皮肤看上去更好。

在基本的布光中也有暖光效果和冷光效果两种选择，冷、暖两种比较经典的布光效果如下。

① 主灯为冷光，辅灯为暖光，两组补光灯整体效果为暖光，暖光会让主播看上去更自然，也会让人更舒服。图5-7所示为常见的直播间暖光布置图。

② 主灯为冷光，辅灯为冷光，两组补光灯整体效果为冷光，冷光会让主播皮肤看上去更加白皙。但是也不能补光太多，要掌握一定的度，因为补光光线过硬，会导致主播面部过曝，甚至出现反光，直播效果就会差一点。图5-8所示为常见的直播间冷光布置图。

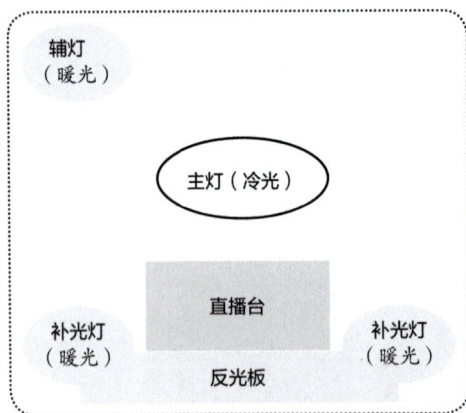

图5-7　常见的直播间暖光布置图

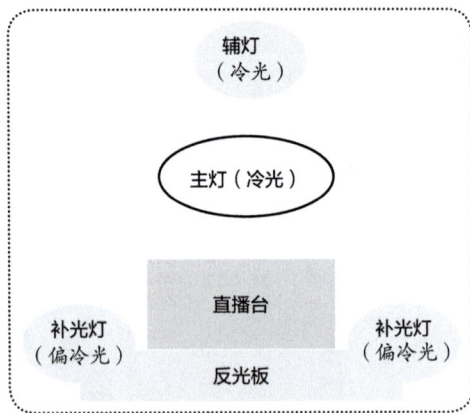

图5-8　常见的直播间冷光布置图

课堂实训　布置一个简单的直播间

实训目标
理解直播电商的前期准备。

实训内容
（1）了解直播电商的前期准备工作。

（2）掌握直播营销的前期准备技能。

实训要求
（1）10人为一组，进行人员分工。

（2）布置直播场景。

5.3　直播活动的流程设计

直播活动是以营销为目的的活动，要遵循一定的流程。

5.3.1　直播活动策划的流程

一场商业直播活动，看似只是一个人或几个人对着镜头说话、唱歌、玩游戏、卖产品，但其背后有着非常明确的营销目的，如提升企业品牌形象、提高产品销量、引流涨粉等。

要达到营销目的，主播就必须做好直播活动流程策划。只有将流程捋顺，才有可能实现直播间的高转化率。

直播规划可以分为直播前规划、直播中规划和直播后规划3个部分，如图5-9所示。直播前规划的主要任务可以细分为设计整体思路和筹备直播，直播中规划的主要任务是直播执行，直播后规划的主要任务可以细分为做好二次传播和进行复盘总结。

图5-9　直播规划

1. 设计整体思路

无论做什么，大局观念都很重要，直播活动的首要工作就是设计整体思路。在准备直播活动策划方案前，必须先理清整体思路，然后有目的、有针对性地进行策划。如果没有整体思路的指导，整场直播活动就很可能只是好看、好玩，并不能达到实际的营销目的。

直播活动的整体思路设计包括3个部分，即目的分析、方式选择和元素组合，如图5-10所示。

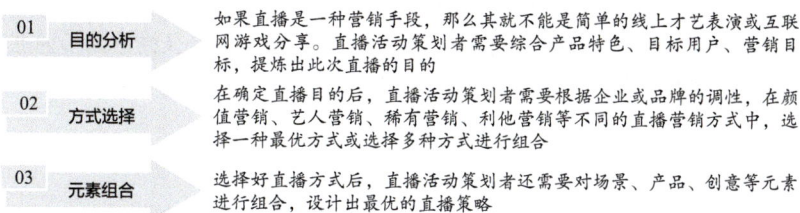

01	目的分析	如果直播是一种营销手段，那么其就不能是简单的线上才艺表演或互联网游戏分享。直播活动策划者需要综合产品特色、目标用户、营销目标，提炼出此次直播的目的
02	方式选择	在确定直播目的后，直播活动策划者需要根据企业或品牌的调性，在颜值营销、艺人营销、稀有营销、利他营销等不同的直播营销方式中，选择一种最优方式或选择多种方式进行组合
03	元素组合	选择好直播方式后，直播活动策划者还需要对场景、产品、创意等元素进行组合，设计出最优的直播策略

图5-10　直播活动的整体思路设计

2. 筹备直播

俗话说，"兵马未动，粮草先行"。主播在直播前，首先需要做好直播活动方案；其次需要提前测试直播过程中可能用到的软硬件设备，防止因设备问题而影响直播效果；最后为确保直播间当天的人气，主播还需要提前对直播活动进行预热宣传，鼓励粉丝提前或准时进入直播间。

3. 直播执行

虽然前期的整体思路设计、直播筹备能确保直播方案执行流畅，但是直播现场的情况无法预料。因此，为了达到预期的直播营销目的和效果，主播及现场工作人员需要尽可能地按照步骤执行直播活动方案，使直播开场、直播互动、直播收尾等各环节顺利推进，确保直播顺利开展。

4. 做好二次传播

直播过程可能只有几个小时，但是直播结束并不意味着营销结束。在直播结束之后，直播团队还需要对直播涉及的图片、文字、视频等进行再次加工、包装，通过互联网进行二次传播，让未观看直播的用户也可以看到直播的视频，实现直播营销效果的最大化。

5. 进行复盘总结

在直播活动接近尾声时，直播团队还需要对直播活动进行复盘总结，如图5-11所示。

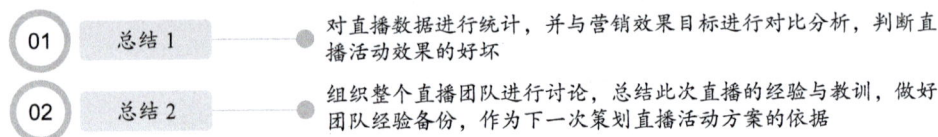

| 01 | 总结1 | 对直播数据进行统计，并与营销效果目标进行对比分析，判断直播活动效果的好坏 |
| 02 | 总结2 | 组织整个直播团队进行讨论，总结此次直播的经验与教训，做好团队经验备份，作为下一次策划直播活动方案的依据 |

图5-11　直播活动的复盘总结

5.3.2　直播活动的整体思路设计

1. 明确直播的目的

在进行直播前，企业一定要明确直播的目的，如是单纯营销还是提升知名度。

如果企业只想提高产品销量，就将直播主题定为卖货，吸引用户购买产品；如果企业想通过直播提升知名度和品牌影响力，就将直播主题定为有效提升目标用户对品牌的认可度，使目标用户对品牌产生更深刻的印象。

通常按照直播的目的，直播营销大致可以分为短期营销、持久性营销和为提升知名度而进行的营销3种类型，如图5-12所示。

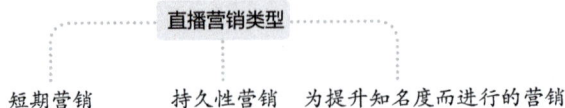

直播营销类型

短期营销　　　持久性营销　　为提升知名度而进行的营销

图5-12　直播营销类型

持久性营销是直播电商中最常见的一种直播营销类型。本小节以持久性营销为例，介绍如何提炼直播的目的。通常直播团队可以从产品、用户和营销目标3个角度来提炼直播的目的。

（1）产品角度

① 梳理出产品的优势和劣势

直播团队在策划直播主题时，应该先通过产品分析梳理出产品的优势和劣势，在直播中宣传产品的优势，尽量避免暴露产品的劣势。

② 提炼出产品的亮点和关键词

直播团队需要提炼出产品的亮点和关键词，在进行直播策划时将产品的亮点和关键词巧妙地植入直播环节中，便于向观看直播的用户传达产品信息。

▶ 产品的亮点通常会在嘉宾试用分享、直播预热活动、后期的二次传播环节中体现，因此直播团队需要对产品的亮点进行提炼，如服饰类的亮点可以是"亲肤""丝滑""不粘身""透气"等。

▶ 产品的关键词通常会出现在主播口播中或直播道具上，因此直播团队需要用3～5个简练的词概括产品，如"新款""红色""羽绒服"等。

③ 推送与产品相关的实用知识和技巧

在直播中给用户推送一些与产品相关的实用知识和技巧，使用户对商家产生好感，并最终成为商家的粉丝。

例如，某知名化妆品商家在直播中，不仅会直接展示产品，而且还会告诉用户应该怎样选择适合自己的产品，以及应该怎样护肤、化妆，让用户在购物的同时可以学到很多知识。

许多用户在观看完直播后都能得到一定的收获，进而会对下次直播能带来什么精彩内容充满期待，这就是持久性营销的直播目的——实现销售的长久性，全力吸引用户。

（2）用户角度

用户会影响直播间的人气，没有人气的直播间是无法顺利开展营销的。因此，直播主题的策划应以用户为主，从用户角度出发。从用户角度出发，最重要的是了解用户究竟喜欢什么、对什么感兴趣。

为什么有些直播会有很多用户观看？主要原因就是那些直播迎合了用户的口味。例如，某直播账号专门直播微胖女生的穿搭技巧。在直播中，微胖主播会试穿不同的衣服，给用户分享适合微胖女生的服装搭配技巧，如果用户觉得主播试穿的衣服适合自己，就可以点击相关链接直接购买。

（3）营销目标角度

企业的营销目标往往不止一个，这些营销目标不可能简单地通过一场直播就全部实现。直播团队在策划直播时，需要寻找到各个营销目标与直播契合的关键点，然后通过直播逐步实现。

直播团队在分析营销目标时，应尽可能地做到明确、规范和科学，遵循SMART原则，如图5-13所示。

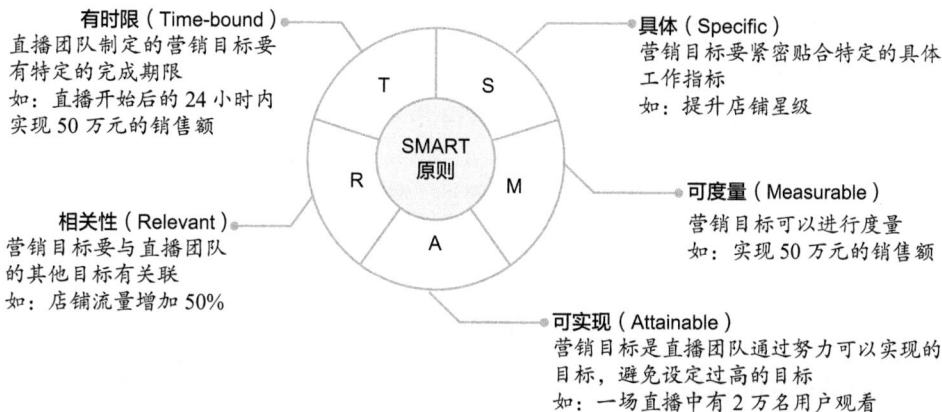

有时限（Time-bound）
直播团队制定的营销目标要有特定的完成期限
如：直播开始后的24小时内实现50万元的销售额

相关性（Relevant）
营销目标要与直播团队的其他目标有关联
如：店铺流量增加50%

具体（Specific）
营销目标要紧密贴合特定的具体工作指标
如：提升店铺星级

可度量（Measurable）
营销目标可以进行度量
如：实现50万元的销售额

可实现（Attainable）
营销目标是直播团队通过努力可以实现的目标，避免设定过高的目标
如：一场直播中有2万名用户观看

图5-13　SMART原则

2. 直播电商的营销方式及选择

为了吸引用户观看直播，直播团队需要设计吸引用户的点，并结合前期宣传吸引更多用户。

（1）直播电商的常见营销方式

直播电商的常见营销方式有多种，它们各有各的特点，如表5-8所示。

表5-8　直播电商的常见营销方式及特点

营销方式	特点
颜值营销	颜值营销主要源于大众对美的本能追求。消费者在选择商品时，往往首先靠视觉提供的信息选择自己的消费对象，靠视觉的对比和鉴赏来对消费品进行初步判断。因此，在直播经济中，有形象魅力的主播和商品更容易吸引消费者，大量消费者带来的流量是品牌曝光量增加的重要指标
艺人营销	艺人的一举一动都会受到粉丝的关注，因此当艺人出现在直播间中与粉丝互动时，通常会出现比较热闹的直播场面。艺人营销适用于预算较为充足的项目。在艺人筛选方面，企业应在预算范围内与最贴合产品及消费者属性的艺人进行合作
稀有营销	稀有营销适用于拥有独家信息渠道的企业和具有知识产权、专利授权的产品的企业。稀有产品往往备受消费者追捧，而在直播中稀有营销的优势不仅体现在直播为观众带来的独特视角上，还体现在主播可利用稀有内容拉升直播间人气上，稀有营销对于企业而言是较好的营销方式
利他营销	直播中常见的利他行为主要是知识的分享和传播，旨在帮助用户提升工作技能、生活技能和动手能力。与此同时，企业可以借助主播或嘉宾的分享，传授产品的使用技巧等。利他营销主要适用于美妆护肤类及服装搭配类产品，如主播经常使用某品牌的化妆品，向用户展示化妆技巧，在让用户学习美妆知识的同时，提高产品曝光度
才艺营销	直播间是才艺主播的展示舞台，无论主播是否有名气，只要有才艺，就可以吸引粉丝关注，如舞蹈、瑜伽、脱口秀等都可以通过直播吸引喜欢该才艺的忠实粉丝。才艺营销适用于围绕才艺所使用的工具类产品，比如跳舞需要的舞蹈鞋、舞蹈服等，制作舞蹈鞋、舞蹈服等产品的企业就可以与有舞蹈技能的主播合作
对比营销	有对比就会有优劣之分，而消费者在进行购买时往往会偏向于购买更具优势的产品。当消费者无法识别产品的优势时，企业可以通过与竞品或自身上一代产品的对比，直观展示差异，以增强产品说服力
采访营销	采访营销指主播采访名人、路人、专家等，以互动的形式，通过他人的立场阐述对产品的看法。采访名人，有助于增加观众对产品的好感；采访路人，有利于拉近与观众的距离，增强信赖感

（2）直播营销方式的选择

直播团队在策划直播方案前，可以根据营销目的，从用户角度挑选或组合出最佳的直播营销方式。

直播营销的重点工作可以分为推新品、讲产品、树口碑、促销售4项，如图5-14所示。

推新品　　讲产品　　树口碑　　促销售

图5-14　直播营销的重点工作

直播团队在策划直播时，需要结合不同营销方式的特点，根据直播活动的重点进行选择或组合搭配，直播营销方式选择的参考信息如表5-9所示。

表5-9　直播营销方式选择的参考信息

营销方式	直播活动重点	内容
颜值营销	推新品与讲产品	颜值营销可以把推新品与讲产品作为直播重点
艺人营销	推新品、树口碑与促销售	由于艺人会受到粉丝的追捧，因此可以将促销售作为重中之重来设计，也可以通过艺人营销来推新品和树口碑。与颜值营销不同，艺人营销一般不会把讲产品作为重点
稀有营销	推新品、讲产品与树口碑	稀有营销通常以发布会直播的形式出现，直播现场可以展示新品、讲解现有产品，从而提升品牌知名度。直播现场还可以邀请粉丝谈感受、讲心得，从侧面对产品质量与品牌进行背书
利他营销与才艺营销	推新品与促销售	利他营销与才艺营销的重点是推新品与促销售，通过现场展示或道具引导，向观众展示新品，促成销售
对比营销	讲产品	对比营销的重点在于讲产品，通过对比，突出产品的优势，从而让消费者对产品更有信心
采访营销	树口碑	采访营销通常以室外采访居多，对产品本身的展示与讲解较少，更多的是让被采访者说出使用产品的心得及感受，从而起到树口碑的作用

3. 设计直播营销元素组合

直播营销元素组合在直播中起着承上启下的作用，一方面便于直播方案的落地实施，另一方面便于直播的执行。因此直播团队在明确直播目的并选择好合适的直播营销方式后，还需要对直播营销的元素进行优化组合。

直播营销涉及产品、人物、场景和创意4个关键元素，如图5-15所示。

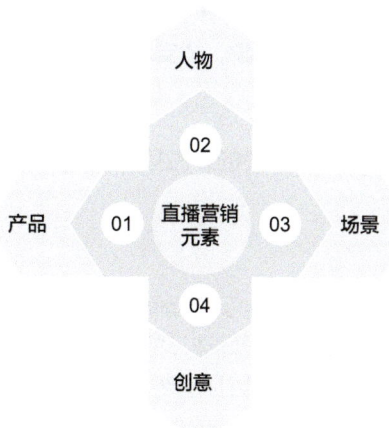

图5-15　直播营销的关键元素

这4个关键元素会影响直播的整体效果，因此需要由直播团队进行优化组合。

直播团队将直播营销的4个关键元素随机组合，可以组成很多个策略模板，即什么样的人在什么场所购买了某产品，并在什么场所使用后获得了什么样的效果，然后通过直播的形式把以上环节展示给观众，让观众了解产品、购买产品。

例如，一款男士洁面啫喱，采用了金属瓶身，气压罐有助于自发泡。直播团队明确了产品的这一特点后，可以采用直播的方式，通过主播的讲述和亲身试用来展示产品。

① 轻轻摇晃瓶身，挤出黑色泡沫进行展示，静置后等待黑色泡沫变成白色。

② 将泡沫挤到杯子里，泡沫没有沿着杯身向下流，展现泡沫的贴合程度。

③ 挤出泡沫，捏成猫耳朵的形状，展现泡沫的紧实程度。

5.3.3　直播活动的定位

直播活动具有实时性、真实性和直观性等特点，这些特点决定了主播在直播过程中必须快速且精准地向用户传递信息并进行实时互动。因此开展直播营销工作时，直播团队筹备直播活动的第一步就是找准定位，以保证主播充分理解企业的品牌理念和产品特点，从而提升直播效果。

直播活动的定位主要包括主播定位、产品定位、消费人群定位和平台定位。

1. 主播定位

直播间的人气在很大程度上取决于主播，因此主播的定位是至关重要的。

（1）主播专业性定位

主播的专业性可以给直播间大大加分。直播前，主播需要做充分的准备，如提前了解产品的卖点和亮点，因为懂产品才能卖产品。另外，主播还要带给观众"种草"的感觉、超值的感觉或"买到就是赚到"的感觉。

（2）主播形象定位

主播在直播间向观众销售产品时，很重要的一点就是要有责任心。主播得对产品负责，对观众负责。主播的形象就是产品的形象，产品的形象也是主播的形象。如果直播间销售假冒伪劣产品，就是在毁损主播的形象，透支观众对主播的信任。

2. 产品定位

产品的定位与主播的定位是息息相关的，主播要根据自己的人设特点、专业知识与爱好选择直播产品。

3. 消费人群定位

通过产品定位，其实已经间接地确定了直播间的消费人群。因为直播间销售的产品通常是根据主播的人设特点、专业知识与爱好选择的，而直播间的粉丝也是与主播爱好趋同的人。因此，主播的粉丝就是直播营销的目标消费人群。

4. 平台定位

平台定位的目的是利用平台的流量以及传播速度、广度和深度，促进产品销售，借助平台提高产品的知名度和品牌的美誉度。

课堂实训　进行直播活动的整体思路设计，并做好直播定位

📖 **实训目标**

了解直播活动的流程设计。

实训内容

（1）了解直播活动策划的流程。

（2）熟悉直播活动的整体思路设计，做好直播定位。

实训要求

（1）10人为一组，根据直播活动策划的流程做好整体思路设计。

（2）确定主播、产品、消费人群及平台的定位。

本章习题

一、填空题

1. 打造主播人设可以按照＿＿＿＿＿＿、＿＿＿＿＿＿和＿＿＿＿＿＿3个步骤进行。

2. 直播间的灯光主要有＿＿＿＿＿＿、＿＿＿＿＿＿和＿＿＿＿＿＿。

3. 直播活动的定位主要包括＿＿＿＿＿＿、＿＿＿＿＿＿、＿＿＿＿＿＿和＿＿＿＿＿＿。

二、单项选择题

1. 下列不适合将讲产品作为重点设计的营销方式是（　　）。

A. 颜值营销　　B. 艺人营销　　C. 对比营销　　D. 稀有营销

2. 下列不属于直播营销元素的是（　　）。

A. 直播设备　　B. 人物　　C. 产品　　D. 创意

3. 下列关于直播间的环境布置的说法，错误的是（　　）。

A. 直播间的背景颜色应尽量选择浅色和纯色

B. 直播间的主灯应选择暖光灯

C. 直播间可以放置一些小的装饰品

D. 直播间的置物架要整齐、整洁

三、判断题

1. 低配版团队至少需要设置1名主播和1名客服。（　　）

2. 直播助理的职责是修改商品价格、与粉丝沟通、转化订单等。（　　）

3. 直播中常见的利他行为主要是知识的分享和传播，旨在帮助用户提升工作技能、生活技能和动手能力。（　　）

四、思考问答题

1. 请列举3种直播营销的方式并加以说明。

2. 简述标配版团队的人员配置及岗位职责。

3. 绘制出直播间的整体布局。

本章实训1

实训目的	
理解和掌握直播电商的团队组建和前期准备	
实训目标	
序号	目标
1	组建一个中配版的直播团队
2	布置一个直播间
实训内容	
组建直播团队并布置一个直播间	
实训步骤	
序号	内容
1	自由分组，组建一个中配版的直播团队，并确定人员的职责
2	布置一个满足直播要求的直播间

本章实训2

实训目的	
进一步掌握直播电商的相关技能	
实训目标	
序号	目标
1	了解直播活动策划的流程
2	选择好直播营销的形式，做好直播定位
实训内容	
策划一场化妆品直播	
实训步骤	
序号	内容
1	确定好直播营销的形式并记录
2	做好直播定位并撰写定位分析报告

第 6 章

直播电商的选品、引流和执行

学习目标

- √ 了解直播电商选品的原则
- √ 熟悉直播电商选品的工具和策略
- √ 了解不同平台的付费引流方式及策略
- √ 了解不同平台的推荐算法
- √ 掌握直播封面和标题的设计方法
- √ 掌握直播脚本的撰写方法
- √ 熟悉直播过程中的营销话术设计
- √ 掌握直播过程中的互动设计
- √ 了解直播过程中的应急处理

素养目标

- √ 引导学生树立正确的消费观
- √ 让学生掌握直播营销工作的准则

淘宝某拥有千万粉丝的头部主播在直播一款不粘锅产品时遭遇了"翻车"事故。在直播中，主播的助手在演示煎蛋时粘锅了。主播发现情况不对后，从助手手里接过铲子试图救场，并强调"它不会粘的，不会糊的"，但鸡蛋就是牢牢粘在锅底。

思考题：

1. 该头部主播此次直播"翻车"的原因是什么？

2. 主播在选品的时候可以采取哪些策略以避免"翻车"事故？

6.1　直播电商的选品

俗话说："巧妇难为无米之炊。"没有好的商品，直播团队或主播想要打造高关注度、高销量的直播间，简直就是天方夜谭。常看直播的用户会发现，一些头部主播的直播间往往逐渐发展成全品类货场。但是刚刚入局的新手主播并不适合做全品类主播，在粉丝并不多的情况下，盲目选品的结果就是"翻车"。帮助主播找到与自身相匹配的商品，并进行精细化运作，就是选品环节的意义所在。

扫一扫

6.1.1　直播电商选品的原则

直播选品是指直播团队帮助主播选择或主播根据直播需要自行选择优秀的商品进行直播销售。商品是直播的核心，一切运营推广都是从选品开始的。选品对直播的营销与运营具有重大作用，所以直播团队一定要根据数据进行分析，了解竞品与市场，做出合理的选择。

直播团队或主播在选品的时候，并不能随心所欲，而是需要遵循一定的原则。直播团队或主播在选品的时候，通常需要遵循价格低、可展示性强和适用范围广3条重要的原则，如图6-1所示。

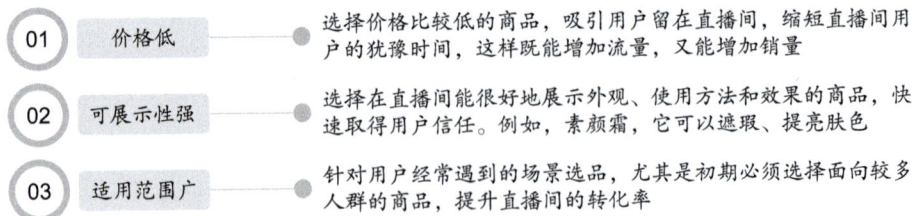

01	价格低	选择价格比较低的商品，吸引用户留在直播间，缩短直播间用户的犹豫时间，这样既能增加流量，又能增加销量
02	可展示性强	选择在直播间能很好地展示外观、使用方法和效果的商品，快速取得用户信任。例如，素颜霜，它可以遮瑕、提亮肤色
03	适用范围广	针对用户经常遇到的场景选品，尤其是初期必须选择面向较多人群的商品，提升直播间的转化率

图6-1　选品的原则

6.1.2　直播电商选品的工具

为了给店铺带来更大的流量和更高的转化率，直播团队或主播经常会使用一些选品工具来进行选品，如有米有数快选品、蝉妈妈等。这些选品工具都有自己的直播选品库，主播可以直接通过直播选品库进行选品。

1. 有米有数快选品

在选品方面，有米有数快选品通过监测全网商品数据，利用大数据将热销品、潜力品、优质品归类，并把它们的销量、定价、推广方式等数据清晰地罗列出来，供直播团队参考，可大大节约直播团队选品的时间。

01 打开有米有数快选品官网，注册登录，单击【工作台】按钮，在弹出的下拉列表中选择【总榜】选项，如图6-2所示。

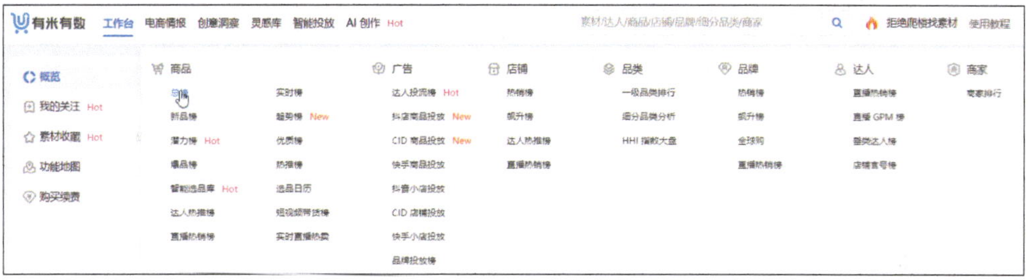

图6-2 选择【总榜】选项

02 上述操作完成后即可打开总榜，主播可以通过店铺的平台类型、商品品类、推广方式、价格、时间、销量等进行选品，如图6-3所示。

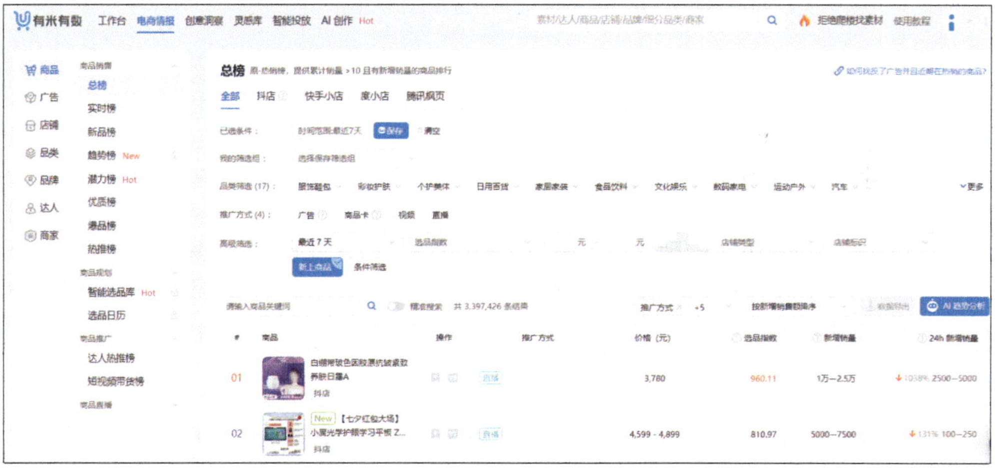

图6-3 选品

2. 蝉妈妈

蝉妈妈是抖音、小红书等平台的一站式数据分析服务平台。蝉妈妈有自己的直播选品库，不仅可以展示商品的销量，还可以展示佣金比例，更方便主播进行选品。

01 打开蝉妈妈官网，注册登录，单击【商品】按钮，在弹出的下拉列表中选择【商品库】选项，如图6-4所示。

图6-4　选择【商品库】选项

02 上述操作完成后即可打开商品库，主播可以通过商品分类、商品信息、商品佣金、"带货"信息、"带货"方式等进行筛选，如图6-5所示。

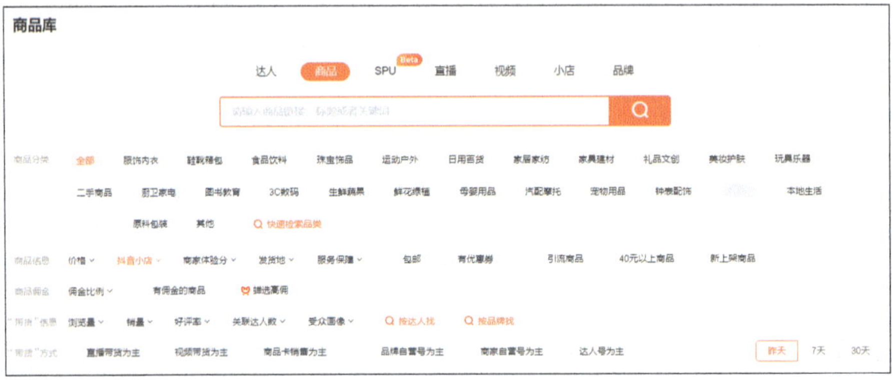

图6-5　蝉妈妈商品库

6.1.3　直播电商选品的策略

怎样才能选到好的商品呢？首先主播要试用商品，根据自己的试用感受、用户的反馈、店铺的评分以及商品在市场上的口碑来做综合评测，保证商品的品质。除此之外，主播在选品的时候还要参考粉丝需求、主播人设、季节和时节、热点、性价比等因素。

1. 按粉丝需求选品

直播间的粉丝大部分来自主播的粉丝群。所以，主播在开播前充分调研粉丝的实际需求和喜好尤为重要。主播可以通过粉丝画像预测粉丝需求，针对粉丝的年龄层次、性别差异、地域分布等选择合适的商品。

（1）年龄层次

年轻人追求时尚，年纪稍大的群体注重保养，不同年龄层次的粉丝由于消费观念的不同，需求差异是很大的。按照年龄层次，可以将粉丝划分为4个群体：少年、青年、中年和老年。

① 少年群体。少年群体基本上都是学生，没有消费能力，几乎所有消费需求都由父母代为实现，其消费特点如下。

a. 有自己的消费偏好，喜欢跟从同龄人的购买行为，受视觉化宣传的影响较大。

　　b. 在选购商品时，看重商品的外观，喜欢新奇、独特的商品。

　　如果直播间的目标用户是少年群体，那么主播在选品的时候就需要多选择新奇、独特、符合少年群体喜好的商品。另外在直播过程中，主播应该注意展示商品外观，增强商品的吸引力。

　　② 青年群体。青年群体人数众多、消费潜力大、消费形式多样，在整个消费市场中占据着重要的位置，并有较大的影响力。他们的消费行为和其他群体有许多不同之处。青年群体的消费观念受其内在的心理因素支配，与其他消费群体相比，具有鲜明的心理特征。青年群体的消费特点如图6-6所示。

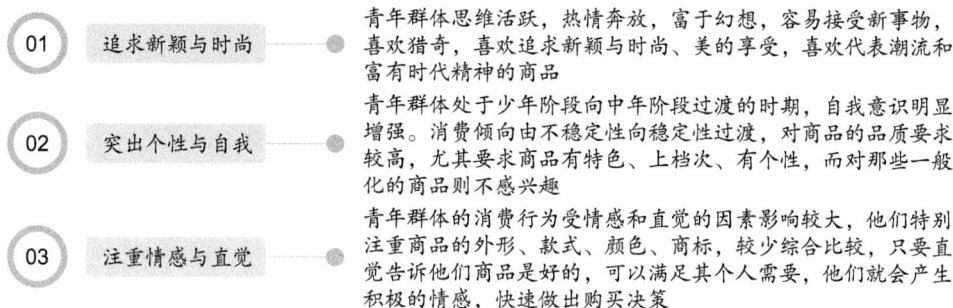

01	追求新颖与时尚	青年群体思维活跃，热情奔放，富于幻想，容易接受新事物，喜欢猎奇，喜欢追求新颖与时尚、美的享受，喜欢代表潮流和富有时代精神的商品
02	突出个性与自我	青年群体处于少年阶段向中年阶段过渡的时期，自我意识明显增强。消费倾向由不稳定性向稳定性过渡，对商品的品质要求较高，尤其要求商品有特色、上档次、有个性，而对那些一般化的商品则不感兴趣
03	注重情感与直觉	青年群体的消费行为受情感和直觉的因素影响较大，他们特别注重商品的外形、款式、颜色、商标，较少综合比较，只要直觉告诉他们商品是好的，可以满足其个人需要，他们就会产生积极的情感，快速做出购买决策

图6-6　青年群体的消费特点

　　如果直播间的目标用户是青年群体，那么主播在选品的时候，就需要多选择时尚、新颖的商品。

　　③ 中年群体。中年群体的心理已经比较成熟，在购买商品时，更注重商品的质量和性能。中年群体的消费特点如图6-7所示。

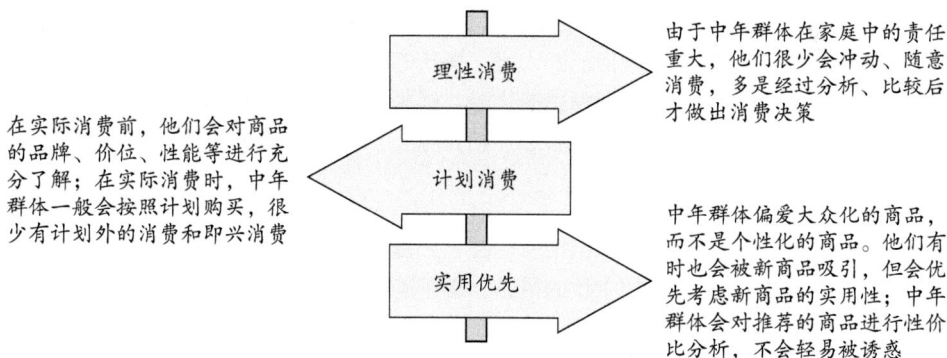

	理性消费	由于中年群体在家庭中的责任重大，他们很少会冲动、随意消费，多是经过分析、比较后才做出消费决策
在实际消费前，他们会对商品的品牌、价位、性能等进行充分了解；在实际消费时，中年群体一般会按照计划购买，很少有计划外的消费和即兴消费	计划消费	
	实用优先	中年群体偏爱大众化的商品，而不是个性化的商品。他们有时也会被新商品吸引，但会优先考虑新商品的实用性；中年群体会对推荐的商品进行性价比分析，不会轻易被诱惑

图6-7　中年群体的消费特点

　　如果直播间的目标用户是中年群体，那么主播在选品的时候，就应该选择性价比高、口碑好、大众化的经济实用型商品。

　　④ 老年群体。老年群体生活经验丰富，很少感情用事，消费也更理性。老年群体的消费特点如图6-8所示。

　　如果直播间的目标用户是老年群体，那么主播在选品的时候，就应该多选择营养品、保健品，并保证商品质量可靠、价格实惠。

01	理性消费	→	老年群体具有较多的消费经验和知识，在购买过程中善于观察、分析和比较，较为理性
02	品牌忠诚度高	→	老年群体对品牌的偏爱一旦形成，就很难轻易改变，具有较高的品牌忠诚度。他们大多是老字号、老商店的忠实顾客，是传统品牌、传统商品的忠实粉丝
03	追求实用与实惠	→	老年群体心理稳定程度高，比较注重实际。其购买动机以方便、实用、安全可靠、经济实惠为主
04	需求结构老年化	→	由于老年群体生理机能的衰退，与年轻消费群体相比，其需求结构也发生了很大变化，主要表现在：老年群体购买的商品中，营养食品、保健食品占有较大的比重

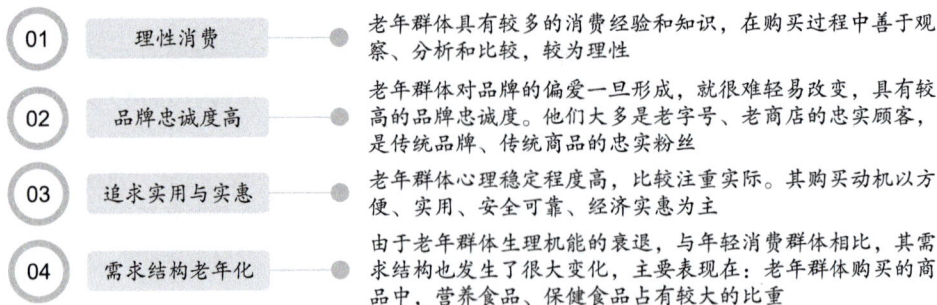

图6-8　老年群体的消费特点

（2）性别差异

男女的消费需求是不同的，通常女性购买的多是美妆、家居用品等，而男性购买的多是电子产品、酒类商品等。因此主播在选品时，性别差异是必须考虑的因素之一。

（3）地域分布

地域分布对消费需求也有很大的影响。例如，湖南、重庆、四川的用户通常口味较重，沿海的用户偏好海鲜等。因此主播在选品时，应挑选符合用户所在地域特点的商品。

2. 按主播人设选品

商品与主播之间一定要相互匹配，把合适的商品交给合适的人去卖，是直播的基本规则。也就是说，商家要根据商品的特点选择与之匹配的主播，主播也要根据自己的人设挑选商品。

无论是"达人"主播还是商家主播，都应该让商品和主播的人设相匹配。主播要有自己独特的直播方式，形成自己的直播风格。例如，母婴类商品，商家应尽量选择"宝妈"来当主播。如果选择未婚女性或者男性来当主播，就很难让观众信任，商品成交也会非常困难。

主播在选品时，一定要根据自己的人设、擅长的内容和标签，选择与自身人设、条件契合的商品，这样才能更好地展现商品的优势，提高成交率。另外，新手主播可以先卖与账号定位相关的、擅长的、喜欢的垂直领域内的商品，熟练之后再拓展其他类目的商品。

3. 根据季节和时节选品

线下门店会根据季节对商品做出相应调整，如夏天卖风扇、冬天卖暖风机。在特定节日会提前布局应景的商品，比如中秋的月饼、端午的粽子。线上直播也应如此，主播要有针对性地调整商品。

直播营销中，很多商品都会受到季节和时节的影响呈现畅销和滞销之分。对于这些商品，主播需要预判其销售的各个节点，如图6-9所示。

例如，服装类商品，冬天适合销售的是羽绒服、羊绒大衣、帽子、围巾等，而过季的连衣裙、短袖、短裤等显然就不合适了。过季服饰虽然也可能有人会为了便宜购买，但通常不会成为"热销品"。因此，主播在选择服饰类商品时，就需要根据季节因素考虑：什么时间进行冬装新款预热，什么时间进行冬装大促，什么时间进行冬装清场促销，什么时间开始下架冬装。

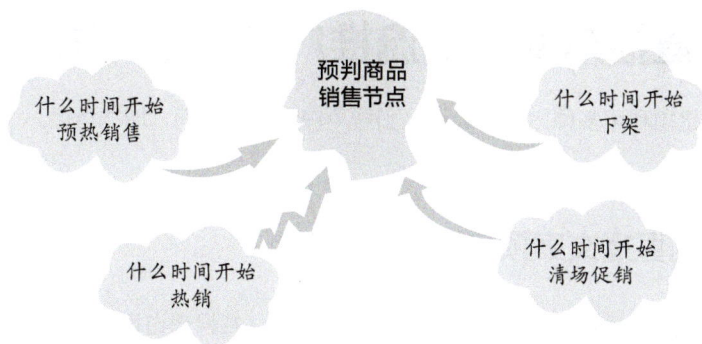

图6-9　预判商品销售节点

4. 结合热点选品

与短视频发布要贴合热点的逻辑类似，直播间商品的选择也可以结合热点。贴合热点的商品会给直播间带来热度，既可以增加直播间的流量和人气，又可以增加直播间的销量。

例如，某电视剧中某角色穿戴了某个饰品，吸引了很多观众的目光。很多直播间就会迅速抓住这一商机，纷纷上架同款饰品，并添加标语"××同款"。由于用户对这款饰品的关注度较高，即使不买，也会在直播间进行热烈的讨论，从而提升直播间的热度，吸引更多的用户进入直播间，这在很大程度上可能会增加其他商品的销量。

5. 按性价比选品

用户为什么会选择在直播间购物？主要是因为方便、便宜，这是目前网络购物的一大基本特点。所以直播间选品，价格很关键。

不管是在哪个直播平台"带货"，性价比高的商品都更符合用户心理预期，在直播营销中更占优势。如果一件商品的价格不符合大众心理预期，那么这件商品就很难卖出去。

例如，很多头部主播直播时会给出"买两件商品打七折"等福利，这一方面最大限度地保证了粉丝的权益，另一方面也让粉丝对主播产生了信任，复购率自然会很高。

课堂实训　通过选品工具进行选品

实训目标

掌握通过选品工具选品的技能。

实训内容

（1）掌握直播选品的策略。

（2）了解常用的选品工具。

实训要求

（1）4人一组作为一个团队，选择两种选品工具。

（2）分别选择商品，按照相同规则选品，看一下选择结果有何不同。

6.2 直播电商的引流推广与推荐算法

扫一扫

直播引流是指利用多种方法，吸引、引导用户进入直播间，增加直播间的在线人数。

6.2.1 利用直播文案预热

很多头部主播在直播前都会对直播进行详细预告，并且通过设计巧妙的文案吸引粉丝提前等候开播。

直播预热文案是吸引用户进入直播间的第一扇门。如果直播预热文案毫无吸引力，就可能将80%的用户拦在门外。那么，直播预热文案怎么写才能吸引用户呢？为了最大限度地发挥直播预热文案的作用，文案人员需要掌握一定的写作技巧，如图6-10所示。

01	展示直播主题	展示直播主题是直播预热文案的主要作用。直播时间、平台和主要内容必须放在文案最引人注目的地方，让用户一眼就能看到，以便在直播前准确理解直播的相关信息
02	抛出直播亮点	直播预热文案必须展现出直播策划的亮点，如产品的卖点和优惠活动等，有亮点才能吸引用户
03	设置些许悬念	在直播预热文案中，不用预告所有亮点和福利，可以适当保留一些亮点和福利，给用户留下悬念，激发用户的好奇心，吸引用户观看
04	直击用户痛点	用户痛点来源于用户的真实需求，直播间有用户需要的东西，用户才会进入直播间。因此，文案人员要根据用户痛点写文案，快速吸引用户进入直播间

图6-10 直播预热文案写作技巧

下面再来介绍几种常见的直播预热文案。

1. 个人简介文案

个人简介文案预热是指在个人账号的昵称、简介处写上直播预告，包括直播时间和直播内容，让粉丝养成习惯，定时定点观看直播。

平台的个人昵称、主页简介等是较好的直播预告公告板，主播可以在重要的直播活动前5天，及时修改相关信息，让粉丝对直播活动一目了然。

有的主播喜欢将昵称修改为"名字+固定直播时间"，如图6-11所示。这种方式让新老粉丝可以直接通过账号信息了解主播的直播习惯，适用于商品比较单一的主播。如果主播上架的商品种类比较多，则通常会将昵称修改为"名字+直播时间+品类"，如图6-12所示。

2. 直播预告短视频文案

要想开播前有足够的人气，设计恰当的直播预告短视频文案很重要。主播可以在开播前的2～3小时发布直播预告短视频，通过短视频标题和贴纸告诉用户直播的时间。在直播预告短视频中，详细告知用户参与活动的商品，并且重点突出活动力度，以及直播间用户可以获得哪些小礼物等，吸引用户关注直播间。

图6-11 名字+固定直播时间 图6-12 名字+直播时间+品类

3. 多渠道平台文案

如果主播有品牌自媒体矩阵，还可以多渠道配合做直播预告。很多头部主播每次直播前，都会在微博上通过文字、海报、链接等告知粉丝直播的时间、优惠活动，以及参与的嘉宾等。如果用图文结合的方式，预告会更直观。

除了微博，主播也可以利用微信公众号、知乎、小红书等渠道，为直播提供流量，将多渠道的粉丝集中吸引到直播间，为直播间增加人气。

6.2.2 利用短视频预热

很多主播在直播前都会发布短视频，有些主播还会反复、频繁地发布短视频。发布这些短视频一方面是为了通知粉丝，直播即将开始，另一方面则是为了造势，让更多的用户看到直播预告，进入直播间。短视频预热是开播前非常重要的引流方法。

1. 纯直播预热

纯直播预热比较简单，一般是真人出镜直接告诉用户直播的时间、直播间的优惠等重点信息，也可以在短视频开头或者结尾卖个关子，勾起用户的好奇心，从而吸引用户进入直播间。

2. 诱饵预热

先在预热短视频中点明直播中会有抽奖活动，以此作为诱饵，奖品要有足够的诱惑力，如性价比比较高的赠品、品牌化妆品的试用装等。短视频时间不用太长，15秒左右即可，告诉用户主播会在直播间送什么福利，如果用户对直播间的福利感兴趣，就会观看主播的直播。

3. 剧情植入直播预热

这种方法适合有一定粉丝基础的账号。在账号日常发布的短视频中植入直播预告，可以让用户在不经意间记住主播的开播时间。

例如，你在吃酸辣粉，你的朋友看到后尝了一口，说："太好吃了！"此时你说："想吃，今晚来我直播间啊……"剧情应根据账号定位和需要进行设计。

这种短视频通常以直播预告海报结尾，让用户看清直播的时间和福利。

4．实拍专柜或实体店直播预热

实拍专柜直播预热一般适合代购类直播，主要是为了提升用户对主播的信任度，证明货品来源可靠。

实拍实体店直播预热则是为了展示即将在直播间销售的商品及其款式，体现出直播间商品的价格优势、稀缺性。

6.2.3 不同平台的付费引流方式及策略

1．不同平台的付费引流方式

如果想要快速增加直播间的人气，主播可以在即将开播或刚刚开播时，通过付费引流的方式为直播间引流。

（1）抖音直播付费引流

抖音平台常用的直播付费引流方式为"DOU+"。"DOU+"既可以为直播预告短视频加热，也可以直接为直播间引流。

主播可以在直播前投放"DOU+"，也可以在直播中投放"DOU+"。主播在直播前投放"DOU+"的方法很简单，具体如下。

01　打开抖音App，点击界面下方的【＋】按钮，如图6-13所示，在弹出的界面中，切换到【开直播】界面，选择【上热门】选项，如图6-14所示。

02　打开【DOU+直播上热门】界面，系统提供了两种加热方式：快速加热和自定义加热。选择快速加热方式后可以选择加热套餐的金额，如图6-15所示。

03　采用自定义加热方式，可以更精准地进行投放。在选择这种加热方式时，主播可以选择下单金额、更在意的投放目标、想吸引的观众类型、加热方式、期望曝光时长等，如图6-16所示。

图6-13　抖音主界面　　图6-14　DOU+上热门

04　主播根据直播的需求，确定一个明确的投放目标，然后进行设置，支付款项后即可完成投放。

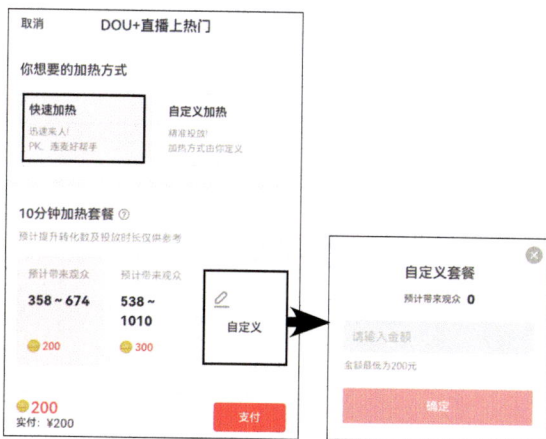

图6-15　快速加热方式

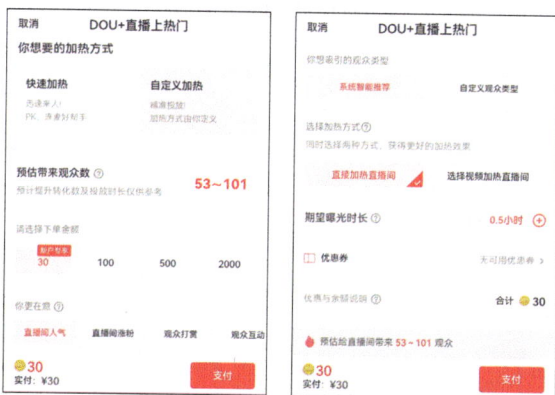

图6-16　自定义加热方式

（2）快手直播付费引流

在快手平台直播时，主播也可以在直播前进行付费引流。

01　打开快手App，点击界面底部的【＋】按钮，打开开播界面，点击【更多】按钮，在打开的界面中选择【上热门】选项，如图6-17所示。

02　打开【直播推广】界面，系统提供了两种推广方式：快速推广和自定义推广。选择快速推广方式后可以选择预计提升的观众数，即1250～3334、6250～16667或自定义，如图6-18所示。

03　采用自定义推广方式，可以更精准地进行投放。在选择这种推广方式时，主播可以选择希望提升的指标、投入金额、出价方式、投放内容、期望投放时长等，如图6-19所示。

图6-17　上热门

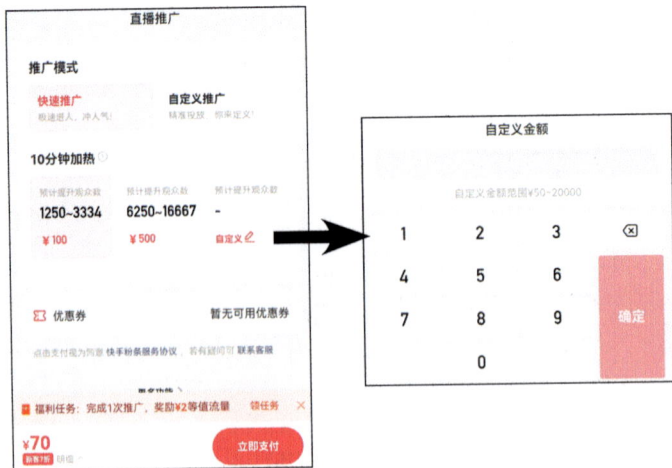

图6-18　快速推广方式

图6-19　自定义推广方式

2. 直播引流的策略

直播过程是直播内容的具体展现，在这个"内容为王"的时代，首先要有好的内容，用户才会留下来；同时还要做好直播间的互动，促成在线交易，才能进行二次引流。

直播中的引流，主要应做好两件事。

① 直播开始后的前半个小时，可以做一些预热活动，通过一些预热活动来吸引粉丝，让粉丝分享直播活动，这样可以带来更多的用户观看直播。

② 直播时要做好引导。直播的一大优点是互动性强，主播可以时刻提醒用户关注直播间，利用发红包、发优惠券、抽奖等一系列活动，增加用户的停留时长，增强用户的黏性。这样既可以提高转化率，又可以为二次引流做铺垫。

直播中引流的具体策略可以参考表6-1。

表6-1　直播中引流的具体策略

策略	实例场景
强调送福利	今天进入直播间的粉丝，人人可以领一份福利
引导关注	来我直播间的粉丝们，先点一下关注，只要关注人数超过1000人，马上送出福利
给出降价优惠	这款化妆品套装的官方价格是599元，"双十一"折扣价也要399元，今天在直播间299元直接包邮到家，再赠送两套旅行装
介绍产品	这款产品的补水效果非常好（主播可以边演示边讲解，将产品的亮点讲清楚）
倒数时再补仓	库存只有200份了，准备开卖，5、4、3、2、1，所有拍到商品的粉丝记得私信客服，领取专属福利

6.2.4　不同平台的推荐算法

所谓推荐算法就是利用用户的一些行为，通过一些大数据算法，推测出用户可能喜欢的东西。不同的平台有不同的算法和规则，平台的算法是指引主播直播的风向标。

同领域的短视频，有的播放量特别高，有的却很差，这是因为短视频背后有一套推送机制，短视频的点赞量、评论量、转发量等数据高低决定短视频是否会被推送给更多人。

其实直播也是如此，平台在评判直播间是否优秀的时候，也会审核这几项指标，如果这些指标完成得好，那平台就会给直播间推送更多流量，相反如果这些指标完成得不好，平台就会减少推送。所以直播团队有必要深入了解不同平台的推荐算法。

1. 抖音平台的推荐算法

抖音平台的推荐算法就是获取每个直播间的特征，再根据这些特征，把直播推荐给可能喜欢这些直播间的用户，让这些直播间有用户看，并且让用户喜欢看这些直播间。

通过对抖音直播数据的分析可以看出，抖音平台主要是根据以下几点为用户进行直播推荐的。

① 直播间特征

抖音通过大数据算法获得每个直播间的特征，如美食、美妆、宠物、户外等，这些特征源自直播间的定位。

在经过系统计算后，抖音会把直播间分发给可能感兴趣的用户，确保推荐精准到位。因此主播在直播前，一定要做好直播间定位。

② 进入率

在抖音平台上，无论是短视频还是直播间，"进入率"都是一个非常重要的指标。

直播间进入率是指用户进入直播间的人数与直播间曝光人数的比例。提高进入率是直播营销的关键之一。

③ 观看时长

"观看时长"是影响直播推荐的另一个重要指标。观看时长是指用户进入直播间后停留并观看的时长，这一般取决于直播内容是否足够吸引人。

2．淘宝平台的流量分配

淘宝直播与其他平台的直播不太一样，其流量的分配规则也大有不同。下面就来介绍一下淘宝直播流量的分配规则。

① 标签竞争

淘宝直播间的标签通常用于描述直播间的内容、主题或产品类别，以便于观众更容易找到和识别他们感兴趣的直播间，平台也会根据标签来确定店铺属性，进而匹配对应的流量。

② 直播等级

淘宝直播间是分等级的，等级越高，直播权益也就越多，被粉丝看见的机会也就越大，自然流量也会向其倾斜。淘宝平台针对头部主播是有流量保底机制的，所以有的商家会邀请一些头部主播，希望能够助力直播间提升排名。

③ 活动排名

淘宝平台举办的各种主题直播活动以及月终排位赛，都会影响商家直播间排名。商家在官方活动中排名越靠前，证明其实力越强，淘宝平台在流量分配中就会给予其更多的流量。

课堂实训　在微博发布一条美食直播的预热文案

🎓 **实训目标**

掌握写作并发布直播预热文案的技巧。

🎓 **实训内容**

（1）掌握直播预热文案的写作技巧。

（2）掌握发布直播预热文案的技巧。

🎓 **实训要求**

（1）4人一组作为一个团队，每人写一条美食直播预热文案。

（2）小组讨论，选出团队中的最佳文案，并进行适当修改，然后将该文案发布。

▎6.3　直播封面与标题的设计

扫一扫

直播封面与标题是影响直播间点击率的重要因素，因此做好直播封面与标题的设计非常重要。

6.3.1　直播封面的设计

主播要正式开始直播需要设计直播封面。直播封面是直播间的门面，也是影响直播间流量的关键因素之一。在同等排名条件下，通常直播封面设计得越美观，直播间可以获得的流量就越多。主播在设计直播封面时，通常需要注意以下几个要点。

（1）直播封面要符合直播主题

直播封面符合直播主题，使用户看到直播封面，就可以大概知道直播的内容是什么，从而决定要不要进入直播间。

（2）直播封面要干净、清晰、整洁

直播封面一定要保证干净、清晰、整洁。一方面要保证直播封面中的图片是清晰的，因为模糊不清的图片会影响用户的浏览体验，导致无法吸引用户；另一方面要保证直播封面中不要有过多的文字，因为过多的文字容易使直播封面显得杂乱无章，影响用户的浏览体验。

（3）直播封面的色彩要合理

第一，直播封面的色彩要尽可能鲜艳明亮，但不要过分华丽，以致色彩过于冗杂。需要注意的是，直播封面尽量不要选择白色，因为白色的直播封面通常不够突出、醒目，很难吸引用户。第二，直播封面在色调上要与直播内容相呼应，要能体现直播主题。

（4）直播封面拒绝低俗、切勿侵权

禁止为了博人眼球，在直播封面中使用一些低俗的内容。另外，直播封面中不能出现没有出现在直播间的人，避免侵权。

（5）直播封面尽量不要多次重复使用

直播封面尽量不要多次重复使用，如果多次直播都使用同一张或极为相似的直播封面，容易让用户觉得每次直播的内容都是相同的。

6.3.2 直播标题的设计

直播标题的设计对直播来说也是一个非常重要的环节。一个好的直播标题既可以吸引用户点击进入直播间，增加直播间的流量，又可能获得平台推荐，使直播获得大范围的传播。反之，一个不好的直播标题可能会导致优质的直播内容被埋没。怎样才能写出一个好的直播标题呢？下面介绍几种常用的直播标题写作技巧。

（1）直击痛点

直击痛点就是以解决用户在工作或生活中的难题为核心，将直播内容与解决方案联系在一起，并将其巧妙地体现在直播标题中。抓住用户痛点，通常可以吸引用户的注意力。例如，"职场必会的Excel办公小技巧"这一标题，对职场办公人员来说，是非常有吸引力的，很容易使职场办公人员产生点进去观看的想法。

（2）借势热点

通常有热点就有流量，用户对热点的关注度通常比较高，因此直播标题如果能借势近期的热点，就非常容易吸引用户。例如，在每年6月，高考是一个热门话题，高考前后，很多主播就会借助"高考"这个热点来写标题，如"高考考生购机享优惠"。

（3）逆向表达

逆向表达就是指"不按套路出牌"，换个角度表达，从而吸引用户的注意力。如卖货直播间的常规标题是"走过路过不要错过，直播间千万好物在等你"，用户看习惯后，难免会对此类标题失去兴趣；如果将直播标题改成"我也不想买啊，可是实在是太优惠了！"这样的标题就会显得特别清奇、独特，很容易吸引用户点进直播间。

（4）制造悬念

好奇是人的天性，所以设计直播标题时可以利用用户的好奇心，在标题中抛出悬念，以此来吸引用户的眼球。如"Excel竟然可以做抽奖系统"。

（5）展示利益

展示利益就是让用户了解在直播间可以获得什么利益，或者有什么权益，从而吸引用户点击，如"进入直播间就可以免费获取一份Excel学习资料"。

课堂实训　为零食直播设计一个封面和标题

🎓　**实训目标**

策划与设计零食直播的封面和标题。

🎓　**实训内容**

（1）了解直播封面和标题的作用。

（2）掌握直播封面和标题的设计技艺。

🎓　**实训要求**

（1）了解什么样的封面和标题更能吸引人。

（2）以10个人为一组，策划设计直播售卖零食的封面和标题。

6.4　直播脚本的撰写

直播营销的效果与主播的内容输出质量是紧密相连的，只有直播间的内容有特色，才能吸引用户留在直播间。

一份清晰、详细、可执行的直播脚本，是一场直播能够流畅进行并取得良好效果的有力保障。直播脚本撰写是相关方把控直播节奏、规范直播流程、使直播达到预期目标的非常关键的一步。有了直播脚本，相关人员就能更加方便地筹备直播工作，直播参与人员也能配合默契、有条不紊地工作。

扫一扫

在撰写直播脚本之前，首先要了解直播脚本的5个重要作用。

（1）明确直播主题

明确直播主题就是要明确本场直播是为了回馈用户、上新品，还是为了开展促销活动。其目的是让用户提前了解在这场直播中能看到什么、获得什么，引起用户的兴趣。

（2）提高直播筹备工作的效率

在直播之前，直播团队需要做好充足的直播规划，不能临近开播才考虑直播主题如何设置、直播场景如何搭建、相关优惠活动如何开展、直播人员如何配置等问题，这样很容易出现人员职责不清、相关细节考虑不周等情况。在开播之前撰写直播脚本，能够帮助直播团队了解直播流程、明确人员职责，让每个人各司其职，从而保证直播筹备工作有条不紊地展开，最终提高工作效率。

（3）帮助主播梳理直播流程

直播脚本能够帮助主播了解本场直播的主要内容。主播通过梳理直播流程，可以清楚

地知道在某个时间点应该做什么、说什么，以及哪些事项还没有完成等，避免在直播中出现无话可说、对活动规则解释不清楚等情况。在一份详细的直播脚本中，各个环节的时间要具体到分钟，如几点开播、对一款产品介绍多久、口播和展示分别占几分钟等。

（4）对直播参与人员进行分工和技术指导

直播脚本可对直播参与人员进行明确分工，如主播是××，负责引导观众、介绍产品、解释活动规则；助理是××，负责进行现场互动、回复问题、发送优惠信息等；客服是××，负责修改商品价格、与用户沟通、转化订单等。另外，在直播脚本中对主播进行技术性的话术提示，能够帮助主播保持语言上的吸引力，游刃有余地与用户互动。

（5）控制直播预算

中小卖家可能预算有限，因此在直播脚本中设定好能承受的优惠金额、赠品金额，可以达到提前控制直播预算的目的。

6.4.1　整场直播脚本的设计

整场直播脚本是对整场直播活动的规划和安排，因此要做到逻辑清晰并有利于相关人员在直播中控制节奏。

图6-20所示为整场直播脚本设计的思路、流程和要点。

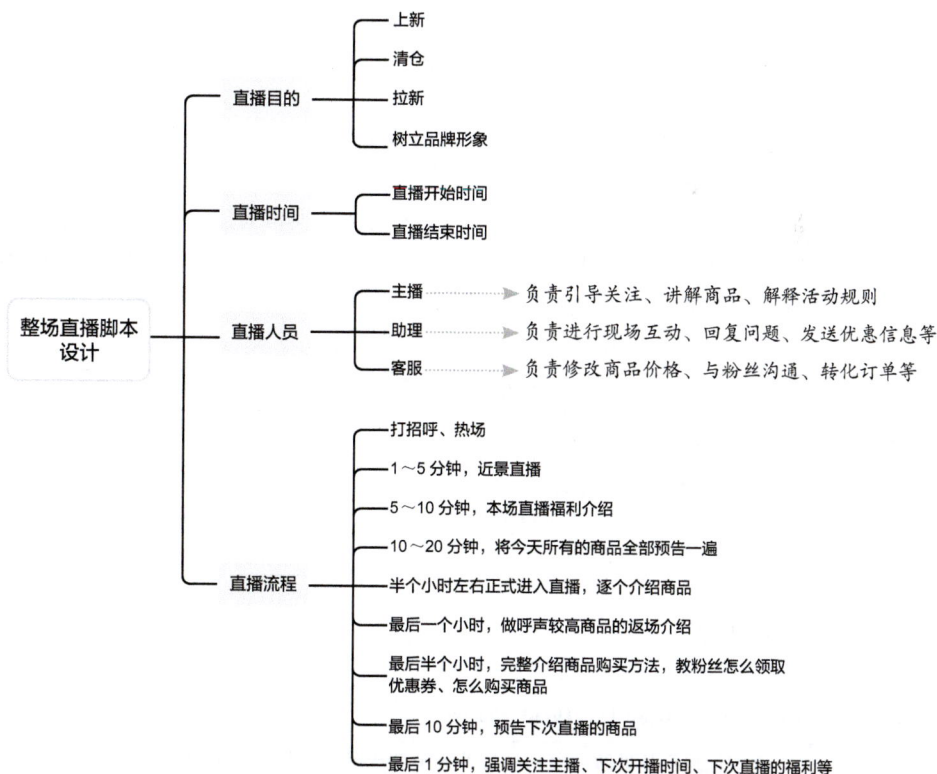

图6-20　整场直播脚本设计的思路、流程和要点

（1）直播目的

进行直播营销，直播团队一定要明白主题是什么、目的（或目标）是什么，如是上新、清仓、拉新，还是树立品牌形象。在进行每场直播活动之前，直播团队都要确定主题和目的。

（2）直播时间

这里的直播时间是指直播从开始到结束的这个时间段。直播团队需要根据直播目的确定直播的时间段，不同时间段的特点如表6-2所示。

表6-2　不同时间段的特点

时间段	特点
6:00—10:00	竞争非常小，属于"圈粉"的一个好时机
12:00—14:00	午休时间，有利于维护用户
14:00—18:00	在这个时间段，上班族用户较少
19:00—24:00	在这段时间，用户的活跃度最高

（3）直播人员

在专业的直播中，往往不只有主播一个人，还有其他人与之配合。例如，主播负责引导关注、讲解商品、解释活动规则；助理负责进行现场互动、回复问题、发送优惠信息等；客服则需要配合主播修改商品价格、与粉丝沟通、转化订单等。

（4）直播流程

直播流程就是直播过程中的各个环节。在规划直播流程时，主播应根据直播总时长规划各个环节的时长，以及各个环节中不同直播人员的职责。

优秀的直播脚本不仅要展现直播主题、确定直播时间、明确直播人员的工作内容，还要考虑到直播过程中的具体时间规划，让主播从开播到下播都能有条不紊，让每个参与人员、道具都能得到充分调配。表6-3所示为一份整场直播脚本的示例。

表6-3　一份整场直播脚本的示例

直播活动概述	
直播主题	元旦狂欢福利专场（护肤品）
直播目标	流量目标：吸引10万人观看 销售目标：销售金额达到500万元 "吸粉"目标："增粉"1000人
直播人员	主播：小小 助理：果果 客服：甜甜
直播时间	20××年12月30日，19:30—22:00
注意事项	1. 合理把控商品讲解节奏：单品讲解＋粉丝问题回复＋实时互动 2. 适当增加商品功能的讲解时间

续表

直播流程				
时间段	流程安排	主播工作内容	助理工作内容	客服工作内容
19:30—19:35	打招呼	主播进入直播状态，和用户打招呼，进行简单互动，拉近距离	助理进行简单自我介绍，引导用户点赞	向粉丝群推送开播通知
19:36—19:40	暖场互动	介绍抽奖规则，引导用户关注直播间	介绍抽奖方式，回复用户问题，引导用户点赞	向粉丝群推送开播信息
19:41—19:50	活动预告	介绍本场直播的福利，比如互动抽奖、派发红包等	补充主播遗漏内容，引导用户点赞	向粉丝群推送活动预告信息
19:51—20:00	展示所有商品	将本场直播的所有商品快速介绍一遍，对新款商品和主推商品可以多做介绍	助理帮助主播逐一展示商品	向粉丝群推送直播商品信息
20:01—20:20	讲解商品	介绍引流款商品，展示商品使用方法，分享商品使用经验	配合演示商品用法，展示使用效果，引导用户下单	在直播间添加引流款商品链接，回复关于商品和订单的问题
20:21—20:25	福利抽奖	介绍第1轮奖品和抽奖规则，引导用户参与抽奖	介绍并演示参与抽奖的方法	收集获奖信息，引导用户点赞
20:26—20:45	讲解商品	介绍畅销款商品，展示商品使用方法，分享商品使用经验	配合演示商品用法，展示使用效果，引导用户下单	在直播间添加畅销款商品链接，回复关于商品和订单的问题
20:46—20:50	福利抽奖	介绍第2轮奖品和抽奖规则，引导用户参与抽奖	介绍并演示参与抽奖的方法	收集获奖信息，引导用户点赞
20:51—21:10	讲解商品	介绍利润款商品，展示商品使用方法，分享商品使用经验	配合演示商品用法，展示使用效果，引导用户下单	在直播间添加利润款商品链接，回复关于商品和订单的问题
21:11—21:15	福利抽奖	介绍第3轮奖品和抽奖规则，引导用户参与抽奖	介绍并演示参与抽奖的方法	收集获奖信息，引导用户点赞
21:16—21:25	讲解商品	介绍直播间的"宠粉"活动，介绍"宠粉"商品和加入粉丝群的方法	引导用户加入粉丝群，展示商品用法和使用效果，引导用户下单	在直播间添加"宠粉"商品链接，修改商品价格，回复关于商品和订单的问题等
21:26—21:35	讲解商品	介绍印象款商品，展示商品使用方法，分享商品使用经验	配合演示商品用法，展示使用效果，引导用户下单	在直播间添加印象款商品链接，回复关于商品和订单的问题
21:36—21:40	福利抽奖	介绍第4轮奖品和抽奖规则，引导用户参与抽奖	介绍并演示参与抽奖的方法	收集获奖信息，引导用户点赞

续表

直播流程				
时间段	流程安排	主播工作内容	助理工作内容	客服工作内容
21:41—21:55	商品返场	再次讲解利润款商品	配合演示商品用法，展示使用效果，引导用户下单	在直播间添加利润款商品链接，回复关于商品和订单的问题
21:56—22:00	下场预告	预告下一场直播的时间、福利、直播商品信息等	引导用户关注直播间并加入粉丝群	回复关于商品和订单的问题

6.4.2 单品直播脚本的设计

单品，顾名思义就是单个商品，单品直播脚本以单个商品为单位，介绍商品的卖点、品牌、优惠方式。

在对单品进行介绍时，主播必须熟悉其特点和营销方案，这样才能更清楚地将商品的亮点和优惠活动传达给直播间的用户，刺激用户购买。

单品直播脚本通常会设计成表格形式，将品牌介绍、商品卖点、利益点、注意事项等内容呈现出来，这样既方便主播全方位地了解直播商品，也能有效避免对接人员产生疑惑。表6-4所示为单品直播脚本示例。

表6-4　单品直播脚本示例

项目	商品宣传点	主播话术	注意事项
品牌介绍	品牌理念	××品牌坚持亲近自然，崇尚自由、舒适，保持简洁、活力、个性而不张扬的设计风格	① 直播过程中，直播间界面显示"关注店铺"卡片 ② 引导用户分享直播间、点赞等 ③ 引导用户加入粉丝群
商品卖点	面料优质，设计独特，搭配简单	① 优质的纯棉材质，触感轻柔，透气性好，舒适亲肤 ② 国潮戏剧风刺绣，整体提升了吸引力 ③ 卫衣搭配简单，无论是运动裤、牛仔裤，还是裙子都可以与之搭配出时尚感	
	清新情侣装	寒冷冬日来点暖色系装扮，和心爱的人一起拥有它，带着这份温暖去浪漫约会	
利益点	元旦福利	今天在直播间下单，就可以得到一个生肖玩偶，下单备注"元旦福利"即可	

课堂实训　撰写一段直播售卖口红的脚本

🎓 **实训目标**

理解和掌握直播脚本的策划与设计。

🎓 **实训内容**

（1）了解直播脚本的作用。

（2）掌握单品直播脚本的设计方法。

🎓 **实训要求**

（1）了解口红的优点和卖点。

（2）10人一组，策划并设计出直播售卖口红的脚本。

6.5　直播活动的执行

直播活动的前期工作准备完成之后，主播就可以开始直播了。在直播过程中，主播的直播营销话术要恰当，并配合互动环节，激发用户的参与感，提升直播间的氛围主播还要及时处理直播间出现的突发情况，维持直播间的秩序，保证直播活动顺利进行。

6.5.1　直播过程中的营销话术设计

要想直播效果好，巧妙的话术肯定是必不可少的。但是正确有效的直播营销话术到底应该怎么设计呢？本小节就来介绍几种通用的直播过程中的话术。

1. 开场话术

直播开场是直播的第一步，此时主播最怕的就是冷场。用户陆陆续续进入直播间后，如果发现直播间很冷清、气氛很尴尬，又怎么愿意继续看下去呢？用户没有看下去的欲望，产品推介、销售又从何谈起？接下来介绍几种快速打破尴尬局面、迅速开场的技巧。

（1）互动开场话术

主播要学会主动与进入直播间的用户互动。这个举动看似微不足道，但可以吸引用户的注意力，让用户产生被在意的感觉，给用户留下良好的第一印象。另外，主播还可以多提用户的名字，让新进直播间的用户和其他人打招呼，增强其参与感，使直播间变得热闹起来。

主播要想掌握互动开场话术，需要掌握以下几个技巧。

① 表情丰富，充满热情

打招呼时，主播要尽量做到表情自然、充满热情，这样才能赢得用户的喜爱、带动直播间的气氛。如果主播表现得冷漠，说话像机器人一样，就很难让用户产生共鸣，更无法获得用户的好感。

② 多提用户的名字，让其产生被在意的感觉

当用户进入直播间时，如果主播主动提到用户的名字，即使只是昵称，对方也会产生被在意、被重视的感觉，从而更愿意与主播互动。

③ 尽量照顾到每一位用户

每个人都希望被别人重视，进入直播间的用户也一样希望被自己喜欢的主播重视。因此，主播在与用户互动时，要尽可能照顾到直播间的每一位用户，不能只和活跃的用户互动，忽略那些比较内敛的用户。

（2）福利开场话术

主播要想掌握福利开场话术，需要掌握以下几个技巧。

① 明确发福利的目的，提高用户活跃度

直播开场发福利的目的主要是促进用户与主播互动，提高用户的活跃度和黏性。因此，主播不能认为把红包、优惠券发出去就可以了，而是需要通过红包和优惠券提高用户的活跃度。例如，主播在发完红包和优惠券后，让用户晒晒自己的红包、优惠券和奖品，

使主播和用户在直播间产生良好的互动。

② 定时发红包，金额不用太大

直播开场在正式介绍商品前，可以每5分钟发一次红包，金额不需要太大，目的是吸引更多的用户进入直播间。

③ 福利不固定，给用户选择的权利

直播开场的福利不固定，可以给出红包、优惠券等多个选项，主播可将选择权交给直播间的用户，让他们决定到底发什么福利。例如，主播可以说："开播先给大家发福利，大家想要红包还是优惠券？想要红包的，发送1；想要优惠券的，发送2。哪边人多，我们就发哪个福利！"

（3）才艺展示开场话术

主播在直播间展示才艺，引发趣味互动，也是活跃气氛、留住用户的有效方式，同时还可以提升主播的个人魅力。需要注意的是，有些主播虽然多才多艺，但在一场直播中不要展示所有才艺，展示其中一种或两种才艺就可以了。例如，跳一段舞蹈、唱一首歌、弹一首曲子等。

主播要想利用才艺展示开场，需要掌握以下两个技巧。

① 保持自信，相信自己是最棒的

很多新手主播不自信，表演才艺时表情僵硬、动作不自然，这样不仅很难吸引用户，还会给用户留下不好的印象。主播必须充满自信，相信自己是最棒的。当主播展现出自信和激情时，即便才艺不精湛，用户也会被感染。

② 语音连线，让用户展示才艺

语音连线是互动的有效方式之一。主播表演完才艺之后，可以和用户语音连线，让他们展示才艺。有些老用户善于表达、愿意与主播互动，和他们语音连线不容易发生冷场、尴尬的情况。

2. 推荐商品话术

主播在直播开场阶段成功吸引了直播间用户的注意力后，接下来就是讲解商品了。在讲解商品时，主播也需要先设计好一定的话术，尽可能引导用户做出购买行为。

商品展示和介绍是直播营销过程中最重要、最关键的一环。只有商品介绍得好，亮点被完美地呈现出来，用户才能被"种草"或下单；如果商品介绍得不好，没有展现出卖点，直播过程中用户被"种草"或下单的概率就会很低。

（1）遵循FABE原则介绍商品

主播在直播间进行商品讲解的时候，可以遵循FABE原则（见图6-21），巧妙地介绍商品，处理好用户关心的问题，从而提高用户对商品的满意度，最终促成交易。

（2）突出商品细节

直播营销有一个缺点，那就是用户无法直接接触商品。为了弥补这一缺点，主播在介绍商品时，必须对用户关心的细节，如做工细节、设计细节等进行近距离展示和详细讲解，让用户在听介绍的同时，可以看到这些细节。

为了在直播过程中更流畅地介绍商品的细节，主播在直播前要详细了解商品的细节、优势，然后在讲解细节的过程中，近距离地将这些细节展现给用户，提高用户对商品的好感度。

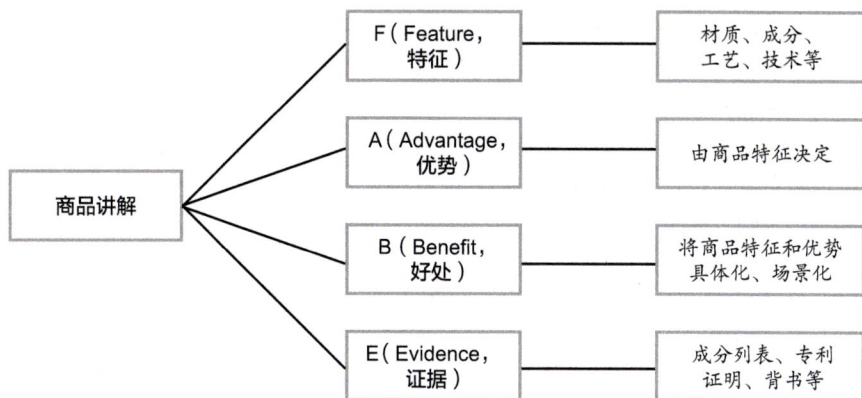

图6-21 商品讲解的FABE原则

（3）善用对比，突出商品优势

主播在介绍商品优势时，要善于运用对比的方法，最大限度地增加商品在用户心中的价值。商品对比一般有两种方法：横向对比和纵向对比。

例如，服装的横向对比是指把自己推荐的商品与同类商品进行风格、性价比、折扣力度等方面的对比；服装的纵向对比就是穿着效果、形象、品位、个人自信等方面的对比。

（4）放大卖点，吸引用户关注

卖点是指让用户产生购买欲望的诱因和动机。直播中，商品不会说话，主播就是商品的代言人，主播需要通过简练、生动的语言来强调商品的卖点。

关于商品的卖点，主播可以根据经验或者直播间用户的提问来确定。例如，直播间的用户问"这款大衣里面搭配什么好看""这款大衣里面搭配什么颜色好看""这款大衣适合在正式场合穿吗"等问题时，主播应该知道对于这些用户来说，卖点就是好搭配。因此主播在介绍这款大衣时，应该强调其百搭性，并放大卖点，同时还可以分享一些搭配技巧。

（5）商品举证

出示商品可信证明，证明商品靠谱。商品可信证明包括销量截图、网友好评、名人同款、官方资质等。

例如，主播可以采用以下话术：这款大衣和××艺人街拍照片中的大衣是同款，有喜欢这款大衣的可以入手。

3. 留人话术

留人，在直播中顾名思义就是要留住直播间的用户。根据平台的推荐算法，通常直播间人越多，互动率越高，系统就越会把直播实时推荐给更多感兴趣的人。

主播要想将用户留在直播间，可以使用一些留人话术。留人的技巧主要有以下两点。

（1）福利诱惑

所谓福利诱惑就是利用各种福利、抽奖活动、利好政策留住用户。

主播要想留人，在直播过程中就需要定时或不定时地发放各种福利，如3折促销、买一送三等。一般每5～10分钟提醒一次，用福利来留住直播间的用户。因为直播间不断会有新进的用户，主播如果不重复提醒，新进直播间的用户就不知道，就没办法留住他们。

（2）及时回答用户提问

主播及时回答用户提问是非常重要的。因为在任何场合，只顾着自己说话，不给对方说话的机会或者不理会对方的提问都容易引起对方不悦。因此主播在介绍商品时，要巧妙地引导直播间用户提问，进而了解并满足用户的需求。在直播的过程中，用户主动询问与商品有关的问题，说明他们对主播推荐的商品感兴趣，想了解更多的相关信息。此时，主播若能及时、礼貌、耐心地回答问题，再加上采用福利话术引导，就很容易留住用户并促成交易。

4. 互动话术

主播要想留人、促转化，就必须让直播间的用户参与进来，与主播互动。互动是平台算法中评价直播间优质与否的关键指标。直播间的互动有很多种：点赞、关注、评论、点击商品、送礼物、加入粉丝群等。

因此，直播开始后，在整个直播过程中，主播都要尽量引导用户进行有效互动，其中点赞、评论、关注相对来说比较简单，也比较有效。

直播间常用的互动技巧有多种，如提问式互动、选择式互动和"刷屏"式互动等。互动参考话术如表6-5所示。

表6-5　互动参考话术

互动技巧	参考话术
提问式互动	朋友们，这款隔离霜你们用过吗
选择式互动	想要绿色的发送 1，想要紫色的发送 2
"刷屏"式互动	想要的朋友发送"想要"

互动最关键的是关注、点赞、加粉丝群。与福利诱惑一样，主播也需要每5～10分钟（或者更短的时间）提醒用户互动。

主播可以重复这样说："20点我们有××活动，但是仅限关注主播和加入粉丝群的朋友参与，还没有关注的朋友赶快关注直播间，加入我们的粉丝群。"

6.5.2　直播过程中的互动设计

要想增加粉丝的停留时长，增强粉丝的黏性，主播是关键。在直播过程中，主播不能自顾自地按照脚本讲解商品，还需要根据实际情况引导观众互动，管理直播间的氛围，达到为直播间引流的目的。

营造直播间氛围行之有效的方法就是互动，直播间常用的互动玩法有派发红包、送福利、与其他主播及艺人合作等。

1. 派发红包

主播在直播间派发红包的主要目的是让观众看到具体的、可见的利益，这是直播间聚集人气、激发观众参与互动、活跃气氛最有效的方式之一。

在直播间派发红包，可以分为两步：第一步约定时间，第二步派发红包。直播间派发红包的步骤见表6-6。

表6-6　直播间派发红包的步骤

步骤	具体实施	好处
约定时间	① 在正式派发红包之前，主播要提前告诉观众，自己将在 5 分钟或 10 分钟后准时派发红包 ② 主播还可以建议观众邀请更多的小伙伴进入直播间，参与抢红包活动	派发红包预告，一方面可以活跃直播间的气氛，另一方面可以快速为直播间增加流量
派发红包	① 到约定时间后，主播就要在直播间发红包。主播可以与助理一起，为派发红包开启倒计时，以活跃气氛，同时主播也可以让观众产生抢红包的紧张感 ② 在派发红包的同时邀请观众加入粉丝群，并告诉粉丝群内也会定期发红包	按时派发红包，提高观众的信任度；邀请观众加入粉丝群，是为了将公域流量转化为私域流量

派发红包的目的是提高直播间的人气，但为什么有些直播间派发了红包却没有达到预期的效果呢？这可能是因为那些直播间派发红包时未讲究策略。

（1）在粉丝群派发红包

在粉丝群派发红包，适用于在线人数不超过20人的直播间，尤其是新直播间。新直播间前期粉丝比较少，要想增加粉丝量，快捷有效的方法就是在直播中插入派发红包的环节。通常主播介绍完一款商品，粉丝下单后，就要派发红包，其流程如下。

主播说："好了，现在又进入发红包环节了，我们会在粉丝群发大额现金红包。"

主播说："没有进群的赶紧进粉丝群了。"

主播说："怎么进群呢？点击直播间左上角的头像，会看到'关注'和'粉丝群'选项，选择'粉丝群'就可以进群了。我马上要在群里发大额红包了。"

① 拿着手机，对着镜头演示怎么进群。

② 提前设置好入群门槛，如必须关注才能进群。

主播说："给大家10秒的时间进群准备，10秒之后我就在群里发红包。"

主播开启10秒倒计时：10、9、8、7、6、5、4、3、2、1。

主播说："好了，我要发红包了。"

在镜头前演示发红包，红包金额如果较小，输入金额的时候别对着镜头，红包个数和金额可以按在线人数调整。

发完红包后，主播要打开群，在镜头下展示多少人抢红包，提高观众的信任度。

在粉丝群派发红包有以下几点好处。

① 缓解主播的尴尬。当直播间在线人数较少时，就会出现没人互动的尴尬局面，此时派发红包，由于红包对观众的诱惑力比较大，所以观众会积极进粉丝群、抢红包，这也是一种互动方式，有利于建立观众与主播的信任关系。

② 增加关注量。由于观众必须进粉丝群才能领红包，而进粉丝群需要先关注直播间，这样就会增加关注量、提高权重。权重高了，进入直播间的观众自然会更多。

③ 增加观众停留时长。每介绍完一款商品就发一次红包，可以增加观众在直播间的停

留时长。

（2）通过支付口令发红包

通过支付口令发红包，通常适合在线人数达200人以上的直播间或者不适合建粉丝群的直播间。

口令红包是指主播在红包中设置输入口令，口令一般是商品品牌的植入广告语，用户需要输入口令才能抢到红包，这样可以加深用户对品牌的记忆。

这种玩法一般需要注意两点。

① 设置一个节点，准时发红包。例如，点赞量满2万个，主播就发红包。这里需要注意的是，千万别在固定时间点发红包，如整点发红包或者每半小时发红包，因为观众很有可能只在固定时间点进入直播间抢红包，抢完红包就离开，这样互动性就会差很多。

② 红包金额不能太低。具体流程如下。

点赞量满2万个后，主播就可以引导观众抢红包了。

主播说："好了，现在是抢红包时间。还是和往常一样，红包200元起，每增加一个粉丝，红包就增加10元，现在的粉丝是11 000个，增加一个粉丝就增加10元。"

主播要一边说，一边拿手机对着镜头演示怎么关注，引导观众关注直播间并抢红包，时间一般持续5~10分钟，不要耗时太长。在这段时间内，主播要不断强调红包的金额和多一个人关注增加10元，并在镜头下演示怎么关注。例如，刚开始输入200元，增加一个粉丝，就输入210元，再增加一个粉丝就输入220元，以此类推。

另外，主播还要演示怎样输入口令领红包。如果有副播或助理，其要帮助主播烘托气氛。

发完红包后，主播要在镜头前展示，让观众知道有多少人抢到了红包、红包金额有多少，强调抢红包活动的真实性，从而激发观众的参与热情。

口令红包可以是现金红包，也可以是优惠券。相对来说，优惠券更有利于销售转化。优惠券需要用户按照一定的条件来购买商品，如在2023年12月31日之前使用，满99元可用，否则就没有任何作用。因此，在抢到优惠券以后，用户往往会选择购买商品，以免浪费，这就提升了购买转化率。

通过支付口令发红包有以下几点好处。

① 增加直播间的人气，引导观众参与互动并关注直播间。

② 增加大部分观众的停留时长，引导更多观众转发直播。

③ 优惠券容易促成观众购买商品，提高购买转化率。

2. 送福利

送福利也是主播在直播间常用的互动技巧。送福利的首要目标是让用户在直播间停留，活跃直播间的互动氛围；其次是吸引用户关注直播间并产生购买行为。

送福利实际上是互惠互利的活动。用户的时间是宝贵的，只要用户在直播间里停留，本质上就是在用自己的时间交换福利。并不是所有用户在领完福利之后都会离开直播间，有很大一部分用户会被直播间吸引，关注主播，并产生后续的购买行为。

用户平均停留时间体现了用户黏性，而这种黏性是需要时间积累的。

不过，主播一定要设计好送福利环节，虽然福利是利他性的，但最终结果一定要利己，这样才能真正做到互惠互利。因此，主播在直播时发福利要遵循以下几个原则。

① 福利商品最好是在直播间里推荐过或将要推荐的商品。

② 福利不能集中发放，要在直播中的各个环节分散发放。

③ 主播要尽量通过点赞数或弹幕数把握直播间发福利的节奏。

基于这3个原则，主播可以在直播间发起3种形式的送福利活动：连续签到送福利、回答问题送福利和点赞送福利。

（1）连续签到送福利

每天定时开播的主播，可以按照连续签到天数送福利。例如，用户只要连续7天都到直播间评论、签到，并将7天评论截图发给主播，待助理核对评论截图无误后，即可获得一份奖品。

（2）回答问题送福利

主播可以根据商品详情页提出一个问题，让用户在商品详情页中找到答案，然后在评论区回答。主播和助理从回答正确的用户中随机抽取，被抽中的用户可以得到主播送出的一份奖品。

采用这种送福利的形式，有3个方面的好处。

第一，因为用户需要通过查看商品详情页寻找答案，所以可以提高商品详情页的点击率。

第二，用户在寻找答案的过程中，需要详细查看商品的介绍，这样就能加深用户对商品的了解，提升用户购买商品的可能性。

第三，用户通过评论与主播进行互动，可以活跃直播间的互动氛围。

（3）点赞送福利

点赞送福利是指主播给用户的持续停留激励，可以让黏性强、闲暇时间多的用户长时间停留在直播间，黏性一般的用户也会因为送福利活动而进入直播间，并在直播间点赞。这样就会提高直播间的用户回访量，从而增加直播间的观看人数。

实施点赞送福利活动时，主播可以根据直播间的人数，确定送福利的节点。

对于人数少的直播间，主播可以设置每增加1000个点赞就送福利一次；而对于人数多的直播间，主播可以设置每增加10 000个点赞就送福利一次。

点赞送福利看起来很简单，但要求主播有较强的控场能力，因为点赞数达到规定数量的时间不固定，可能会与直播间其他活动的时间重合。当多个活动的时间重合时，主播就需要与用户沟通，合理安排活动的顺序。需要注意的是，每到送福利环节，主播都需要在直播间做以下几件事。

首先，在送福利之前和之后，都诚意邀请用户关注直播间及加入粉丝群。

其次，公开本次送福利的结果，即给谁送出了什么样的福利，价值是多少。

最后，告知用户下一次送福利的条件。

3. 与其他主播及艺人合作

主播还可以通过与其他主播语音连线或者邀请艺人进入直播间合作直播的方式为直播间引流。

在直播间，主播与其他主播语音连线，可以快速高效地将相应主播的大量粉丝吸引到自己的直播间；也可以通过两个主播语音连线比拼的方式，迅速增加双方直播间的人气，进一步带动直播间用户的消费。

邀请艺人来直播间通常是有影响力的大主播采用的一种方式。艺人的到来可以进一步为主播增加粉丝，并且艺人、主播的共同宣传可以快速提升主播的影响力。主播也为艺人代言的商品进行了推广和销售，实现了双赢。

6.5.3 直播过程中的应急处理

直播过程中出现一些突发事件在所难免，这时，主播不用慌张。只要处理得当，这些突发事件不但不会影响直播效果，还可以帮助主播更好地塑造个人形象。下面介绍几种直播过程中出现的突发情况及应对方法。

1. 直播卡顿、掉线、黑屏

直播过程中出现卡顿、掉线，一般是因为网络信号不稳定或直播设备配置不足。遇到这种问题时，运营可以先尝试对网络进行调整，如果没有改善，应马上下播，因为当直播画面出现黑屏时，平台给直播间的推流还没有停止，这个时候数据会变得很差，如不及时停播，就会影响下一场直播的推流速度。

在断播期间，主播可以拍摄视频或者在粉丝群发布消息，向粉丝告知断播原因和恢复直播的时间；调整恢复付费流量计划，采取做福利任务、发放主播券、获取复播福利等方式，迅速拉升人气，观察数据变化，下播后再及时复盘。

针对网络问题，直播团队最好选择网络信号良好的区域，或使用专线网络，防止网络波动；若直播设备配置不足，直播团队则需要升级直播设备。

2. 出现商品相关问题

商品相关问题主要是商品的折扣价格错误、赠品设置错误、库存信息错误、SKU（Stock Keeping Unit，库存量单位）信息错误，当遇到这些情况时，主播要及时换品，把出现错误的商品下架之后再做调整。同时，主播在话术上也要做出调整，比如"姐妹们，在给大家讲这个锅之前，我给大家发一波福利吧"，通过这样的承接话术，把用户的注意力转移到福利上面去，这样既能保住现有的用户，又可以给直播团队的其他成员争取调整错误商品信息的时间。另外，直播团队还要检查一下其他的商品是否也有同样的问题。

3. 出现评论区相关问题

评论区相关问题主要是用户对收到的商品不满意或者出现一些"黑粉"。如果用户在评论区表示对商品不满意，主播可以先用话术安抚，并让售后人员联系用户，为其解决问题。如果遇到"黑粉"，主播可以选用一些礼貌而风趣的语言进行回复，但如果黑粉持续进行语言攻击，主播既可以将其拉黑或禁言，也可以联系平台处理。

课堂实训　分析美食类商品的话术设计

实训目标

掌握美食类商品的讲解要点。

🎓　**实训内容**

观看一场美食类直播，分析美食类商品的讲解要点。

🎓　**实训要求**

（1）观看一场美食类直播，注意留意不同阶段主播的话术要点。

（2）10人一组，小组人员合理分配，协作完成分析任务，并写出话术要点报告。

本章习题

一、填空题

1. 主播在选品的时候，通常需要遵循＿＿＿＿＿＿、＿＿＿＿＿＿和＿＿＿＿＿＿3条重要的原则。

2. 为了最大限度地发挥直播预热文案的作用，文案人员需要掌握一定的写作技巧：＿＿＿＿＿＿、＿＿＿＿＿＿、＿＿＿＿＿＿、＿＿＿＿＿＿。

3. FABE原则是指：＿＿＿＿＿＿＿、＿＿＿＿＿＿＿、＿＿＿＿＿＿＿和＿＿＿＿＿＿。

二、单项选择题

1. 下列不属于男性消费特点的是（　　　）。

　　A. 注重质量和实用性　　　　　　B. 较强的从众心理

　　C. 自信、决策迅速　　　　　　　D. 购买动机比较被动

2. 下列不属于直播前预热的是（　　　）。

　　A. 将平台上主播的昵称修改为"名字＋固定直播时间"

　　B. 在微博上通过文字、海报、链接等告知粉丝直播的时间、优惠活动

　　C. 发布短视频，真人出镜告诉观众直播时间

　　D. 在粉丝群派发红包

3. 下列不属于按市场趋势选品的是（　　　）。

　　A. 夏天卖风扇　　　　　　　　　B. 端午卖粽子

　　C. 冬天卖羽绒服　　　　　　　　D. 中秋卖元宵

三、判断题

1. "买两件商品打七折"等属于按性价比选品策略。　　　　　　　　　（　　　）

2. 主播在抖音平台，可以在直播前使用"DOU+"进行预热。　　　　　（　　　）

3. 主播在介绍商品时，可以不用理会用户的问题。　　　　　　　　　（　　　）

四、思考问答题

1. 简述商品讲解的FABE原则。

2. 主播在选品的时候，可以参考哪些方面？

3. 简述直播脚本的作用。

本章实训1

实训目的	
学习直播前引流技能	
实训目标	
序号	目标
1	熟悉直播前预热文案的写作技巧
2	掌握利用短视频预热直播的要点
实训内容	
假设3天后将在抖音平台进行一场图书专场直播，请做好直播预热	
实训步骤	
序号	内容
1	在抖音平台和微博平台做好文案预热
2	在抖音平台做好短视频预热

本章实训2

实训目的	
学习直播选品	
实训目标	
序号	目标
1	掌握直播选品的策略
2	熟悉直播选品的工具
实训内容	
观看一场直播，根据用户画像、主播人设等分析选品策略	
实训步骤	
序号	内容
1	观看一场直播，注意观察直播间商品的特点、定价
2	查看这些商品在选品工具中的排名并分析原因

第 7 章

直播电商的数据分析与复盘总结

学习目标

√ 了解数据分析的基本流程
√ 熟悉数据分析评估指标和数据分析方法
√ 熟悉直播复盘的维度和步骤
√ 掌握直播复盘总结及优化

素养目标

√ 使学生具有良好的思想品德、行为规范和职业道德
√ 引导学生树立"追因问果、追本溯源"的意识

某真人秀中，4个淘宝主播，连续22天进行了88场淘宝直播，分解居家核心场景，将所有商品植入生活剧本，打造场景营销，9位微博博主与外站主播做客真人秀现场，引入站外流量23万。

复盘数据：

▶ 累计观看1005000人次；

▶ 累计点赞1000万次；

▶ 视频播放量达1057万次；

▶ 10个天猫重要客户（Key Account，KA）参与；

▶ "双十一"第一小时成交额破2000万元；

▶ 第一个包裹发出仅用20秒；

▶ 首单4小时后即被客户签收；

▶ "双十一"当天累计销售额达15000万元。

思考题：

1. 案例中，直播营销的效果是通过哪些指标进行评估的？

2. 你觉得直播营销效果评估最重要的指标是什么？

7.1 直播电商的数据分析

数据分析是直播电商不可或缺的一部分，对于直播电商来说，要想提高直播"带货"的转化率，就要学会数据分析。几乎所有的头部主播，都会在每场直播结束后进行直播数据分析，对刚结束的直播的优劣得失进行梳理。

7.1.1 数据分析的基本流程

数据分析是直播电商运营的核心。直播团队要想提高直播"带货"的转化率，就需要深耕数据，对数据进行有效分析。直播电商数据分析的基本流程如图7-1所示。

扫一扫

确定数据分析的目标　→　获取数据　→　处理数据　→　分析数据

图7-1　直播电商数据分析的基本流程

1. 确定数据分析的目标

直播团队在进行直播电商数据分析时，首先要明确数据分析的目标。数据分析的目标如图7-2所示。

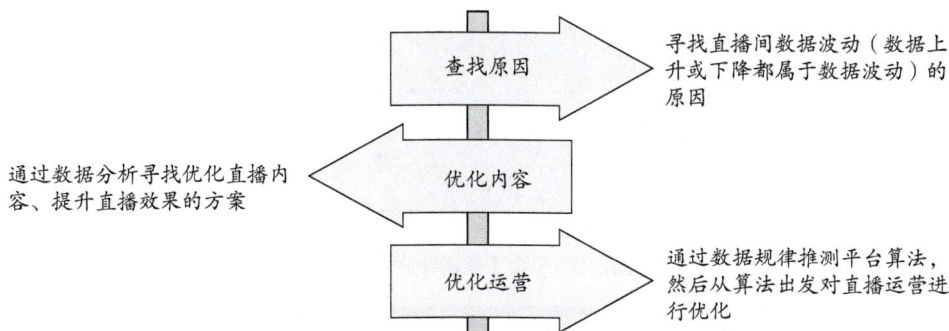

寻找直播间数据波动（数据上升或下降都属于数据波动）的原因 —— 查找原因

通过数据分析寻找优化直播内容、提升直播效果的方案 —— 优化内容

通过数据规律推测平台算法，然后从算法出发对直播运营进行优化 —— 优化运营

图7-2　数据分析的目标

2. 获取数据

直播团队需要统计的直播数据主要包括直播次数、直播日期、直播时间段、直播时长、观看次数、观看时长、粉丝数、新增粉丝数、最多在线人数、商品点击次数、订单笔数、成交总额等。各项数据的含义如表7-1所示。

表7-1　各项数据的含义

数据	含义
直播次数	一个时间段内的开播次数
直播日期	直播开始的日期
直播时间段	一场直播从开始至结束的时间段
直播时长	一场直播持续的时长
观看次数	用户总的观看次数
观看时长	用户总的观看时长
粉丝数	进入直播间的粉丝人数
新增粉丝数	直播过程中增加的粉丝人数
最多在线人数	一场直播中同时观看直播的最多人数
商品点击次数	进入直播间的人点击商品的次数
订单笔数	直播过程中成功下单的订单笔数
成交总额	直播过程中商品交易总额

对于表7-1中的数据，直播团队既可以从直播平台的后台采集，也可以通过第三方平台获得。

（1）从直播平台的后台采集数据

直播平台通常都有直播数据统计功能，直播团队可以通过其获取直播数据。例如，淘宝直播团队可以通过淘宝直播中控平台或者淘宝主播App来获取直播数据。

① 淘宝直播中控平台

直播团队可以通过淘宝账号在PC端登录淘宝直播中控平台，在左侧导航窗格中选择【直播】→【直播管理】选项，然后在列表中选择某项直播，单击【数据详情】按钮，如图7-3所示。

进入相应直播的数据详情分析页面，如图7-4所示。在其中可以看到直播成交金额、观看次数、观看人数、商品点击率、成交转化率等数据。

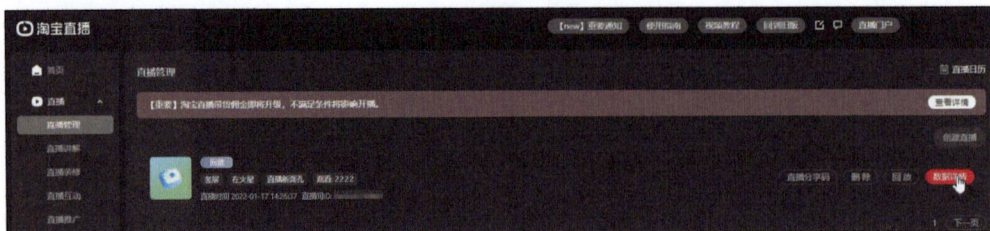

图7-3 单击【数据详情】按钮

图7-4 直播数据详情分析页面

② 淘宝主播App

除了可以在PC端查看直播数据，直播团队还可以在淘宝主播App上查看直播数据。登录淘宝主播App后，在主界面的【全部工具】组中点击【我的直播】按钮，打开【直播列表】页面，点击某场直播下方的 ⌣ 按钮，即可进入相应直播的数据分析页面查看直播数据。从淘宝主播App查看直播数据如图7-5所示。

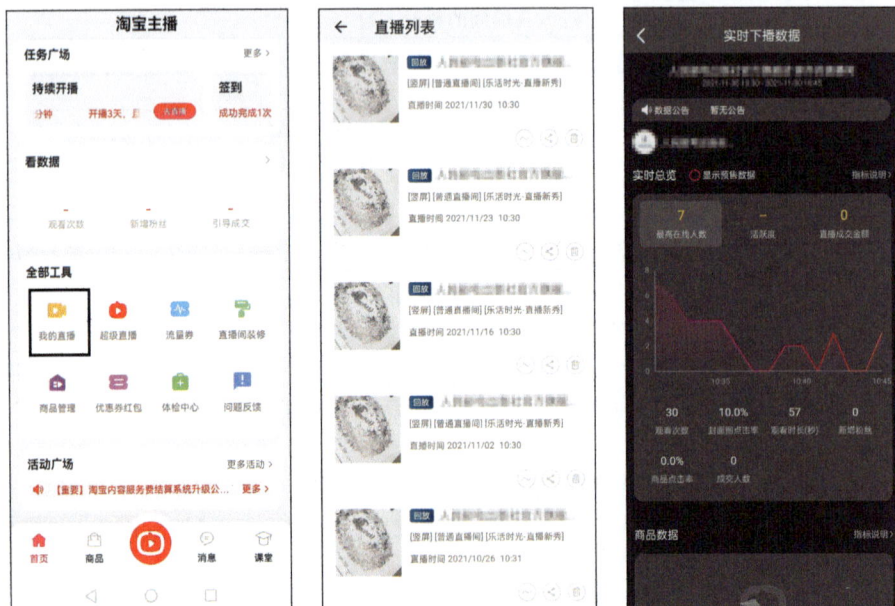

图7-5 从淘宝主播App查看直播数据

（2）通过第三方平台获得数据

为了更深入地分析直播数据，直播团队还可以使用第三方平台数据分析工具，如抖音直播团队就可以使用灰豚数据进行数据分析。

灰豚数据是杭州灰豚科技有限公司旗下的一款直播数据分析工具，提供了数据大盘、直播间分析、商品分析等功能，如图7-6所示。直播团队可以利用这些功能进行流量大盘分析，直播间的整体效果分析，直播间人气、成交和互动指标实时变化分析，主播分析，主播详情分析，粉丝分析，商品分析，商品详情分析等。它是一个将直播数据可视化的数据分析监测云平台，能够精准、可靠、高效地提供直播数据分析服务。

① 流量大盘数据

数据大盘中的流量大盘支持全网流量数据查看，直播团队可通过数据大盘了解近期抖音直播的情况。流量大盘数据，如图7-7所示，采用分钟级更新频率，直播团队可以实时查看汇总抖音直播数据；还可以根据留存与流量等级进行大盘划分，查看不同层级中具体的账号数量与流量情况，帮助商家快速对标同水平的优质直播间并进行学习。

图7-6　灰豚数据 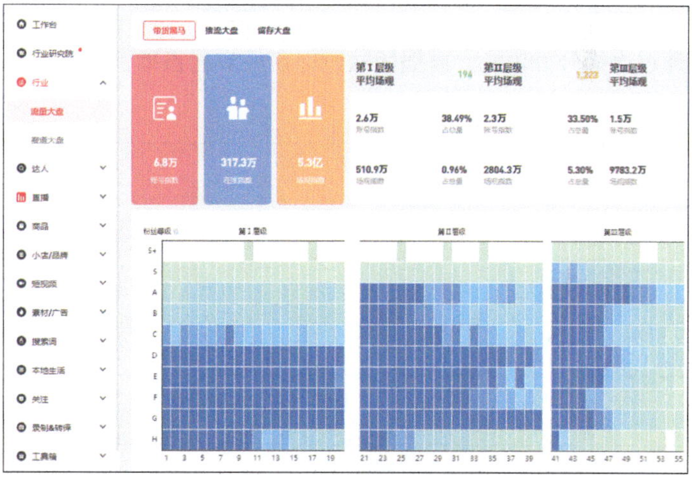　　　　　　　　　　　　　图7-7　流量大盘数据

② 直播间的整体效果数据

通过流量大盘选择账号，直播团队可查看直播间整体流量层级、成交等级和留存能力。图7-8所示为某直播账号单场直播的效果数据。

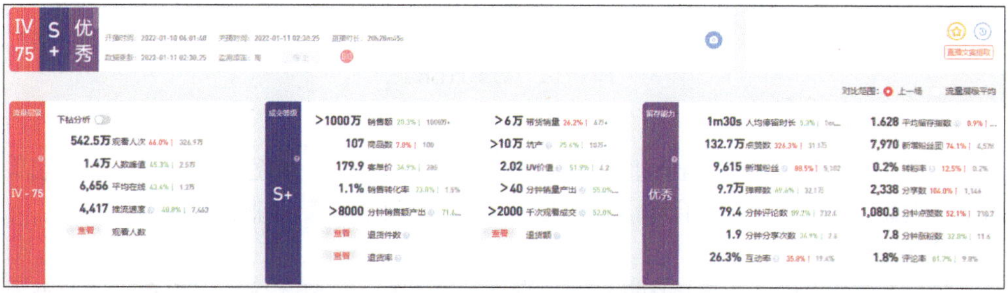

图7-8　某直播账号单场直播的效果数据

③ 直播间人气、成交和互动指标实时变化数据

通过流量大盘选择账号，直播团队可以查看直播间数据的实时变化信息，如图7-9所示，即实时监测直播间的在线人数、进场人数、销售额等，多维度监测直播间情况。

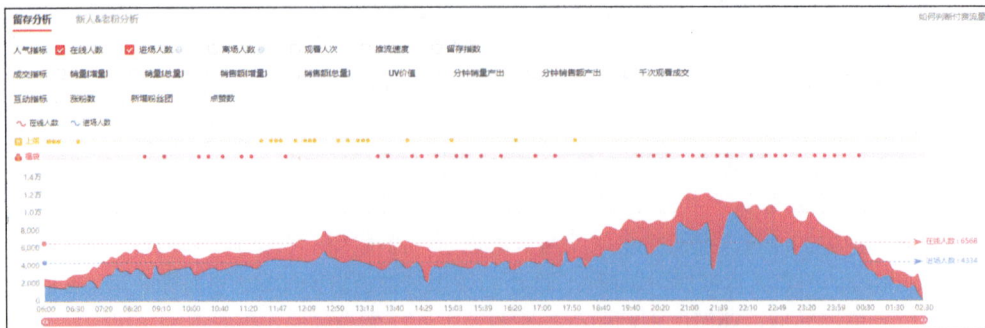

图7-9　直播间人气、成交和互动指标实时变化数据

④ 主播数据

通过直播分析功能，直播团队可以查看实时直播榜、历史直播榜等，如图7-10和图7-11所示。

图7-10　实时直播榜

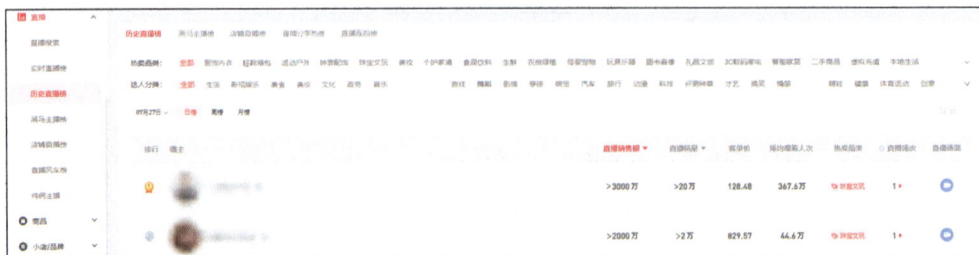

图7-11　历史直播榜

⑤ 主播详情数据

通过抖音号查找功能，直播团队可以查看"达人"排行榜，如图7-12所示。直播团队选择某主播，即可进入该主播详情页，查看主播的详情数据概览，如图7-13所示。

⑥ 粉丝数据

在主播详情页面中，直播团队还可以获取粉丝数据，这样不仅可以查看粉丝列表画像，如图7-14所示，了解粉丝特性；还可以查看直播观众画像，为直播策划提供参考。

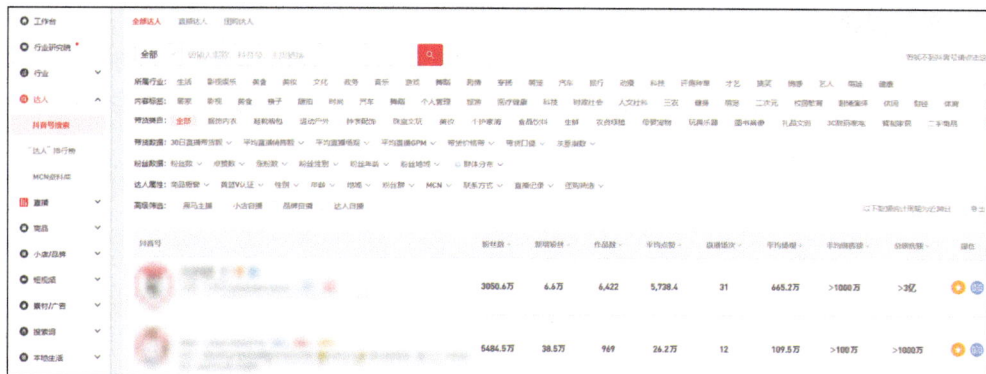

图7-12　"达人"排行榜

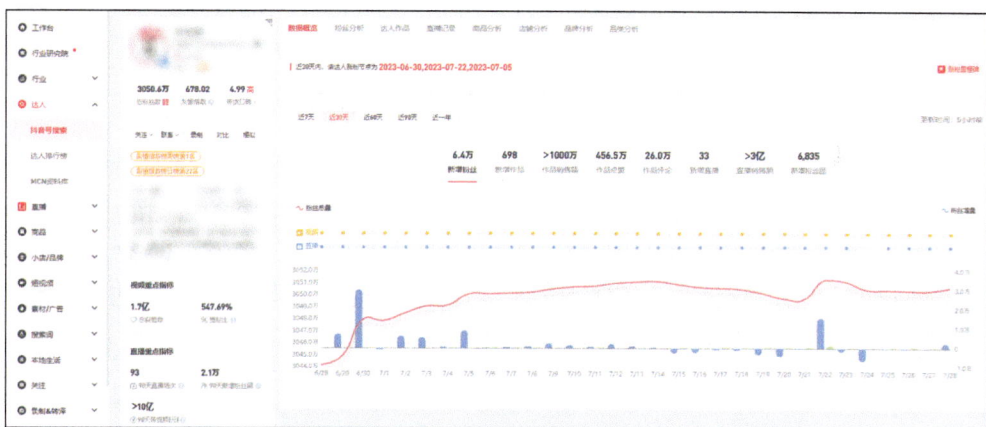

图7-13　主播的详情数据概览

图7-14　粉丝列表画像

⑦ 商品数据

直播团队在商品列表中的直播商品榜中可查看每日、每周的各行业热销商品，并且可以按照销售额、销量、价格、佣金比例等指标进行排序，方便选品以及观察竞品数据变化，如图7-15所示。

图7-15　商品数据

⑧ 商品详情数据

直播团队在直播商品榜中选择商品，打开商品详情页，如图7-16所示，可以查看近90天的抖音销量、直播销量、直播销售额、最低价等；可查看直播"带货达人"的信息，包括直播间最低价、直播销量以及直播销售额；可查看"带货"视频内容以及对应的主播信息，并根据商品数据分析查看具体合作的"达人"有哪些等。

图7-16　商品详情页

3. 处理数据

处理数据是指对采集的数据进行核对修正、整理加工，以便后续对数据进行分析。直播数据的处理主要包括对数据的核对修正和对数据的统计计算两方面的工作，如图7-17所示。

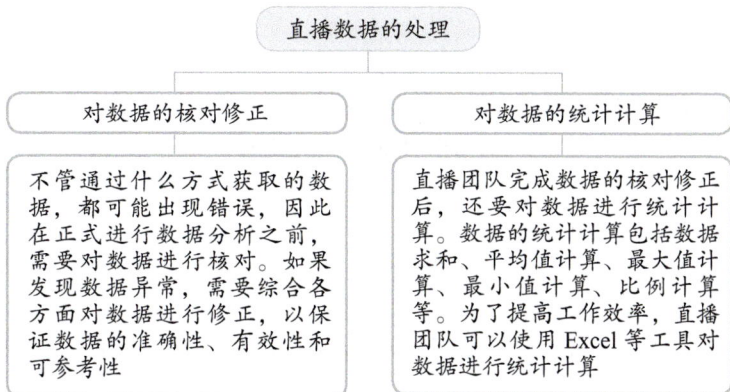

图7-17　直播数据的处理

4．分析数据

直播团队对收集到的数据完成核对修正及基本的统计计算后，就可以进行数据分析了。直播团队对直播数据进行分析，有助于更精准地找到自己的营销方向，有利于进行精准营销。在直播电商方面，分析数据的作用主要是了解用户、预测消费行为和预测销售效果，如图7-18所示。

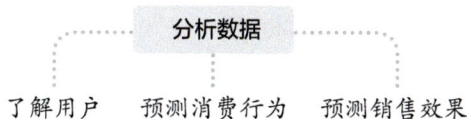

图7-18　分析数据的作用

（1）了解用户

对直播数据进行整理后，直播团队可以对用户数据进行分析，了解用户的群体特征。直播团队通过对用户群体的地域分布、年龄分布、性别分布以及兴趣分布进行分析，能够更深入地了解用户群体，掌握更大的主动权，采用更为合理的营销手段，以提高效益。

（2）预测消费行为

在新媒体时代，用户获取信息的渠道不断拓宽，直播团队对流量精准投放的需求愈加强烈。通过对直播数据进行分析，直播团队可以了解用户消费的时间、消费的平台、购买物品的价格水平以及用户的消费兴趣，进而预测用户的消费行为，从而更精准地获取流量。

（3）预测销售效果

通过对直播数据进行分析，直播团队可以提前解决直播间的产品适用于哪一类用户、把产品价格定在哪个档位上能够实现最大效益以及产品采用什么样的包装才能更受用户青睐等一系列问题，从而在直播销售产品之前，对销售情况进行预测。

7.1.2　数据分析评估指标

直播数据分析的评估指标主要有3个：人气指标、互动指标和转化指标，如图7-19所示。

扫一扫

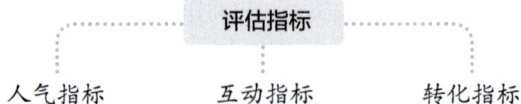

图7-19 数据分析评估指标

1. 人气指标

直播间的人气指标也可以称为流量指标，主要是指直播间的观看次数和最高在线人数，它们决定了直播间的人气。

对于直播间的最高在线人数，通常可以从两个维度进行分析：在线人数的变化和在线人数的稳定程度。

（1）在线人数的变化

每场直播中在线人数的变化可以直观地反映出直播间的内容质量，图7-20所示为某场直播的在线人数变化曲线。在线人数变化曲线会出现波峰和波谷，波峰代表直播间的人气峰值，波谷代表直播间的人气低谷。一般情况下，在线人数的波峰会出现在有引流活动的时间段；而在线人数的波谷则出现在引流活动结束后，通常是因为直播内容质量不够好，没有留住吸引进来的用户，出现用户大量流失的情况。

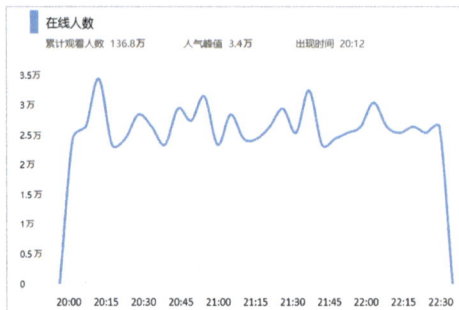

图7-20 某场直播的在线人数变化曲线

（2）在线人数的稳定程度

直播间在线人数的稳定程度反映的是用户对直播间的黏性。在直播过程中，不断有用户离开直播间，也不断有用户进入直播间，这就会导致在线人数不断变化。如果每场直播，直播间的在线人数稳步上涨，就说明直播间既能吸引新用户又能留住老用户，即用户黏性较强。

2. 互动指标

直播间的互动指标主要是指直播间的用户互动行为数据。互动行为主要包括点赞、评论、分享和关注等。直播间互动指标中最重要的是互动率。

互动率是指一场直播中参与互动的用户占直播间用户访问数的比例。互动率是评估直播间用户活跃程度的核心指标，互动率越高，代表直播间用户对直播内容的参与程度越高，其活跃程度也就越高；相反，互动率越低，代表直播间用户对直播内容的参与程度越低，其活跃程度也越低。如果互动率低，直播团队就需要考虑改进直播的互动玩法，进一步调动直播间用户的积极性，使其尽可能多地参与互动，提高直播间用户的活跃度。

互动率可以从两个维度进行分析：新用户互动率和老用户互动率。

（1）新用户互动率

新用户互动是指新用户进入直播间后，对直播的内容产生兴趣，并积极参与其中。新用户的短暂停留可能只是出于好奇，但是能参与互动的新用户，则可以定义为直播间的优质用户。新用户互动率与新用户转化为老用户的转化率密切相关。

（2）老用户互动率

老用户是指非首次进入直播间的用户。如果老用户除了能经常观看直播间的直播，还能在直播过程中参与互动，那这些老用户就基本可以被认定为直播间的粉丝了。通常老用户互动率更能决定直播间的互动氛围，老用户互动率越高，直播间互动氛围越好，直播间中新用户驻足的概率就越大，进而参与互动的概率也就越大。

如果直播间的老用户互动率较低，直播团队就需要找出不足之处，积极改善直播内容。

3．转化指标

直播营销的最终目标是促成交易，因此直播间的转化指标主要指引导成交数量。引导成交数量是指用户通过直播的引导把直播商品加入购物车并且支付成功的总订单数。

转化指标与直播间的人气指标和互动指标是密切相关的，因此成交单量与在线人数和互动数量是密切相关的。

（1）成交单量与在线人数

直播间的成交单量与在线人数可以反映出直播间用户的精准程度，公式如下。

$$直播间用户的精准程度=成交单量/在线人数×100\%$$

数值越高，代表直播间用户的精准程度越高；数值越低，代表直播间用户的精准程度越低。

直播间用户的精准程度如果比较低，那么直播就很难达成销售转化。通常来说，每场直播的直播间用户精准程度要高于3%，也就是说如果有1000人在线，那么至少要成交30单。

（2）成交单量与互动数量

直播间的成交单量与互动数量可以反映出直播间的内容策划质量，公式如下。

$$直播间的内容策划质量=成交单量/互动数量×100\%$$

数值越高，代表直播间的内容策划质量越高；数值越低，代表直播间的内容策划质量越低。

用户参与直播互动但却没有下单，那么很可能是商品口碑、商品详情页或商品定价存在问题，从而影响了用户的购买决定。因此直播团队需要优化选品环节，优化直播间的商品配置，或者优化商品的促销方式。

通常来说，直播间的内容策划质量应该大于5%，也就是说每1000条互动至少要成交50单。

7.1.3　数据分析的方法

直播团队在对直播数据进行分析时，常用的分析方法有对比分析法和特殊事件分析法。

1．对比分析法

对比分析法是指通过多个数据的对比，找出数据之间的差异，从而揭示数据背后隐藏的问题的分析方法。对比分析法又可以细分为同比分析法、环比分析法和定基比分析法，如图7-21所示。

01	同比分析法	同比是指今年第 n 月与去年第 n 月的比值。 同比 = 本期数据 / 上年同期数据
02	环比分析法	环比是指报告期水平与前一期水平之比。 环比 = 本期数据 / 上期数据
03	定基比分析法	定基比是报告期水平与某固定期水平之比。 定基比 = 本期数据 / 固定期数据

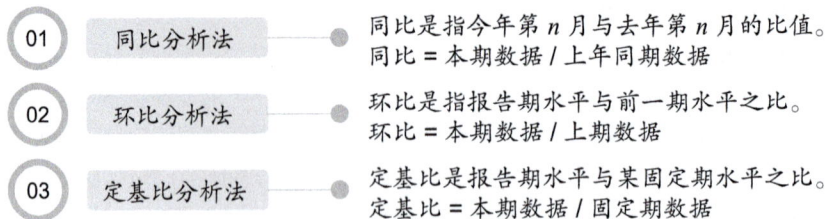

图7-21　对比分析法的分类

直播团队通过对比分析，可找出数据中的异常数据。需要注意的是，异常数据不是指错的或表现差的数据，而是指与平均值偏差较大的数据。比如，某主播每天新增粉丝数长期维持在50～100个，某天新增粉数达到200多个，这虽然是个好结果，但算异常数据。直播团队需要对相关数据进行分析，查找出粉丝突增的原因。

2. 特殊事件分析法

很多直播数据异常都与某个特殊事件相关联，如淘宝首页或者频道改版、标签变化、直播封面风格更改等，这就要求运营或场控在日常做数据记录时要同步记下这些特殊事件，以便直播数据出现异常时，能快速找到与数据变化相关的特殊事件。

课堂实训　通过第三方软件分析某主播的直播数据

🎓 **实训目标**
掌握通过第三方软件进行直播数据分析的方法。

🎓 **实训内容**
（1）使用第三方软件获取直播数据。
（2）使用合适的方法对获取的数据进行分析。

🎓 **实训要求**
（1）5人一组，通过蝉妈妈获取直播数据。
（2）对获取的直播数据进行分析，进而分析直播效果。

7.2　直播的复盘与总结

直播复盘与总结也是直播电商运营的一项重要工作，一场直播只盯着销量是不够的，还需要通过数据的变化情况来把控整体直播的节奏，即使是头部主播，每场直播后也需要对直播表现进行复盘。因为没有一场直播是完美的，每场直播都有值得反思的地方。

扫一扫

7.2.1　直播复盘的维度

直播复盘可以从数据维度和人员维度两个方面进行。

1. 数据维度

直播电商数据能真实地反映直播电商情况，直播电商的数据有很多，通常可以将其分为3类。

（1）人气指标数据

人气指标数据主要反映在线人数的多少和稳定程度。人气指标欠佳的原因一般是在线人数少和在线人数不稳定。

在线人数少。如果直播间的平均在线人数长期在100人以内，说明直播间的平均在线人数较少。直播间的平均在线人数一般会受到直播间的新人留存策略的影响。

直播间新人留存最快的方式就是利益引导，也就是抽奖、发券、发红包。而直播间的平均在线人数较少，很有可能是抽奖、发券、发红包的方式出现了问题。

① 没有明确告知用户直播间有哪些抽奖、发券、发红包活动。很多用户之所以在直播间没有长时间停留，就是因为他们在进入直播间后，没能及时了解直播间的这些信息。

② 抽奖、发券、发红包活动没有一定的规则。有的直播间对抽奖、发券、发红包活动没有设置规则，很随意地进行这些活动，主播想发就发、想抽就抽。这样就会导致用户没有目标，从而不会在直播间停留太久。

③ 抽奖、发券、发红包的过程中无任何互动。在抽奖、发券、发红包的过程中，主播不与用户积极互动，很容易让用户失去兴趣，直播间的氛围也不活跃，进而流失用户。

④ 抽奖、发券、发红包活动安排缺少节奏，抽完即结束。有的直播间，一场直播只有一次抽奖、发券、发红包活动或者一次活动结束后，主播没有提及下次活动开始的时间，从而难以吸引新进入的用户在直播间停留。

在线人数不稳定。在线人数的稳定性主要与直播间在线人数中老用户的比例有关。一般情况下，直播间在线人数中老用户的比例越高，在线人数相对越稳定。

图7-22所示为不同直播间的在线人数监测情况。直播间1的在线人数非常不稳定，一直处于不断波动的状态，在最后半小时甚至一直处于下滑的状态。直播间2的在线人数相对比较稳定，一直稳定在12 000人左右。

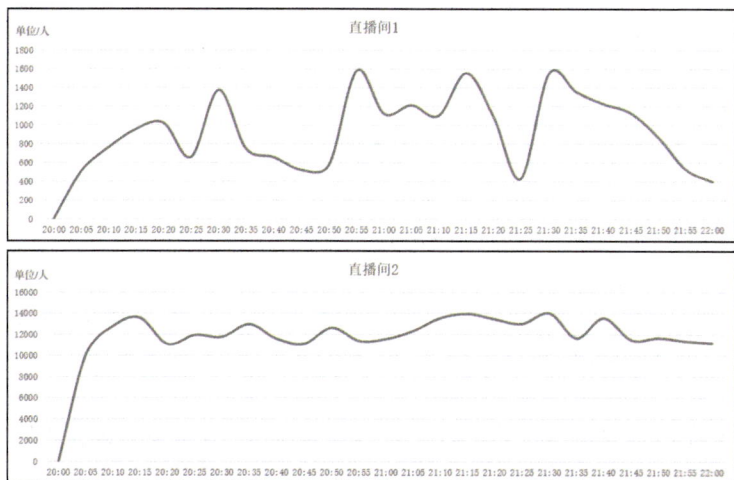

图7-22 不同直播间的在线人数监测情况

（2）互动指标数据

互动指标数据通常可以分为新用户的互动指标数据和老用户的互动指标数据。互动指标数据欠佳的原因一般是新用户的互动率低或老用户的互动率低。

新用户的互动率低是指新用户首次进入直播间后，几乎不参与互动。新用户的互动率低主要是因为直播间没有吸引新用户的点，新用户无法融入直播间，很难参与互动。

老用户的互动率低是指老用户虽然进入直播间观看，但几乎不参与互动。老用户的互动率低主要是因为直播间缺少针对老用户的福利。

（3）转化指标数据

转化指标数据通常可以分为成交率数据和退货率数据。转化指标数据欠佳的原因是成交率低和退货率高。

成交率低。成交率是指直播间的成交单量与直播间在线人数的比值，计算公式如下。

$$成交率=直播间的成交单量/直播间在线人数×100\%$$

如果直播间的成交率持续走低，且保持在10%以下，说明直播间的选品不佳以及商品与直播间的用户匹配度不高，直播团队需要及时调整。

退货率高。退货率是指退换单数与成交单数的比值，计算公式如下。

$$退货率=退换单数/成交单数×100\%$$

在直播电商中，多数用户都是出于冲动或者对主播的信任而购买直播间商品的。主播要想赢得用户的长期信任，就必须对直播间销售的商品负责，不仅要保证送货及时，还要保证商品的质量。另外，直播电商的客户群体大都是主播或品牌的粉丝，直播销售靠的是粉丝效应以及口碑，如果商品出现质量问题，口碑就会下降，就很容易流失粉丝，导致销量下滑。因此，直播电商供应链要保证粉丝只会因为款式和尺寸等非质量问题退换货，而不会因为质量问题退换货。

如果直播间的退货率持续走高，且保持在30%，甚至50%以上，直播团队就需要对商品及主播的话术等进行调整。

2. 人员维度

直播过程是直播团队所有成员配合的过程，因此，直播团队进行直播电商复盘需要清晰地了解直播过程中每个人的工作是否执行到位。

（1）主播

主播是直播电商直面用户的第一人，复盘内容主要包括主播的状态，是否能带动直播间气氛，主播的欢迎话术、互动话术、促单话术、产品话术是否运用到位，说话是否有节奏，控场能力如何等。

（2）场控

场控是直播的指挥官，需要控制好直播过程中的所有方面，包括选品、排品是否做好，在线人数少和在线人数多的时候要做什么。场控要对整场直播的稳定性和高效性负责。

（3）中控

中控一般负责后台操作，包括上下架产品、修改价格及库存、配合主播、发放优惠券、出现问题后及时做数据记录。

7.2.2 直播复盘的步骤

通常直播团队可以按照以下几个步骤进行直播复盘。

（1）收集数据

收集直播期间的数据和统计信息，如观看人数、点赞数、评论数等。同时，关注观众的反馈和评论，了解他们的意见和建议。

（2）回顾直播内容

仔细回顾直播的内容，分析每个环节的表现。审查主播、场控及中控的表现、直播时间安排、互动环节等，确定直播过程中的成功之处和需要改进的地方。

（3）分析数据

结合收集的数据和观众反馈，分析观众对不同内容的喜好和关注点。了解哪些部分获得了较高的互动量和关注度，哪些部分需要改进和优化。

（4）总结经验

根据对数据和观众反馈的分析，总结直播中的经验。识别成功的策略和做法，并记录需要改进的问题和挑战。

（5）制订改进计划

根据总结的经验，制订改进计划。确定具体的行动步骤和时间表，以解决问题和提高直播质量。

（6）实施改进措施

根据计划实施改进措施，包括改进直播内容、提升互动性、优化直播时间等方面的调整与改进。

（7）持续监测和评估

在接下来的直播中持续监测和评估改进措施的效果。根据结果进行调整，不断提高直播的质量和效果。

7.2.3 直播复盘总结及优化

直播复盘总结及优化是在进行直播复盘后，根据复盘结果提出改进方案的过程。下面根据直播复盘结果中常出现的几个问题，提出一些改进方案。

（1）在线人数少

如果直播团队在进行直播复盘后发现直播间的在线人数长期在100人以内，说明直播间的在线人数较少。这时候，就可以通过抽奖、发券、发红包等方式来吸引更多的人留在直播间。需要注意的是，直播间在进行抽奖、发券、发红包时要遵循一定的规则。

① 直播间可以不断通过口播、公告、小黑板等多种组合方式实时说明抽奖、发券、发红包的规则和参与方式。

② 直播间要明确抽奖、发券、发红包的规则，如点赞量到1万个时抽价值99元的面膜10盒。但是主播应尽量避免固定抽奖活动的时间点，因为这样，很多只想参与抽奖活动的用户就会在固定时间进入直播间。点赞量是不确定因素，将其设置为规则的话，就会比较

容易延长用户的停留时间。

③ 在抽奖环节主播也要不断与用户互动，提醒用户发指定评论（如赶快关注主播），活跃直播间气氛。

④ 直播间活动的安排一定要有节奏，一次活动结束后，主播要公布中奖者，提高用户的信任度，同时告知用户下一次抽奖活动开始的时间。例如，"没有中奖的用户不要离开，我们会在点赞量到2万个的时候再抽一次奖。"这种方式可以大大延长用户的停留时间。

（2）在线人数不稳定

在线人数不稳定，通常是因为直播间在线人数中老用户的比例较低，也就是说要想提升在线人数的稳定程度，就要提高老用户的比例。直播团队可以采用以下几种方法来提高老用户的比例。

① 固定开播时间

对于自己所喜欢的主播，用户会特别注意其直播的时间，只要时间合适，一般都会观看。直播时间固定有利于用户养成固定的观看习惯，在习惯的作用下，用户会在直播时间进入直播间。

② 进行直播预告

直播预告可以提醒用户直播的时间，加强用户对直播时间的记忆，更重要的是可以帮助用户提前了解直播内容。直播团队在直播预告中展示直播时要销售的商品，有助于精准匹配对直播内容感兴趣的用户。

③ 把控直播节奏

节奏的把控是影响在线人数稳定程度的一个重要因素。而把控节奏的关键在于脚本，因此直播团队在直播前一定要做好直播脚本的策划。

（3）新用户互动率低

为了提高新用户的互动率，直播团队可以采取以下两种策略。

① 不断强调直播间的互动玩法。主播在直播过程中，要不断通过口播的方式说明直播中的互动方法，避免新用户不知道如何参与互动。

② 强化直播间运营人员的互动引导，引导直播间的新用户积极参与互动。

直播营销并不是一蹴而就的，而是一个循序渐进的过程。直播团队需要不断引导用户，让其经历从陌生到熟悉到信任再到购买的过程。而直播互动在这个过程中起着非常关键的作用，可以直接影响直播间的人气和最终的购买转化率。

（4）老用户互动率低

为了提高老用户的互动率，直播团队可以采取以下几种策略。

① 给予福利奖励，刺激老用户参与互动。

② 积极引导直播间的老用户加入粉丝群。

③ 调整老用户的引流方式，避免吸引过多不喜欢互动的老用户进入粉丝群。

④ 维护好老用户，让其快速融入直播间，更自然地进行互动。

（5）成交率低

成交率低的调整策略如表7-2所示。

表7-2　成交率低的调整策略

调整内容	调整策略
选品	重新分析直播间的粉丝画像数据，根据粉丝画像数据调整直播间的选品策略
定价	分析直播间的商品是否已经做好了价格保护，调整商品的组合策略，注意进行差异化定价
转化策略	直播间的活动在策划上要增强互动，直播间的用户不仅是观众，更是直播活动的参与者

（6）退货率高

退货率高的调整策略如表7-3所示。

表7-3　退货率高的调整策略

调整内容	调整策略
商品	严格审查商品，确保商品质量不存在任何问题，而且要保证商品的定价与商品的品质相匹配
话术	注意话术引导，确保直播过程中不会出现过度引导的情况
细节工作	对物流和客户服务等与用户息息相关的细节工作进行优化，确保物流人员和客服回应及时

课堂实训　对直播数据进行分析，并提出改进意见

实训目标

掌握获取并分析直播数据的方法。

实训内容

（1）对直播数据进行分析。

（2）根据数据分析结果，对直播过程进行总结，并提出改进意见。

实训要求

（1）4人一组，根据数据分析结果，对直播过程进行总结。

（2）找出直播过程的不足之处，提出改进意见。

本章习题

一、填空题

1. 直播电商数据分析的基本流程为_____→_____→_____→
_____。

2. 直播数据分析的评估指标主要有3个：_____、_____和
_____。

3. 对比分析法可以细分为_____、_____和_____。

二、单项选择题

1. 下列不属于直播数据处理的是（　　　）。

　　A. 核对数据的准确性　　　　　　　　B. 核对数据的有效性

　　C. 对数据进行求和、求平均值等计算　　D. 对比数据之间的差异

2. 下列关于人气指标的说法，错误的是（　　　）。

   A. 直播间的人气指标也可以称为流量指标

   B. 每场直播中在线人数的变化可以直观地反映直播间的商品质量

   C. 直播间在线人数的稳定程度反映的是用户对直播间的黏性

   D. 每场直播中在线人数的变化可以直观地反映直播间的内容质量

3. 下列关于直播间改善退货率高的问题的策略，错误的是（　　　）。

   A. 严格审查商品，确保商品质量不存在任何问题，而且要保证商品的定价与商品的品质相匹配

   B. 注意话术引导，确保直播过程中不会出现过度引导的情况

   C. 对物流和客服等与用户息息相关的细节工作进行优化，确保物流人员和客服回应及时

   D. 将退货用户踢出粉丝群

三、判断题

1. 直播不需要进行数据分析。（　　　）

2. 直播数据的处理主要指对数据的核对修正，不包括对数据的统计计算。（　　　）

3. 直播团队在对直播数据进行分析时只能用对比分析法。（　　　）

四、思考问答题

1. 直播团队可以从哪些方面提高老用户的比例？

2. 如果直播间的成交率持续走低，直播团队需要进行哪些调整？

本章实训1

实训目的	
学习直播数据的获取和处理	
实训目标	
序号	目标
1	学会获取直播数据
2	掌握处理直播数据的技能
实训内容	
进行一场淘宝直播，从灰豚数据平台获取直播数据，然后进行处理	
实训步骤	
序号	内容
1	从灰豚数据平台获取直播数据
2	处理直播数据

本章实训2

实训目的	
掌握直播数据的分析和直播复盘方法	
实训目标	
序号	目标
1	掌握数据分析的方法
2	掌握直播复盘的维度
实训内容	
对处理好的直播数据进行评估并进行直播复盘	
实训步骤	
序号	内容
1	对直播数据进行评估，找到问题
2	根据问题对直播进行复盘，给出改进的方法

第 **8** 章

短视频与直播电商的实战案例

学习目标

√ 熟悉抖音"短视频+直播"运营
√ 熟悉快手"短视频+直播"运营

素养目标

√ 培养学生的综合实践能力
√ 培养学生的团队合作和协调能力

引导案例

某主播在直播销售黄金梨的前两天，在自己的短视频账号发布了一条关于黄金梨介绍的短视频，并说明了直播当天的活动。在直播的时候，很多粉丝提前进入直播间参与活动，主播一边吃梨一边直播："大家请看，这就是黄金梨，色泽金黄，口感好、水分足，美味极了。"直播让观众仿佛身临其境，直播界面上不断有观众留言："看着就好吃""真想马上飞过去吃一口""活动力度大，实惠"……秀美的自然环境、富有特色的农产品，再加上之前的短视频引流，黄金梨的销量暴涨。

这次直播的成功与短视频引流是密不可分的，再加上主播选择原产地作为直播场地，让观众通过手机屏幕近距离地看到原产地的商品，真实直观，进而降低信任成本。

思考题：

1. 你还知道哪些利用短视频为直播引流的例子？

2. 利用短视频为直播引流有哪些注意事项？

8.1 抖音"短视频+直播"运营实战案例分析

俗话说"民以食为天"，因此在抖音平台上，美食类账号占了较大比例，很多美食类账号运营者凭借策略化的运营，借助短视频和直播积累了大量粉丝，并成功实现了变现。下面以抖音平台上美食类账号为例，介绍一下在抖音平台上实施"短视频+直播"运营的策略。

8.1.1 美食营销短视频的制作与发布

抖音美食账号的玩法多种多样，短视频类型有吃播类、探店类、测评类、科普类、教程类等。本小节以制作一个教程类的美食短视频为例，介绍美食营销短视频的制作与发布。

扫一扫

1. 构思脚本

首先，将短视频的主要场景安排在厨房中，将短视频的开头安排在客厅，将短视频的结尾安排在餐桌上。然后，在取景上，主要采用以下几种方法。

① 记录场景时，采用中景表现人物的局部动作。

② 切换至俯拍视角，突出局部细节，如镜头3。

③ 从中景切换至近景，从平视角度拍摄，如镜头4到镜头5拍摄草莓特写，镜头7到镜头8拍摄火苗特写。

④ 由下而上地缓慢运镜，如镜头16。

拍摄脚本参见表8-1。

表 8-1　拍摄脚本

镜头编号	拍摄方法	时间	拍摄说明
1	在明亮的窗户前拍摄	5 秒	拍摄人物从闲坐到起身准备做美食的动作
2	缩小景别，只拍摄人物手臂	8 秒	拍摄人物将草莓从水中捞到沥水篮中的动作
3	切换至俯拍视角	2 秒	突出草莓的光泽和细节
4	回到镜头 2 的景别和角度拍摄	3 秒	拍摄给草莓去蒂的动作
5	将手机置于桌面，以平视角度贴近草莓拍摄	5 秒	逆光拍摄，拍摄草莓特写
6	切换至俯拍角度，缩小景别拍摄	5 秒	拍摄人物抓拌草莓的细节
7	回到镜头 2 的景别和角度拍摄	7 秒	拍摄将草莓放入锅中，打开煤气灶
8	平视角度拍摄火苗	2 秒	拍摄点火细节
9	使用中景拍摄人物上半身	2 秒	逆光拍摄人物站在灶台前搅拌锅中草莓的动作
10	高角度俯拍锅中草莓	3 秒	将观看者的视线再次引至草莓
11	继续缩小景别，拍摄特写	3 秒	放大细节，展示草莓的诱人光泽
12	回到镜头 2 的景别和角度拍摄	2 秒	拍摄将草莓从锅中捞到保鲜盒中的动作
13	高角度俯拍	3 秒	换个角度拍摄从锅中捞草莓的动作
14	回到镜头 2 的景别和角度拍摄	4 秒	拍摄将锅中草莓汁浇到草莓上的动作
15	近距离俯拍草莓	3 秒	拍摄草莓的诱人光泽特写
16	从低到高，慢慢向上运镜	4 秒	先拍摄人物用勺子捞草莓的动作，然后使用跟镜头拍摄草莓被捞起的过程，以及人物将草莓放入口中的过程
17	将镜头停留在人物身上，保持中景拍摄	3 秒	拍摄人物表现草莓好吃的赞许表情

2. 准备背景音乐和字幕文稿

　　背景音乐可以选择轻松活泼的音乐。文稿主要讲解了草莓冰点的制作过程，制作字幕时，我们可以先将整个文稿拆分成短句，这样方便添加字幕。草莓冰点文案如下。

　　大家好，今天我们来一起做一个没有任何化学添加剂的冰激凌——草莓冰点。首先我们要把草莓洗净、去蒂备用，然后再用大量的白糖进行腌制，在这里一定要记住把它抓拌均匀，以看不到大颗粒的白糖为准。大概一个小时之后，我们就可以把草莓放入锅里，然后再起锅烧小火慢慢地把草莓的汁水熬出来，可以看到粉色的草莓汁真的很好看。等到放凉一点之后，就把它盛进保鲜盒里。一定不能浪费，要把所有的汁水都盛出来。再等待大概半个小时之后放进冰箱，冷藏20分钟就可以享用了，冰沙包裹着的大块草莓真的让人超级满足。

3. 在剪映 App 中剪辑视频

　　01　打开剪映App，点击【剪辑】按钮，再点击【开始创作】按钮，如图8-1所示。然后在【照片视频】列表中选择要导入的视频素材，点击【添加】按钮，如图8-2所示。

　　02　点击【关闭原声】按钮，如图8-3所示。

图8-1　点击【开始创作】按钮

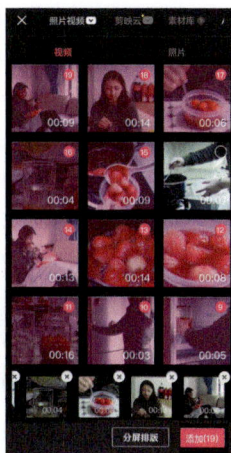

图8-2　添加素材界面

图8-3　关闭原声

03　拖动轨道上的视频素材，根据脚本进行排序，然后对视频素材进行剪辑。镜头1中人物从沙发上站起来的过程中，有掀开毛巾的动作，看起来有些冗余，需要剪掉，如图8-4所示。人物起身这段素材因为拍摄时没有控制好曝光，因此需要将其提亮。在轨道上点击要提亮的素材，点击【调节】按钮，再点击【亮度】按钮，然后向右拖动滑块，提亮画面，如图8-5和图8-6所示。接下来，使用同样的方法提亮镜头1的其他片段画面，如图8-7所示。

图8-4　剪辑镜头1

图8-5　点击【调节】按钮

图8-6　提亮画面

图8-7　提亮其他片段画面

04 在剪辑过程中，我们要注意镜头的衔接，这也是本例要讲解的重点。镜头2需要剪切至草莓刚被捞出的位置，如图8-8所示。这样就能与镜头3的俯拍画面良好衔接，保证了画面转换的自然流畅，如图8-9所示。

05 镜头7表现人物伸手扭开煤气灶开关，然后切换到镜头8对煤气灶火苗的特写。因为是分两段拍摄的，因此需要把两段视频中的重复片段剪掉（剪掉镜头8中扭开煤气灶开关的片段，只保留火苗被点着的这一段），如图8-10和图8-11所示。

图8-8　剪切至草莓　　图8-9　衔接拍草莓　　图8-10　扭开煤气灶开关　　图8-11　煤气灶火苗
　　刚被捞出的位置　　　　的画面　　　　　　　　　　　　　　　　　　　　　　　的特写

06 对后面3组镜头进行剪辑。镜头9用中景拍摄人物上半身，如图8-12所示，交代了场景，这里不需要做过多的停留，可以大幅裁剪。下一镜头（镜头10），如图8-13所示，缩小了景别，可保留2～3秒，记录用铲子在锅中搅拌的过程。镜头11进一步缩小了景别，如图8-14所示，突出了草莓的诱人光泽。

图8-12　镜头9　　　　图8-13　镜头10　　　　图8-14　镜头11

07 下面这3个镜头对取景视角做了切换。首先，镜头12（见图8-15）以中景拍摄人物从锅中捞出草莓的过程。接下来，迅速切换至镜头13（见图8-16）。最后，镜头14（见图8-17）又再次切换到中景。我们在剪辑的过程中要注意把握镜头衔接的时机。

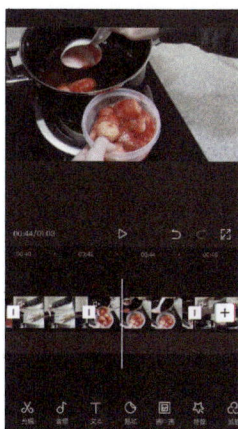

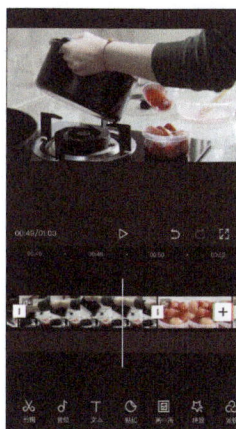

图8-15　镜头12　　　　　　图8-16　镜头13　　　　　　图8-17　镜头14

08　结尾部分的3个镜头是从拍摄草莓的特写开始，到拍摄人物将草莓捞出，再到将草莓放入口中，组成了一个连贯的动作。镜头15（见图8-18）剪掉了视频开始部分有明暗变化的片段，镜头16（见图8-19）剪掉了视频后半部分中，人物将草莓含入口中的特写画面，这样画面直接过渡到镜头17（见图8-20）中的人物半身片段。

图8-18　镜头15　　　　　　图8-19　镜头16　　　　　　图8-20　镜头17

09　添加背景音乐和人声录音的方式很简单，前面已经介绍过，这里不再叙述。由于接下来要添加人声录音，因此我们需要适当降低背景音乐的音量，以减少对人声的干扰。当然，音量最好在添加人声录音后再整体做微调。调整音量的方法如图8-21、图8-22和图8-23所示。

10　添加完人声录音后，需要检查每段素材的画面和人声是否匹配，如图8-24所示。例如，拖动新添加的"草莓"（人声录音）音轨至第二段视频素材的中间位置。当音频的时间长于视频画面时，我们就需要拖动视频素材的边框增加时长。简单来说，如果原本5秒的视频剪切至2秒后，当其时长小于音频时长时，我们就需要根据音频时长延长视频时长，如图8-25所示。当画面播放时间较长时，容易出现画面还没播放完，声音已播放到下一段的问题，对此需要裁剪音频，如图8-26所示，然后拖动后面的那段音频，将其与下一段视频对齐，这样两段素材之间就会留有一段空白作为停顿。

图8-21　点击【音量】按钮　　图8-22　降低背景音乐的音量　　图8-23　添加人声录音

图8-24　检查素材的画面　　　图8-25　根据音频时长　　　图8-26　根据画面裁剪音频

　　　　与人声是否匹配　　　　　　延长视频时长

　　11　导出视频，然后添加字幕。剪映App能自动识别视频生成字幕，因此我们需要将剪辑好的视频导出，然后将导出的视频重新导入剪映App来识别字幕。导出视频如图8-27所示。将导出的视频重新导入如图8-28所示。

图8-27　导出视频　　　　　图8-28　将导出的视频重新导入

12　自动识别字幕。点击【文本】按钮，再点击【识别字幕】按钮，如图8-29所示，在弹出的对话框中点击【开始识别】按钮，如图8-30所示，系统就可以自动识别出字幕。然后核对字幕，改正差错。

图8-29　使用自动识别字幕功能　　图8-30　点击【开始识别】按钮

13　调整字幕效果。点击文字轨道，点击界面下方的【样式】按钮，然后在标签栏中，选择"花字"或"气泡"效果，如图8-31和图8-32所示。此外，我们还可以在【样式】中对文字的颜色、描边、粗细等做进一步调整，如图8-33所示。设置完毕，再次导出视频即可。

图8-31　选择"花字"效果　图8-32　选择"气泡"效果　图8-33　调整文字样式

4. 在抖音平台发布短视频

01　打开抖音App，点击【＋】按钮，如图8-34所示，在弹出的拍摄界面中点击【相册】按钮，如图8-35所示。

02　从相册中选择已经剪辑好的视频，如图8-36所示，点击【下一步】按钮，即可打开视频编辑界面，如图8-37所示。

03　点击【下一步】按钮，进入视频发布界面，如图8-38所示，点击【添加商品】按钮，添加商品链接；然后添加商品描述信息，设置完毕，点击【发布】按钮即可完成发布。

图8-34 点击【＋】按钮　　图8-35 点击【相册】按钮

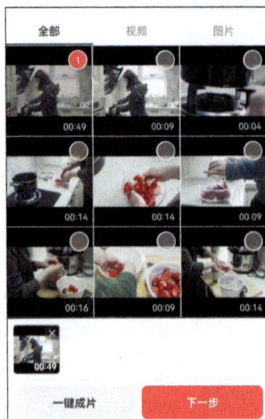

图8-36 选择视频　　　　图8-37 视频编辑界面　　　　图8-38 视频发布界面

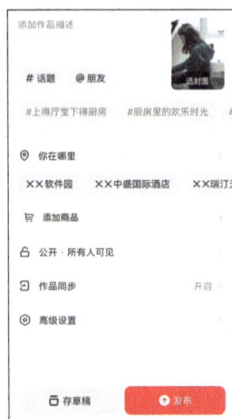

8.1.2 美食预热短视频的制作与发布

美食预热短视频的作用是吸引用户，提高用户对账号的关注度，增加流量。短视频运营者通过发布美食预热短视频，可以吸引更多的用户关注账号，提高短视频的曝光率；另外，短视频运营者还可以为近期要进行的直播活动进行预热，为直播积攒人气。

扫一扫

1. 制作美食预热短视频的注意事项

短视频运营者制作美食预热短视频时，需要注意以下几点。

① 突出美食特色。短视频运营者在拍摄过程中，要着重展现美食的外观、口感、香味等特色，让观众能够感受到美食的魅力。

② 配合音乐和声效。适当的音乐和声效能够让观众更加投入。

③ 拍摄技巧。拍摄过程中要注意光线、角度、构图等方面的技巧，让短视频更加美观。

④ 剪辑和编辑。短视频运营者要将拍摄的素材进行筛选、剪辑和编辑，制作出流畅、具有吸引力的预热短视频。

2. 美食预热短视频的策划

美食预热短视频的策划可以分为以下几个方面。

① 确定主题。根据活动的主题和目的，确定美食预热短视频的主题，如"探寻当地特色美食""分享厨房小妙招"等。

② 策划拍摄场景。根据主题，选择合适的拍摄场景，如街头小吃摊、市场摊位、家庭厨房等。

③ 精选食材和菜品。根据主题，挑选新鲜的食材和菜品，保证画面效果和口感。

④ 制作脚本和提纲。根据主题和拍摄场景，编写脚本和提纲，确定每个场景的内容和顺序，确保短视频内容连贯、有趣。

⑤ 拍摄和后期制作。在拍摄过程中，短视频运营者要注意画面质量和稳定性，保证每个场景都达到最佳效果。拍摄完成后，短视频运营者进行后期制作，包括剪辑、配音、添加特效等，使短视频更加生动、有趣。

3. 美食预热短视频的发布

在预热活动期间，发布美食预热短视频，吸引用户关注和参与。短视频运营者可以利用社交媒体、短视频平台等渠道进行推广，提升短视频的曝光率和传播效果。

发布美食预热短视频可以通过以下几个渠道。

社交媒体。例如，抖音、快手、微博等平台，可以吸引更多的用户关注和分享。

美食账号。借助一些专门以美食为主题的账号发布，可以扩大影响力，增加用户数量。

视频网站。在一些知名的视频网站上发布，可以获得更高的曝光度和关注度。

总之，制作和发布美食预热短视频需要注重细节，突出美食的特色，并通过合适的渠道进行发布和推广，才能达到更好的效果。

8.1.3　美食直播的策划与执行

扫一扫

美食直播首先要进行直播间的搭建。美食直播间的背景通常都不是固定的，而是会随着主播介绍的美食品类变化而不断变化的，因此在很多情况下，使用绿幕背景更方便。

首先准备一块绿幕。需要注意的是，短视频运营者在搭建绿幕背景时，一定要保证背景布平整、没有褶皱，如图8-39所示。

1. 直播灯光布置

用绿幕背景直播的好处是背景能够随意切换，但是，如果绿幕设置得不好，直播画面就会看上去特别假或者主播在直播画面中会"缺胳膊少腿"。造成这些问题的主要原因就是灯光布置不当。

短视频运营者为绿幕背景直播间布光，一定要选择显色好、亮度

图8-39　绿幕

高的LED灯，布光时要关闭室内的其他灯。

第一步，用辅灯照亮绿幕背景。一定要保证光线均匀地铺在绿幕上，明暗对比不能太强，通常建议使用球形柔光罩。另外，辅灯需要放在距离绿幕大约2米的位置，高度约为2米。需要注意的是，绿幕背景直播间中，人和背景的距离建议在2米或者2米以上，因为人离绿幕太近，绿色光线会反射到人的脸上。

第二步，给人物打光。将主灯放在人物斜前方，大约45度角方向，距离1米，照亮人物的同时照亮桌面。

第三步，打轮廓光。将轮廓光灯放在人物斜后方，从上往下照射，给人物的发丝和肩膀打上轮廓光，更好地分离人物和背景，有利于绿幕抠像。

绿幕背景直播间灯位布置可以参考图8-40。

2．开始直播

本小节以抖音手机直播为例，介绍绿幕背景直播的具体操作。

在直播之前，短视频运营者需要在手机中安装一个绿幕直播App，如"直播加加"。此外，进行绿幕背景直播一般需要两部手机，一部用于直播，另一部用于查看直播效果。

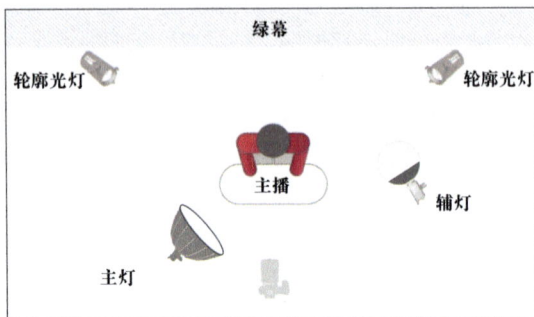

图8-40　绿幕背景直播间灯位布置

01　打开抖音App，点击【＋】按钮，切换到【开直播】界面，在【开直播】界面选择【手游】选项，然后点击【选择分类】按钮，在【选择直播内容】界面中选择【其他】选项，再选择【其他非游戏直播】选项，如图8-41所示。

图8-41　直播前的设置

02　输入直播类别名称，如"零食直播专场"，输入完毕点击【确定】按钮，返回【手游】界面，输入直播标题，如"一样的美味，不一样的品位"，如图8-42所示。

03　点击【设置】按钮，在打开的【设置】界面中设置直播间介绍等，需要注意清晰度的设置，一般选择"高清"或"超清"，如图8-43所示。

图8-42　设置直播标题　　　　　　　　　　　图8-43　直播设置

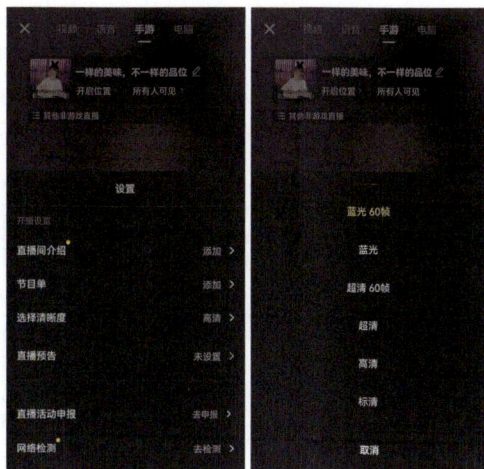

04　设置完成后，不要急于开始直播，因为我们选择的是手游直播，开始直播后，手机屏幕上的画面就会出现在直播画面中。打开直播加加App，切换到【我的直播间】界面，点击【新建直播间】按钮，然后选择直播平台、屏幕方向及开播方式等，此处选择抖音、竖屏、手机录屏，如图8-44所示。

05　点击【确定】按钮，进入初始界面。选择直播类型，此处选择【绿幕】选项。选择【人像层】选项，点击【设置】按钮，在【抠像设置】界面中选择【绿幕抠像】选项；选择【背景层】选项，点击【设置】按钮，选择需要添加的内容，可以是图片，也可以是视频，此处选择图片，如图8-45所示。

图8-44　绿幕直播设置　　　　　　　　　　　图8-45　设置绿幕抠像

06　可以从素材库或者本地相册中添加图片，此处，从本地相册中添加图片。选择背景

图片所在的文件夹，然后从中选择直播过程中需要的背景图片，选择完毕，点击【完成】按钮，如图8-46所示。

07　返回主界面，可以在下方看到刚才添加的背景图片。如果对背景图片的顺序不满意，可以通过下方的【最前】【左移】【右移】【最后】按钮来进行调整。例如，选中第3张背景图片，点击【最前】按钮，即可将其移动到最前面，如图8-47所示。此外，短视频运营者还可以选择背景图片的切换方式，此处选择【手动切换】选项。

图8-46　选择直播背景图　　　　　图8-47　切换背景图

08　点击【清屏】按钮，切换到抖音App，点击【开始手游直播】按钮，系统会弹出权限申请对话框，选择【允许】选项，然后就可以开始直播了，可以使用另一部手机查看直播效果，如图8-48所示。

图8-48　直播效果

8.1.4 抖音"短视频+直播"运营效果分析

在抖音平台上，美食"短视频+直播"已经成为当前非常流行的营销方式之一。根据抖音美食类短视频及直播营销趋势报告，美食赛道已经催生了不少市场规模过亿元的消费细分赛道，并且美食商品销量是有所增长的，这表明美食"短视频+直播"的效果是非常显著的。

因此，在抖音平台上，美食"短视频+直播"已经成为一种非常有效的营销方式，可以为消费者提供更多美好生活的选择，同时也为商家提供了更大的发展空间。

对于抖音平台的美食"短视频+直播"的效果分析可以从以下几个方面进行探讨。

首先，美食"短视频+直播"能够提高品牌知名度和曝光度。精美的短视频和良好的直播内容，可以吸引更多用户关注品牌，提高品牌曝光度和知名度。

其次，美食"短视频+直播"能够促进产品销售。通过直播形式，用户可以更直观地了解产品的特点、使用方法等信息，提高购买决策的速度和准确度。同时，美食"短视频+直播"还可以通过引导用户点赞、评论等方式，增加用户黏性，提高用户复购率。

最后，美食"短视频+直播"能够提高用户参与度。通过美食"短视频+直播"，用户可以更深入地了解品牌和产品，从而增强对品牌的认同感。同时，美食"短视频+直播"还可以为用户提供互动机会，如抽奖、发放优惠券等，提高用户参与度。

8.2 快手"短视频+直播"运营实战案例分析

近年来，在政策的持续支持下，农产品电商发展的基础设施条件不断完善，线上销售渠道进一步打通，三农直播也逐渐发展起来。三农直播，让更多的人了解农业、了解农村，传递正面的农业信息，帮助农民增加收入，助力乡村振兴。下面以快手平台上的农产品类账号为例，介绍在快手平台上实施"短视频+直播"运营的策略。

扫一扫

8.2.1 农产品营销短视频的制作与发布

随着人们生活水平的提高，消费者对食品的质量和安全性的要求越来越高，农产品市场竞争日趋激烈。因此，许多农产品生产商和营销商开始选择一种更加直观、生动、具有互动性的营销方式：短视频营销。

农产品营销短视频的制作与发布可以分为以下几步。

① 确定主题和内容。短视频团队在制作短视频之前，需要确定主题和内容。短视频团队可以选择农产品的特色、特点作为主题，如独特的种植技术、生长环境等。

② 编写脚本。根据主题和内容，编写一个详细的脚本。脚本应该包含视频所需展示的所有内容，以及每个场景的详细描述。

③ 拍摄素材。短视频团队在拍摄过程中，要尽可能地捕捉细节。短视频团队可以在拍摄前规划好每个镜头的景别和角度，以确保画面清晰、流畅。

④ 编辑视频。短视频团队使用专业的视频编辑软件，对拍摄的素材进行剪辑、编辑和

美化。在编辑过程中，短视频团队要注意音乐、字幕等元素的配合，以增强视频的吸引力和表现力。

⑤ 发布视频。在完成视频制作后，短视频团队可以将视频上传到各大短视频平台，如抖音、快手等。同时，短视频团队可以利用微信、微博等渠道进行推广，吸引更多的观众关注。

总之，制作和发布农产品营销短视频需要专业的技能和敏锐的洞察力。短视频团队只有深入了解市场需求和观众喜好，才能制作出具有影响力和竞争力的短视频。

例如，短视频团队要制作一个高山茶叶营销短视频，就可以拍摄茶园。

（1）前期准备

① 确定拍摄地点。选择高山茶园，要求环境幽静、景色优美、茶叶品质好。

② 策划拍摄主题。以高山茶叶采摘为主题，突出采摘过程、茶叶特点等。

③ 准备拍摄设备。准备相机、镜头、三脚架、话筒等。

④ 选择拍摄时间。选择合适的拍摄天气和时间，最好在早晨和傍晚光线柔和的时候拍摄。

（2）拍摄过程

① 拍摄采摘茶叶场景。在茶园中设置相机，拍摄采摘茶叶的过程，要求人物动作自然、流畅。

② 拍摄加工茶叶场景。拍摄加工茶叶的过程，包括杀青、揉捻、晾晒等，要求人物操作规范、动作熟练。

③ 拍摄茶叶品质特点。通过特写，展示茶叶的色泽、香气、滋味等。

（3）后期制作

① 剪辑视频。剪辑拍摄素材，突出采摘和加工茶叶的过程，同时加入背景音乐和字幕等。

② 美化画面。对视频画面进行美化处理，包括调整颜色、去噪等。

高山茶叶营销短视频需要前期准备、拍摄过程和后期制作等多个环节，短视频团队需要全面考虑各个环节的细节，才能制作出高质量的短视频作品。图8-49所示为高山茶叶营销短视频画面截图。

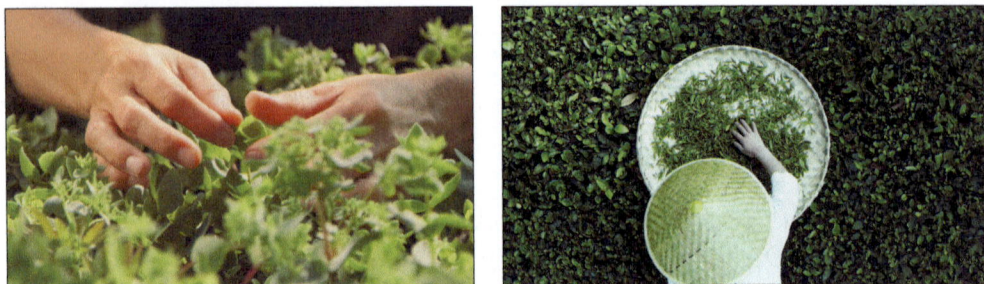

图8-49　高山茶叶营销短视频画面截图

8.2.2　农产品预热短视频的制作与发布

农产品预热短视频的意义在于提高农产品的知名度和曝光度，促进销售。农产品预热短视频的制作需要注重内容的创意和表现形式。短视频团队可以通过拍摄有趣的短视频，展示农产品的特点和制作过程，或者邀请名人代言，增强农产品的吸引力。同时，在短视频中加入互动环节，如问答、抽奖等，提高消费者的参与度。

对于农产品预热短视频，短视频团队可以考虑从以下几个方面入手：一是提供优惠促销信息，吸引消费者购买；二是展示农产品的品质和特点，提高消费者的信任度；三是进行农产品直播，如采摘、试吃等，增强消费者的参与感和体验感。同时，短视频团队需要注意预热短视频的质量和内容吸引力，提高短视频的曝光率和点击率，为直播"带货"打下良好的基础。

（1）策划

① 确定目标受众。关注农产品生产和销售的人群。

② 确定视频主题。以农产品为主题，介绍农产品的特点、优势等。

③ 编写视频脚本。根据主题编写脚本，确定景别、音乐、配音等元素。

④ 策划宣传渠道。选择社交媒体平台，如抖音、快手、微信等，将视频发布到不同的平台上。

（2）拍摄制作

① 拍摄素材。在拍摄前进行调研，收集与农产品相关的素材，包括农产品的外观、品质、生产过程等。例如，茶叶预热短视频可以分3个场景拍摄，如表8-2所示。

表8-2　拍摄场景

场景编号	场景名称	镜头编号	画面说明
场景1	茶叶展示	镜头1	茶叶罐的外观
		镜头2	茶叶罐上的商标和名称
		镜头3	茶叶罐里的茶叶
场景2	茶叶冲泡	镜头1	烧水壶的烟雾和热水
		镜头2	将茶叶放入杯中
		镜头3	茶叶在杯中慢慢舒展开来
场景3	茶叶品尝	镜头1	品尝茶叶的人的面部表情
		镜头2	茶叶的香味在空气里弥漫
		镜头3	杯子里的茶叶逐渐变淡

② 剪辑制作。剪辑视频素材，制作出符合主题的短视频。

③ 添加特效和音乐。短视频团队为短视频添加适当的特效和音乐，增强观众观看体验。

（3）发布

选择合适的发布渠道。短视频团队将短视频发布到社交媒体平台，如快手等。发布方式与抖音平台类似，此处不再介绍。

8.2.3　农产品直播的策划与执行

农产品直播根据场地的不同，可以分为两种：室内直播和户外直播。

1. 室内直播

（1）直播间背景布置

农产品直播间的背景不需要浓重的科技感，而需要接地气，农产品直播一般需要具有乡村气息的背景，这样更容易激发用户的购买欲望。

背景既可以使用绿幕，也可以使用实景。

绿幕背景只需要一块绿幕，然后搭配上相关农产品的图片或视频等来搭建即可，如图8-50所示。

图8-50　绿幕背景搭建

实景背景则可以选择与产品相关的环境来作为背景，如图8-51所示。

图8-51　实景背景搭建

（2）直播间灯光布置

农产品直播间的灯光最重要的作用是保持明亮。好的灯光布局，可以有效提高画面质量，更好地展现农产品的形态。

首先，在主播左前方放置一盏摄影灯加深抛口柔光箱提供主光。灯距离主播3米左右。

其次，在主播的右前方放置一盏摄影灯加深抛口柔光箱作为辅光灯，作用是照亮暗部的细节，灯距离主播2米左右。

此时，背景是缺乏层次感的。在主播的左侧再放置一盏灯模拟自然光源，这样背景的层次感就出来了。

最后，在主播的侧后方放置一盏补光灯，给主播的脸部补光，这样整体的质感就出来了。

这样，一个简单的农产品直播间就搭建好了，农产品直播间具体灯位布置可以参考图8-52。

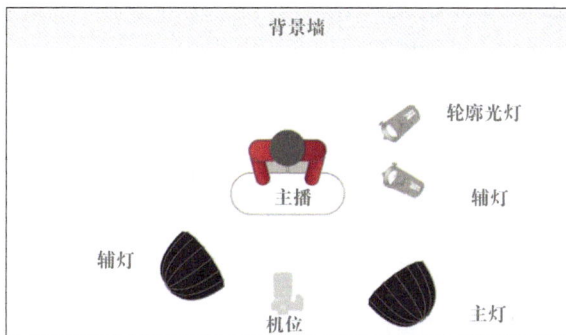

图8-52　农产品直播间具体灯位布置

2. 户外直播

有些主播会在农产品的产地进行户外直播，让观众感受到农产品的新鲜，这样观众也会更愿意购买，那么这种户外直播间应该如何搭建呢？

对于农产品产地户外直播，很多主播都是用手机直播的。主播在农产品产地使用手机直播有很多好处，具体如下。

① 主播使用手机直播会让观众有一种临场感，可以拉近观众与主播的距离，让观众有亲切的感觉。

② 主播在讲解的过程中，可以把手机从支架上拿下来，便于对农产品进行展示。

使用手机直播，为了保证画面和声音的稳定，主播还需要配备手机稳定器、三脚架、话筒。

① 手机稳定器。主播在户外直播的时候，有时候需要手持手机来回走动，使用手机稳定器，画面会比较稳定。为了避免镜头离自己过近，主播还可以增加一个延长杆。

② 三脚架。当主播在固定位置讲解的时候，可以将手机放到三脚架上，这样一方面可以保证画面的稳定，另一方面主播也可以用双手展示农产品。

③ 话筒。在田间地头直播，环境可能没有那么安静，所以主播需要使用话筒收音，避免杂音干扰。

8.2.4　快手"短视频+直播"运营效果分析

随着移动互联网的普及和人们消费习惯的改变，短视频和直播已经成为人们获取信息、了解产品的重要方式。在快手平台上，"短视频+直播"也逐渐成为一种新型的农产品营销和推广方式，其效果分析如下。

（1）加深消费者对农产品的认知和信任

通过短视频和直播的方式，农产品的生产、加工、运输等过程得到全面展示，消费者能够更加直观地了解农产品的生长环境、种植技术、采摘过程等信息，从而加深消费者对农产品的认知和信任。

（2）促进农产品的销售增长

短视频和直播具有更强的互动性和趣味性，能够吸引更多的消费者关注和参与，提高农产品的销售量。同时，短视频和直播还可以搭配发放优惠券、抽奖等促销手段，进一步增加销售额。

（3）提升农产品的品牌形象

通过短视频和直播的方式，农产品的品牌形象得到进一步提升。视频和直播间的农民伯伯、阿姨们不再是简单的农产品展示者，而是具有亲和力、专业性的代言人，能够更好地传达农产品的种植技术、营养搭配、健康饮食理念等，使品牌形象更加健康、积极向上。

（4）提高消费者的满意度

短视频和直播能够提供更加直观、便捷的购买方式，消费者可以在直播间中实时提问、下单购买，避免了传统营销中可能存在的信息不对称、产品在运输途中损坏等问题，提高了消费者的满意度。

综上所述，快手平台的农产品"短视频+直播"的效果是非常明显的，然而，要实现良好的营销效果，营销团队还需要从内容策划、平台选择等多方面进行综合考虑。